LÉONTINE DE VILLENEUVE
COMTESSE DE CASTELBAJAC

Mémoires
DE
l'Occitanienne

Souvenirs de famille et de jeunesse

publiés par sa petite-fille
la comtesse de Saint-Roman
née Castelbajac

Préface de P. B. Gheusi

Paris

LIBRAIRIE PLON

1927

Il a été tiré de cet ouvrage

*50 exemplaires sur papier pur fil Lafuma,
numérotés de 1 à 50.*

L'édition originale a été tirée sur papier d'alfa.

MÉMOIRES
DE L'OCCITANIENNE

LÉONTINE DE VILLENEUVE
COMTESSE DE CASTELBAJAC

MÉMOIRES
DE
L'OCCITANIENNE

SOUVENIRS DE FAMILLE ET DE JEUNESSE

PUBLIÉS PAR SA PETITE-FILLE

LA COMTESSE DE SAINT-ROMAN
NÉE CASTELBAJAC

PRÉFACE DE P.-B. GHEUSI

> ... L'inconnue était une Occitanienne
> qui m'écrivait depuis deux ans sans que
> je l'eusse jamais vue...
>
> CHATEAUBRIAND.
> (*Mémoires d'Outre-Tombe.*)

PARIS
LIBRAIRIE PLON
LES PETITS-FILS DE PLON ET NOURRIT
IMPRIMEURS-ÉDITEURS — 8, RUE GARANCIÈRE, 6e

Tous droits réservés

PRÉFACE

L'OCCITANIENNE DE CHATEAUBRIAND

En 1848, quelques mois après la mort de Chateaubriand, la publication de ses *Mémoires d'Outre-Tombe* commençait à passionner l'opinion et à énoncer quelques problèmes sur la vie intime du grand disparu.

Le plus impénétrable de ces mystères, celui qui allait, pendant trois quarts de siècle, alimenter des polémiques contradictoires et orienter des recherches littéraires, d'ailleurs fragiles puisqu'elles étaient vaines, pourrait s'appeler « le mystère de l'Occitanienne » et devait jusqu'à nous demeurer obscur.

Les *Mémoires d'Outre-Tombe* racontaient sommairement un séjour de Chateaubriand à Cauterets en juillet 1829 et y situaient l'épisode sentimental qui allait, vingt ans après, provoquer et dérouter, longtemps encore, la curiosité des érudits :

« Voilà, avait écrit Chateaubriand, qu'en poétisant je rencontrai une jeune femme assise au bord du Gave ; elle se leva et vint droit à moi ; elle savait, par la rumeur du hameau, que j'étais à Cauterets. Il se trouva que l'inconnue était une

a

Occitanienne, qui m'écrivait depuis deux ans sans
que je l'eusse jamais vue : la mystérieuse anonyme
se dévoila : *patuit Dea*. J'allai rendre ma visite
respectueuse à la naïade du torrent. Un soir qu'elle
m'accompagnait lorsque je me retirais, elle voulut
me suivre ; je fus obligé de la reporter chez elle
dans mes bras. Jamais je n'ai été si honteux :
inspirer une sorte d'attachement à mon âge me
semblait une véritable dérision ; plus je pouvais
être flatté de cette bizarrerie, plus j'en étais humilié, la prenant avec raison pour une moquerie. Je
me serais volontiers caché de vergogne parmi les
ours, nos voisins... J'ai laissé s'effacer l'impression fugitive de ma Clémence Isaure ; la brise de
la montagne a bientôt emporté ce caprice d'une
fleur ; la spirituelle, déterminée et charmante
étrangère de seize ans m'a su gré de m'être rendu
justice : elle est mariée. »

Tous les fervents de Chateaubriand se sont
demandé qui pouvait bien être cette mystérieuse
« Occitanienne », au treizième livre des *Mémoires
d'Outre-Tombe*, tome V, pages 234 à 243 de l'édition Biré.

Aucun ne l'a identifiée, ni M. de Marcellus
(1859), secrétaire et ami de René, — qui se borna
à dire : « Malgré les réticences de l'auteur, il me
semble que je pourrais nommer l'héroïne de l'aven-
ture, » — ni M. Victor Giraud, qui publia, en 1899,
un manuscrit de Chateaubriand, sorte de confes-
sion passionnée à « une jeune inconnue », où le
savant critique crut reconnaître « l'Occitanienne »

et, en 1903, la correspondance de l'auteur des *Martyrs* avec la marquise de Vichet. L'année suivante, Melchior de Vogüé la confondait sans hésiter avec l'énigmatique rêveuse de Cauterets. Émile Faguet (1907) devait voir plutôt en elle quelque « grisette » de Toulouse, capitale romantique de l'Occitanie.

L'abbé Pailhès la retrouvait en Mme de Vatry, née Hainguerlot ; d'autres, découragés, affirmèrent qu'elle était une création immatérielle du poète sexagénaire. Masson, Gabriel Faure, Paul Gautier soutinrent diverses opinions. Personne ne put arracher son masque à l'inconnue, et le mystère se fût à jamais muré autour d'elle si, le 15 octobre 1923, M. Louis de Santi, d'après un confident de la petite-fille de l'héroïne légendaire, n'avait soudain imprimé son nom dans une modeste revue littéraire.

Son affirmation passa inaperçue du grand public ; mais elle déliait sa famille, selon les volontés testamentaires de l'Occitanienne elle-même, d'un secret qui avait déconcerté tant de chercheurs, et je pus obtenir pour *le Figaro* les lettres de Chateaubriand à la « nymphe » de Cauterets.

Elles furent publiées, en décembre 1924, avec des notes de la comtesse douairière de Saint-Roman : la vénération et le pieux respect qu'elle vouait à son aïeule nous permirent de dévoiler entièrement l'énigme du *Roman de l'Occitanienne* que Robert de Flers, préfacier de l'œuvre posthume, appela, avec un rare bonheur d'expression, « un scandale de pureté ».

C'est ainsi qu'entra dans l'histoire littéraire le nom de *Mlle Léontine de Villeneuve, comtesse de*

Castelbajac, née à Toulouse en 1803 et morte dans la même ville, à l'âge de quatre-vingt-quatorze ans.

***

Jamais les soixante-dix lettres de Chateaubriand à l'Occitanienne n'auraient revu le jour, et le mystère durerait encore, si trois mots, légers et assez piteusement avantageux, n'avaient meurtri et indigné la pureté d'une héroïne de race fière, strictement attachée à tous ses devoirs et qu'une élite chrétienne environna de vénération jusqu'à sa mort.

« Dans mes bras... » avait osé écrire le poète vieilli. Et cette imposture étourdie avait révolté la comtesse de Castelbajac lorsqu'elle la lut, après la mort de Chateaubriand, dans un des feuilletons de *la Presse* qui publiait les *Mémoires d'Outre-Tombe*.

« En présence de ce passage, écrira-t-elle alors dans son testament, ma réputation à relever m'obligera peut-être, selon les circonstances, à appeler sur les lettres de M. Chateaubriand une publicité que je leur aurais refusée. Quelques mots ayant étrangement dénaturé la vérité, je dois leur opposer les nombreuses pages d'une correspondance qui comprend des années. M. de Chateaubriand démontrera ainsi, lui-même, ce qu'a été pour moi cette liaison d'âme à âme, si pure et si distincte du sentiment que le passage me concernant semble indiquer. »

***

Mme de Saint-Roman a esquissé avec piété, dans l'avant-propos de l'édition du *Roman de l'Occitanienne et de Chateaubriand*, la longue existence de sa grand'mère, Léontine de Villeneuve, comtesse de Castelbajac. Jamais elle ne parlait aux siens de l'auteur du *Génie du Christianisme* sans exprimer son admiration ; parfois, elle évoquait sa visite à Toulouse, en 1838 ; mais elle n'avait fait à personne la confidence de son chaste roman avec l'illustre écrivain.

« Nous avions, écrivait la comtesse de Saint-Roman, pris la résolution de nous abstenir de toute publication et de garder en famille le secret de cet épisode sentimental de la plus irréprochable des existences, lorsque des articles de journaux sont venus m'apprendre que le nom de ma grand'mère avait été prononcé et qu'il était exposé aux hypothèses et aux conjectures qui avaient déjà entouré le personnage mystérieux de l'Occitanienne. Dès lors, il n'y avait plus à hésiter et, pour obéir à ses dernières volontés, il importait de dévoiler à tous ce qu'a été cet innocent roman. »

Il n'y a donc plus de doute possible sur l'identité de l'Occitanienne, depuis la publication de ses *Confidences* et des soixante-dix lettres de Chateaubriand dans *le Figaro*. Mais sa personnalité littéraire demeure encore assez imprécise, puisque nous avons publié seulement quelques pages de ses manuscrits. Ce n'était pourtant pas un « talent d'amateur » qui avait amené la comtesse de Castelbajac, mariée à un mainteneur des Jeux Floraux toulousains, à écrire les *Mémoires* inédits que nous allons donner ici.

Chateaubriand lui-même s'était plu à louer ses vers et à commenter ses lettres en prose. Il lui avait prédit une carrière littéraire des plus bril-

lantes : l'estime qu'il avouait de ses dons et de
son style est manifestée par le soin qu'il mettait
à lui répondre.

Dans le milieu « occitanien » de l'Académie
fondée par Clémence Isaure, la comtesse de Castelbajac était comprise et admirée. Ses familiers
connaissaient d'elle des pages lauréates et des
poèmes qu'elle ne prit jamais souci de faire éditer
en volume. Après sa mort, ses *Mémoires* furent
recopiés et relus souvent au cours des veillées
familiales.

Les circonstances qui permettent aujourd'hui
de les livrer au public viennent de projeter sur
celle qui les a écrits une lumière inattendue. Chateaubriand avait su taire son nom à tout le monde,
pour ne pas l'exposer à être rapproché de ceux
d'Hortense Allart de Méritens et de la marquise
de Vichet, ses correspondantes du même temps ;
mais ce nom mérite d'être inscrit — on va s'en
convaincre — dans l'histoire littéraire du siècle
dernier, parmi les annalistes sauvées de l'oubli.

Léontine de Villeneuve, intime de Coraly de
Gaïx, qui fut la compagne d'Eugénie de Guérin,
était très jeune quand elle commença d'écrire :
à seize ans, elle rédigeait, avec son amie, une première lettre lyrique à Chateaubriand, qui ne fut,
d'ailleurs, jamais envoyée.

Chaque jour, jeune fille à Hauterive, femme de
magistrat à Toulouse, l'Adèle des lettres de 1829
notait ses impressions, composait des stances,
révélait peu à peu un talent prosateur, enluminé
d'images où jaillissait souvent un éclair de malice
et de jolie gaieté. On va voir ce qu'elle a su fixer
en touches délicates, en observations quelquefois

profondes, d'une vie exemplaire, souvent monotone, toujours citée en modèle de dignité sereine. Elle resta fidèle aux idées, aux traditions dynastiques, aux préjugés eux-mêmes de sa jeunesse et ne sacrifia jamais ses convictions, même quand elles apparurent surannées, aux fluctuations de la mode ou de l'esprit nouveau ; mais elle respectait toutes les opinions sincères.

Un des familiers du salon de la marquise de Pins, sa meilleure amie, M. de la Martinière, la peignait en ces termes :

« Au moral, elle possédait, comme certaines Méridionales, quelque chose de capricieux et d'attirant. Au physique, son regard était prompt, sa bouche un peu dédaigneuse et son sourire singulièrement doux et spirituel : ses manières étaient tantôt hautaines, tantôt d'une aimable simplicité. Il y a dans toute sa personne de l'abandon et de la dignité, de l'innocence et de l'art. »

Charles Géniaux rapprochait naguère l'Occitanienne de Castres et sa contemporaine voisine, Eugénie de Guérin, qui était de Gaillac :

« Léontine de Villeneuve et Eugénie de Guérin, qui vécut dans le même département (le Tarn) et dans des conditions d'isolement et de médiocrité particulièrement pénibles, réhabilitent la province en nous donnant la preuve d'une vie intérieure singulièrement riche. Ces deux Albigeoises, l'une par sa grâce hardie, qui lui valut l'amitié amoureuse d'un illustre vieillard, l'autre par son don poétique, son douloureux amour fraternel, — éclairées l'une et l'autre par le reflet du génie de l'être aimé, — connaîtront justement une renommée mondiale. »

Albert Guittard, il y a quelques mois, exprimait le vœu de voir publier les *Mémoires* manuscrits de l'Occitanienne, dont sa petite-fille venait de lui lire plusieurs chapitres :

« Que de pages exquises ! disait-il. Je n'oublierai pas de sitôt le charme, la joie profonde et l'indicible bonheur que j'ai ressentis naguère en entendant la lecture de ces *Souvenirs d'enfance*, un véritable petit chef-d'œuvre de fine psychologie, où, à côté de descriptions brossées avec goût, de portraits tracés d'une plume alerte, vive, parfois malicieuse, l'on remarque des aperçus fort originaux et des jugements d'un bon sens d'où toute ironie n'est point absente. Mme de Saint-Roman, qui nous a donné le *Roman de l'Occitanienne*, voudra bien compléter son cadeau en nous offrant bientôt ces *Souvenirs*, où la réalité s'allie d'agréable façon à la poésie, où l'auteur chante tour à tour, et sur un mode fort plaisant, la nature, la campagne, trace en passant, de l'Empereur, un portrait que n'eût certes pas voulu signer Frédéric Masson, fait de la bataille de Toulouse un récit vivant, imagé, narre fort délicatement et avec beaucoup d'esprit les mille incidents du voyage d'Hauterive à Toulouse, s'attarde à détailler tous les petits côtés intéressants de la vie de la cité rose... »

Léontine de Villeneuve n'aimait pas à produire son acte de naissance. La légitimiste se révoltait en elle contre les termes de l'état civil en 1803 (9 pluviôse an XI), où toutes les particules étaient supprimées ainsi que tous les titres.

Son acte de mariage (23 novembre 1829, trois mois après l'entrevue de Cauterets) porte les signatures du maire, Adrien de Rességuier, celles du mari, Joseph-Gratien-Catherine-Louis-Raymond-Adolphe, comte de Castelbajac, trente-quatre ans, né à Grenade (près Toulouse), et de Marie-Eulalie-*Léon* de Villeneuve, vingt-six ans, née à Toulouse. Le marié était conseiller à la Cour royale et neveu de Jacques de Cazalès, ancien membre de la Constituante.

Au registre de la cathédrale, ouvert à l'issue de la cérémonie nuptiale du lendemain, en présence du vicaire général Pagan, curé de Saint-Étienne, on lit, parmi les nombreuses signatures et après celles des mariés, les noms de Cazalès, des Villeneuve, des d'Aguin, du comte de Villèle, des Lordat et des d'Aldéguier.

Le frère de Léontine de Villeneuve devait lui survivre ; mais ses deux sœurs disparurent prématurément : Octavie, une année avant le séjour à Cauterets ; Émilie, à Castres, supérieure du couvent des Sœurs de l'Immaculée-Conception (couvent Bleu, ainsi appelé en raison du costume azur des religieuses), qu'elle avait fondé, sur la rive gauche de la Durenque.

Après son mariage, l'Occitanienne, sans cesser de correspondre de loin en loin avec Chateaubriand, fréquentait surtout, à Toulouse, le salon de Mme d'Hargicourt et les séances publiques des Jeux Floraux.

« Mme de Castelbajac, a écrit le comte Begouen, n'appartenait pas en vain à cette lignée des Villeneuve dont plus d'une femme avait une plume dans sa corbeille à ouvrage et savait fort bien s'en servir. »

Cette allusion vise surtout la marquise de Villeneuve-Arifat de Péguilhan, poétesse en renom et maître ès Jeux Floraux, fille de François de Villeneuve et cousine germaine de l'Occitanienne.

L'oncle de Léontine de Castelbajac, M. de Cambon, son premier répondant auprès de Chateaubriand, mourut en 1836 et fut remplacé, au vingt-deuxième fauteuil de l'Académie célèbre de Clémence Isaure, par le mari de l'Occitanienne, reçu en séance solennelle, le 20 août 1837, par M. de Lavergne. C'est lui qui, l'année suivante, présenta à la vénérable Académie de Toulouse son hôte Chateaubriand, venu tout exprès dans la cité palladienne. En 1839, Castelbajac prononça l'éloge traditionnel de Clémence Isaure, et nous pouvons y lire un passage, que nous savons être un hommage ému à celle qui portait son nom, puisqu'il exaltait, en prose fervente, l'influence que les femmes ont toujours exercée, en France, sur la littérature.

« Dernière survivante d'un monde disparu, disait un de ses familiers au lendemain de sa mort, Mme de Castelbajac, décédée dans sa quatre-vingt-quinzième année, avait conservé jusqu'à la fin non seulement toutes les qualités de son cœur, une aménité et une bienveillance attractives, mais encore une vivacité d'esprit et une mémoire si fidèle des êtres et des choses d'antan qu'en l'entendant on oubliait son grand âge et l'on revivait auprès d'elle sa jeunesse et celle de cette société aimable d'autrefois... »

La comtesse de Saint-Roman nous écrivait :

« Dans les dernières années de sa vie, ma grand'-mère ne sortait *jamais* de chez elle. Moins âgée, elle ne franchissait le seuil de sa maison que lorsqu'il le fallait pour aller en voyage, chez mes parents ou à Hauterive. Très délicate de santé — et le croyant surtout — elle était une illusion de femme, une frêle statuette d'un autre âge qu'un rien semblait devoir briser. Nous lui disions quelquefois qu'un peu d'air extérieur et de mouvement lui ferait peut-être du bien, et elle répondait en riant :

« — Mes enfants, vous avez vu, dans nos vieilles maisons, de ces armoires anciennes qui sont là parce qu'elles y ont toujours été. Tant qu'elles sont en place, elles tiennent et sont même utiles. Mais, si l'on s'avise de vouloir les remuer, elles tombent en poussière et on ne peut plus rien faire de leurs débris... Je suis comme une vieille armoire et ne tiens bon qu'à la condition de ne pas bouger.

« Elle n'avait d'autre occupation que de lire ou d'écrire. Les travaux féminins lui étaient absolument inconnus. Dans ses moments de repos, elle s'immobilisait dans son fauteuil, appuyée sur une main. Le regard noir de ses yeux doux et lumineux, restés jeunes jusqu'à la fin, se fixait sur des visions lointaines ; ses lèvres, frémissantes de paroles muettes, semblaient répondre à quelque rêve intérieur. Revivait-elle alors son chaste roman de jadis? Nul n'eût pu le dire : elle n'en a jamais parlé...

« Puis, tout d'un coup, distraite par une présence, une question ou une idée nouvelle, elle bondissait avec vivacité, se levait, se rasseyait, s'agitait dans son fauteuil, parcourait prestement son salon, toute à la question actuelle, quelque futile qu'elle fût.

« D'une bonté inlassable, elle s'intéressait même aux jeux et aux petites histoires des enfants, aux flirts innocents de la jeunesse. Sa bienveillance était sans limites ; à toute faute elle trouvait une excuse, une circonstance atténuante ; pour tous elle avait un conseil juste et sage, donné d'un mot précis.

« Quant à ses lectures, c'était sa joie. Tout lui était bon, pourvu que cela l'amusât ou l'intéressât. Je me souviens que ma mère, unie à elle par une tendre et filiale affection, lui disait un jour, en riant : « Chère bonne maman, comment pouvez-« vous perdre votre temps à lire les *Aventures de* « *Rocambole?*... C'est une littérature indigne de « vous ! — J'ai peut-être des goûts de portière, « répondait-elle avec gaieté ; mais ces absurdités « m'amusent, et l'on aurait le vertige s'il fallait « toujours rester dans les hauteurs ! »

« Elle se tenait au courant du mouvement littéraire et, jusqu'à la fin, aimait à dire que l'esprit, comme le corps, s'ankyloserait si on ne lui imposait pas une gymnastique continue. L'année de sa mort, elle lut ce qui avait paru d'Edmond Rostand. *Cyrano* surtout l'étonna et la frappa beaucoup, et elle nous dit : « C'est une nouvelle « ère littéraire qui commence. »

Tout enfant, j'ai entrevu, plusieurs fois, l'Occitanienne. Nous étions alors une escouade turbulente de galopins castrais, réunis pendant les vacances, sur la lisière du Causse d'Augmontel. Nos randonnées nous menaient, tous les jours, des bords

du Thoré aux rives de la Durenque, d'Hauterive
à La Vitarelle et de la Roque-Rouge aux ruines
seigneuriales de Gaïx.

Souvent, par la rive gauche du Thoré, aux eaux
limpides et poissonneuses, nous arrivions sous le
parc du manoir d'Hauterive, et nous nous aventu-
rions, à travers les buis centenaires, les charmilles
et les châtaigniers, jusqu'aux abords sablés de la
vieille maison, modernisée par le comte de Villeneuve, dont le père, vieillard bienveillant et volontiers conteur, nous entendait venir et nous appelait doucement.

C'était un octogénaire à la silhouette courbée
à peine et qui guidait sa marche hésitante à l'aide
de deux cannes de houx ; car le marquis de Villeneuve était devenu presque aveugle et portait des
lunettes noires.

C'était lui que Chateaubriand avait accueilli
à Paris, en mai 1839, lorsque le jeune voyageur
lui avait apporté un billet de sa sœur, auquel René
vieilli répondait :

« Votre beau jeune frère me fera grand plaisir
de venir me voir. Je suis aussi sauvage qu'il est
timide. »

Ce frère de Léontine de Castelbajac devait
mourir en juin 1906, à Hauterive, dans les bras
de son fils Roger, qui s'est éteint dans le même
manoir, aux environs de Castres, en avril 1913,
deux ans avant son fils cadet, François de Villeneuve, aviateur, mort glorieusement pour la
France.

Si le vieux marquis savait nous rassurer et nous
apprivoiser, sa sœur — l'Occitanienne, encore
inconnue, même de ses proches, la veuve du pré-

sident Adolphe de Castelbajac, défunt depuis 1864,
— nous faisait un peu peur. Derrière sa fenêtre,
nous avons souvent entrevu son profil d'estampe
second Empire, — elle portait encore la crino-
line et se coiffait à la Winterhalter, — et nous
évitions sa rencontre, au détour des allées qui
donnaient accès aux prairies riveraines du
Thoré.

Plus tard, le bon abbé Corbière, qu'un de ses
amis avait introduit, au Jardin Royal de Toulouse, dans le salon littéraire de la comtesse de
Castelbajac, sous le toit de Mme de Martin de
Thézan, lui rappelait ses séjours dans Hauterive
pour arriver à lui recommander, — elle avait de
l'influence aux Jeux Floraux, — un sonnet du
galopin sauvage dont elle avait, en survenant soudain sous les platanes centenaires de l'esplanade,
provoqué les folles déroutes.

Et l'excellent aumônier avait audacieusement
déclamé, en les martelant du rocailleux accent des
Escoussens, le petit poème qui prétendait décrire
l'apparition du fantôme de Clémence Isaure, au
bord de la fontaine du cloître des Augustins, dans
le vieux musée de la rue d'Alsace, sous un clair de
lune peint par Rixens :

> Aux heures où le cloître auguste se réveille,
> Quand la nuit long-voilée assombrit les arceaux,
> Entre les saints de pierre et les noirs arbrisseaux,
> Vient flotter un esprit, diaphane merveille.
>
> Spectre d'une amoureuse au cœur jamais défunt,
> Il échappe au rayon de lune qui le guette.
> Une étoile endormie auréole, discrète,
> Son fantôme irréel et doux comme un parfum.

Or, celle qui survit à ses douleurs passées
Se glisse, récitante aux stances cadencées,
Vers la fontaine où l'onde exhale des sanglots ;

Et l'on croirait — la voix lumineuse et touchante
S'harmonisant à la cantilène des flots —
Que c'est l'âme qui pleure et la source qui chante.

— J'aime ces vers d'un enfant sensible, dit l'indulgente aïeule. Il faut dire aux Lastours de me l'amener. Je lui demanderai de changer une ou deux petites choses, un peu trop modernes à mon gré, — et il pourrait très bien décrocher un Souci d'argent.

Fut-ce le souvenir des paniques d'antan, sur la rive vernale du Thoré?... ou la sauvagerie, pourtant idolâtre, de l'adolescent?... ou, peut-être, ce « souci d'argent » que les bacheliers d'alors ne comprenaient guère?... ou bien quelque raison déraisonnable qui déconseilla cette démarche à l'écolier d'alors?...

Il ne vint pas au Jardin Royal et négligea l'orgueil futur d'avoir longuement conversé avec l'Occitanienne.

Comme il le regrette aujourd'hui !...

Elle s'éteignit doucement, le 5 avril 1897, — cinq années avant d'être centenaire, — dans les bras de Mme de Saint-Roman, sa petite-fille, en lui disant :

— Inutile d'avoir une consultation. Toute la science du monde n'y ferait rien ! Ce n'est pas une maladie : je vais mourir d'avoir trop longtemps vécu — et voilà tout !

C'était dans la maison où elle s'était réfugiée depuis son veuvage, 3, Jardin Royal, à Toulouse. Elle y était née, rue-place Mage, le 31 janvier 1803.

Mais c'est maintenant à Léontine de Villeneuve, comtesse de Castelbajac, vivante et à peine indistincte dans le recul déjà profond des années qui s'éloignent, c'est à la pure et mystique Occitanienne de Chateaubriand qu'il convient de laisser enfin la plume — et la parole.

P.-B. GHEUSI.

MÉMOIRES
DE L'OCCITANIENNE

PREMIÈRE PARTIE

SOUVENIRS DE FAMILLE

(LA RÉVOLUTION)

I

AVANT-PROPOS

Les souvenirs ne remontent pas seulement au jour de la naissance. A peine la mémoire est-elle éveillée, qu'elle aspire à se plonger dans le passé, pour doter la vie d'un temps antérieur.

Les yeux et les pensées se fixent d'abord sur les pères et les mères, puis sur les grands-parents qui font rêver aux aïeux ; et tandis qu'on ignore l'histoire du monde, on apprend par ouï-dire celle des familles paternelle et maternelle, dont les représentants vous apparaissent sous des traits aimés et révérés.

Les principes, les idées, les goûts, les habitudes

qui frappent nos regards, sont les moules intellectuels où se forme notre moral primitif ; et cette empreinte se retrouve quelquefois dans ce que nous sommes encore vers les derniers de nos jours.

Mon grand-père, le marquis de Villeneuve, appartenait à l'une des plus anciennes familles du midi de la France, illustre et puissamment riche sous le règne des comtes de Toulouse. Sa décadence, qui date de la réunion du Languedoc à la couronne, ne l'a cependant pas ensevelie dans l'oubli. Malgré les conséquences de la croisade contre les Albigeois, cataclysme où leur fortune sombra, on a toujours retrouvé les Villeneuve surnageant au naufrage, avec l'épée qui remplit leur écusson à elle seule.

Toutefois, comme pour la plupart des gentilshommes enfoncés dans une province loin des rayons du soleil de la cour, l'obscurité finit par se faire autour d'eux. Diverses circonstances contribuèrent successivement à l'effacement des familles languedociennes de vieille race : des habitudes campagnardes résultant de l'amoindrissement des existences ; des mariages de voisin à voisine ; et, plus que tout, des fortunes allant en se divisant avec les branches collatérales qui se détachaient du vieux tronc pour aller s'implanter à quelques pas.

Chacun de ces nouveaux chefs de famille se voyait réduit à s'enfermer dans un château, petit ou grand, séparé des villes par des kilomètres boueux qui s'allongeaient en lieues interminables et souvent même infranchissables.

Là naissaient et croissaient des enfants livrés à la nature quant au corps, à l'instruction dispensée par le curé quant à l'esprit. Ceux qui ne se destinaient pas à l'Église ou à l'ordre de Malte prenaient le parti des armes. Mais les aînés ne tardaient pas à retourner au manoir paternel pour s'y marier, prêts à le quitter de nouveau au moindre appel fait à leur épée.

Le plus grand nombre, parmi les cadets engagés au service du roi, allait achever de grandir pendant les marches et contremarches de ces guerres qui duraient des années, et de ces sièges qui voyaient se renouveler les saisons. Tous ne revenaient pas de la tranchée ni du champ de bataille ! Bien des mères, après de longs jours d'angoisse, pleuraient à la vue d'une missive cachetée de noir.

Mais il y avait aussi des joies, lorsqu'un semestre, obtenu de loin en loin, ramenait l'officier et ses récits. Blessé, on le soignait ; valide, on écoutait ses narrations. Il retrouvait son père toujours le roi de la famille ; sa mère, la châtelaine tenant toujours les clefs de la maison, et son frère aîné continuant à jouer le rôle soumis de l'héritier présomptif. Ses sœurs, les unes mariées dans quelques gentilhommières du voisinage, accouraient à lui, suivies d'enfants dont il ignorait le nombre. Les autres, pauvres jeunes filles ! moins favorisées du sort, menacées de devenir nonnes derrière les grilles d'un couvent, ou vieilles tantes dans un coin du château, serraient peut-être encore plus tendrement la main du frère destiné à finir vieux garçon. Mais le jeune âge secouait ces soucis lointains.

Et quand les cadets étaient nombreux, quand le cavalier, le fantassin, le chevalier de Malte, se trouvaient par hasard réunis au château, et même lorsque l'abbé venait s'y joindre, que de joyeux ébats !

Cependant il n'y avait ni luxe, ni brillants plaisirs au dedans comme au dehors de ces demeures primitives. On couchait quatre dans de grandes chambres ouvertes à tous les vents : les meubles eussent passé pour très inconfortables, si l'on avait compris la chose et connu le mot. Et lorsqu'il s'agissait de voisiner, on s'empilait femmes et enfants dans un char à bœufs, tandis que le dragon, le fantassin et le cavalier enfourchaient, en guise de coursiers, de lourds chevaux de campagne.

Mais, dans le château où l'on se rendait, comme dans celui que l'on quittait, il y avait des caves fournies de vieux vins, des tables abondamment chargées de toutes sortes de viandes ; des meutes prêtes à lancer les lièvres en coteaux ou en plaines ; et, dans quelques manoirs tout à fait seigneuriaux, un jeu de mail ou un jeu de paume, ces nobles divertissements des gens de cour.

Puis, le soir venu, la grande salle retentissait des pas pressés de tous les âges réunis. On voulait s'amuser, et l'on s'amusait : les gens graves, les cartes à la main, avec des enjeux de quelques sous ; la jeunesse s'organisant pour chanter et pour danser.

Bientôt, des romances et des *ariettes*, dont la musique avait été rapportée par un frère mélomane, faisaient retentir des voûtes qui eussent pu renvoyer en écho du passé les vieilles ballades aux *lais* amoureux des troubadours et des ménestrels ; mais les arrière-petites-filles des preux n'y pensaient guère. Elles étaient bien plus curieuses de se faire enseigner un *air nouveau*, comme on disait alors ; ou mieux encore le pas de danse dont il était question dans un numéro de la *Gazette de la cour*, retrouvé au fond d'une valise. L'un des frères même n'avait-il pas importé d'Allemagne la valse !... et l'on voyait quelquefois passer en tourbillon des groupes allant se heurter contre deux *cariatides :* un vieil oncle et une vieille tante oubliés dans ce monde par la génération disparue et qui semblaient soutenir, immobiles, la haute cheminée où brûlait la bûche de Noël.

Les mois d'hiver s'écoulaient ainsi. Durant ce temps les servantes filaient, le tisserand tissait, la mère et les sœurs coupaient et cousaient la toile destinée à remplir de bon linge les valises arrivées à peu près vides, tandis que le père amassait quelques écus pour gonfler au jour du départ les bourses aplaties. La belle saison venue, le colombier voyait fuir les pigeons voyageurs dans toutes les directions ; et la roue de la vie recommençait à tourner uniformément au manoir.

De campagne en campagne, de semestre en semestre, les années s'accumulaient. L'arbre secouait ses feuilles sèches et les bourgeons verdoyants se développaient : les oncles et les tantes, puis le père et la mère, les uns après les autres, manquaient aux rendez-vous des retours. Mais le tableau demeurait le même : les visages seuls étaient changés... Il y avait toujours un châtelain, une châtelaine, des fillettes, des enfants, de vieux oncles, de vieilles tantes et de jeunes officiers.

Telle était, à peu de nuances près, l'existence de la noblesse de Languedoc ou de Gascogne que la ruine avait reléguée dans ses terres. Toutefois, lorsque le calme se fit après les guerres de la Ligue et qu'un état social homogène eut fini par s'étendre à toute la France, les provinces participèrent gra-

duellement au mouvement qui s'était opéré dans
les esprits et dans les mœurs, avec le règne de
Louis XIV. Les communications devinrent plus
faciles, grâce aux nouvelles voies établies. Les
villes furent appelées à en profiter les premières.
Les courriers s'étaient multipliés, apportant les
correspondances ; les livres arrivèrent à leur tour
pour infiltrer dans les esprits la connaissance et le
goût de la littérature. De nouvelles écoles s'ouvrirent ; les plaisirs eux-mêmes se transformèrent
en s'adressant à l'intelligence. Dans les capitales
de province, on vit se former, sous la présidence
des femmes, des salons où s'empressèrent d'accourir les hommes de tous les âges, portant l'épée,
la toge et même le petit collet. Du choc de ces
esprits de bonne compagnie jaillit ce que l'on a
nommé l'amabilité française, sans nulle rivale
lorsqu'elle prend pour auxiliaire la politesse,
qu'elle s'appuie sur le goût, qu'elle se donne comme
vernis les manières et qu'elle possède comme fond
encore plus le désir de plaire que celui de briller.

Les gouverneurs de province, tous grands seigneurs, avaient fourni les modèles, apportés aussi
par les descendants de quelques anciennes familles
de Languedoc, que le flot de la fortune avait
poussés vers la cour, depuis Henri IV, et qui venaient revoir, à de longs intervalles, l'humble
castel d'où ils étaient partis, pauvres cadets
n'ayant que la cape et l'épée. Le grand siècle et
Versailles projetèrent ainsi leur reflet au loin.

Cette lumière parvint, quoique lentement et
affaiblie, jusqu'aux châteaux embourbés et perdus.
L'ignorance y demeura longtemps aveugle. Les
officiers, alors comme auparavant, devinrent les

messagers les plus actifs du progrès, car ils représentaient le progrès lui-même, grâce aux changements de garnison qui, de salon en salon, les rapprochaient souvent du grand foyer parisien, dont ils se plaisaient à faire entrevoir les éblouissements à des yeux qui s'ouvraient alors tout grands.

Pendant ce temps, les chemins continuaient à s'avancer, comblant les vallées, abaissant les collines, mais domptant difficilement les terrains fangeux, toujours prêts à reprendre leurs allures de champs labourés. Lorsqu'ils étaient un peu roulants, le carrosse remplaçait la litière et le coche ne tardait guère à s'établir, allant de la grande cité à la petite ville. Non seulement il amenait des voyageurs, mais tout ce qu'il apportait refluait vers les campagnes environnantes. Les modes en profitèrent pour se glisser dans les bahuts féminins ; et l'on ne vit plus de jeunes visages faisant revivre leurs aïeules et bisaïeules, grâce aux coiffures et ajustements de leurs portraits.

Une règle veut que le mouvement s'accélère à mesure qu'il s'engage plus avant sur une pente. Le dix-huitième siècle donna follement cette impulsion. Dans les capitales de province, le niveau se flatta d'avoir atteint celui de Paris et de la cour. Malheureusement, avec le beau, le mal accourut. L'instruction, après avoir ouvert l'esprit à la compréhension des chefs-d'œuvre d'une littérature saine et fortifiante, le rendit apte à se laisser pénétrer par les principes dissolvants des écrits des philosophes. Ces nouveaux livres s'attaquaient à la religion et aux mœurs, non seulement avec le raisonnement, mais par l'ironie, cette séductrice à laquelle l'esprit français s'abandonne si facilement, croyant que le rire, de son aile légère, peut toucher à tout sans rien renverser.

Les châteaux ne demeurèrent pas à l'abri de la contagion morale qui se développait avec les progrès de l'esprit et se propageait au loin, grâce aux brillants plaisirs que le châtelain allait chercher au milieu des grands centres, pour les importer ensuite dans la petite ville voisine de son château.

Ces petites villes bientôt se peuplèrent de gentilshommes campagnards qui vinrent y passer les hivers dans des maisons à eux, où s'introduisirent les mœurs et usages de la haute société. On y tint des salons où l'on devisait de tout. On y donna de grands dîners apprêtés par d'excellents cuisiniers, servis par un maître d'hôtel et des laquais galonnés. On y joua même la comédie. Avec tout cela le luxe s'infiltra partout, inaugurant la nouveauté. Les fauteuils raides à hauts dossiers firent place aux sièges gracieusement arrondis et se recouvrirent de brillantes étoffes de Lyon, qui reléguèrent au grenier les antiques tapisseries où s'était escrimée l'infatigable aiguille des devancières. Le vieux bahut noir céda son coin à l'élégante toilette en bois de rose. La console dorée s'établit sous des glaces allant jusqu'au plafond. Comme révolution complète, la poutre sombre et saillante disparut de bien des salons et cacha sa gravité sous une riante couche blanche ornementée, au milieu de laquelle s'agitait un lustre resplendissant, à pendeloques de cristal. Et tout semblait reluire et s'agiter comme lui dans ce salon.

Enfin, dernier trait peignant le progrès à ses

limites extrêmes, on voyait arriver dans ces villes, dans ces bourgs, des caisses contenant des robes confectionnées d'après celles de Mme de Pompadour et des habits à la française taillés sur les patrons du maréchal de Richelieu.

L'invasion du luxe fut supportée sans en souffrir par des fortunes qui, successivement, s'étaient augmentées. Les guerres civiles ayant pris fin, les domaines avaient cessé d'être ravagés, pillés, incendiés. Sous l'influence de ce calme protecteur l'art agricole se développa. Les récoltes, devenues plus abondantes, ne se contentèrent pas de nourrir le seigneur et ses vassaux ; emportées par le commerce, elles laissèrent entre les mains des châtelains d'assez grosses sommes avec lesquelles ils arrondirent leurs domaines.

Ce mouvement, toujours croissant, donna une vive impulsion aux prix des denrées. De grandes étendues de terrain, livrées à la friche séculaire, devinrent productives, grâce au travail dirigé par la science. Enfin, bien des gentilshommes, au lieu de continuer à s'allier de château à château, allèrent chercher au loin des femmes apportant une dot autre que le bahut aux riches habits des damoiselles du moyen âge. Ainsi multiplié, l'argent, si rare jadis, ne tarda pas à affluer par toutes sortes de ruisseaux ; les coffres-forts des avares du temps passé, si peu remplis malgré la bonne volonté des possesseurs, regorgèrent d'écus et même de louis qui venaient tout naturellement s'engouffrer là, attendant l'occasion d'en sortir. Le progrès ne tarda pas à la leur présenter sous bien des formes et deux générations s'en chargèrent : celles que Dieu devait condamner, pères et enfants, aux épouvantables malheurs de la Révolution française.

II

LES VILLENEUVE

La famille de Villeneuve, vers le milieu du dix-huitième siècle, comptait parmi les anciennes familles demeurées en arrière en fait d'élégante civilisation. Le chef de la branche du Crozillat, destinée à devenir la branche principale, ne sortait jamais de son castel du quatorzième siècle, où huit enfants étaient nés. Le mouvement, comme une vague, avait cependant poussé les enfants sur d'autres bords, et chacun, plus ou moins, avait tâté de l'éducation des collèges voisins. Mais les filles ne quittèrent pas le giron maternel : deux moururent en bas âge ; les deux autres se marièrent, comme leurs tantes et arrière-grand'tantes, avec des gentilshommes du pays demeurés campagnards comme elles.

Les classes terminées avant le temps, selon la coutume d'alors, les quatre garçons prirent leur vol. Les deux plus jeunes entrèrent l'un dans l'armée, l'autre dans l'état ecclésiastique. (Je les ai connus sous les noms du « Vicomte » et de l' « Abbé ».) L'aîné, après avoir *servi*, lui aussi, se hâta de retourner au Crozillat, où il succéda aux biens et honneurs seigneuriaux de son père, où il se maria sucessivement avec deux femmes riches qui se trouvaient à sa portée ; puis il se renferma dans son château comme ses ancêtres.

Le second (mon grand-père), adopté par sa

grand'mère maternelle, vécut dès son enfance hors de ce milieu. Ses manières, son esprit, ses agréments extérieurs le placèrent naturellement dans un monde distingué, soit à son régiment, soit partout ailleurs. La grand'mère, fière de son œuvre, le fit son héritier. L'héritage n'était pas considérable ; néanmoins, on pouvait le considérer comme une fortune pour un cadet de ce temps-là.

Après ce coup du sort et malgré les succès de l'homme de salon, le jeune officier, se laissant gagner par l'inertie de son caractère, se fût peut-être confiné au fond de son petit château, si petit, que je sais à peine où l'aller chercher, ni même ce qu'il est devenu. Mais les parents et amis ne souffrirent pas l'éclipse de l'astre de la famille. On fit plus : on pensa non seulement à le marier, mais à lui donner le point d'appui d'un bon mariage.

A cette époque et avec les exigences nouvelles, on s'était mis à contracter des unions où l'argent remplaçait les quartiers de noblesse. De son côté, la bourgeoisie se trouvait flattée de se hausser sur ses écus pour atteindre, par les alliances, au degré social qu'elle commençait à regarder d'un œil d'envie. Des exemples venus de haut poussaient à ce rapprochement de deux classes, que les plus furieuses passions allaient séparer radicalement, avant que le sang eût mêlé les races.

Ces alliances qui, presque toujours, amenaient l'ennoblissement de la famille bourgeoise, en se multipliant eussent renforcé l'aristocratie par l'appoint du nombre qui commençait à lui faire défaut. La noblesse, tendant cette main fraternelle au tiers état pour l'aider à monter vers elle, ne lui eût pas laissé le temps de prendre un élan qui devait la renverser. C'est ainsi qu'un but séduisant eût été donné à l'ambition des enrichis, si portée à se transformer en haine quand elle est forcée de s'avouer son impuissance vis-à-vis la supériorité de l'origine.

Les amis de mon grand-père, sans doute, ne se dirent pas tout cela ; mais ils se servaient d'un moyen qui permettait d'appuyer sur la base de la fortune la nouvelle maison qu'il s'agissait d'édifier.

Il y avait, dans la petite ville de Saint-Pons, une riche héritière. Son père, M. Amblard, venait d'abandonner le commerce, y laissant une de ces réputations dont on pouvait s'enorgueillir et qu'on fit valoir pour demander et obtenir pour lui des titres de noblesse. Entré dans une classe à laquelle, d'ailleurs, appartenait sa femme, il voulut y marier sa fille unique. Mon grand-père, agréé par le père et la fille, en 1766, prit congé du Crozillat et vint habiter la grande maison de son beau-père. Le nom de Villeneuve doit sa restauration à cette femme, si noble de cœur. C'est elle qui stimula l'orgueil permis d'une famille qui s'était laissé envahir peu à peu par l'obscurité d'une trop humble existence.

Ce fut un *renouveau* : la floraison de cette branche reprit aussitôt racine.

Rose d'Amblard, jeune et belle, élevée dans un couvent de Toulouse avec les filles des premières familles de la ville, se trouva facilement métamorphosée en grande dame : elle en avait tous les instincts.

La maison du négociant devint l'élégante demeure du gentilhomme. Son beau salon, tendu de brocatelle, s'ouvrit à toute la noblesse de

Saint-Pons et des environs. Il y eut là des bals, des dîners, des soirées, qui développaient les aptitudes de la nouvelle Mme de Villeneuve à ce qu'on appelait alors *le ton* de la bonne compagnie. Les réunions du soir le mettaient particulièrement en œuvre, par cette conversation facile et pleine de grâce qui touche à tout sans trop appuyer sur rien, qui permet rarement à la gaieté de devenir le rire jusqu'aux éclats, où la question est sobre, où l'attention semble écouter même quand l'intérêt est absent, où le tact se fait un devoir d'accompagner le propos léger, tandis que la raillerie, le sarcasme, la méchanceté elle-même, sont tempérés ou dissimulés par la politesse qui se mêle à tout, comme le sel, pour relever le goût et pour lui plaire. Nobles façons qui furent le privilège incontesté de cette société française près de disparaître.

A Saint-Pons comme ailleurs, le monde était devenu l'occupation principale : on vivait de lui et par lui. Non seulement les plaisirs *se cherchaient* autour de soi, mais on s'adressait au loin pour les trouver. La jeune femme s'était intimement liée avec les femmes de sa nouvelle société dont plusieurs habitaient les villes voisines. On allait, on venait les uns chez les autres, amenant les parents, les amis, les passants même : car ces passants étaient des gentilshommes qui ne demeuraient pas inconnus un seul jour dans la petite ville où leur arrivée était un événement.

Mais Mme de Villeneuve, plus ambitieuse dans son essor, prenait quelquefois son vol jusqu'à Toulouse. La pensionnaire y retrouvait ses nobles compagnes, dont quelques-unes étaient mariées dans des familles alliées aux Villeneuve. Les généalogies rapprochées, les mains se serraient encore plus étroitement. M. de Villeneuve, par l'intermédiaire de sa femme, grâce à ses manières attrayantes, voyait se renouer des liens de parenté presque rompus. Les Villeneuve reprenaient ainsi leur place dans ce vieux Toulouse qui les avait trop oubliés. Les absents même en eurent leur part, à commencer par les seigneurs du Crozillat.

Mais pourquoi se borner à la restauration plus ou moins lente du manoir patrimonial? Pourquoi ne pas doter la nouvelle famille, elle aussi... d'un *château*? Alors surtout que deux garçons étaient nés? C'est ce que se dit ma grand'mère avec son orgueil Villeneuve.

Seulement, il fallait de l'argent, beaucoup d'argent, car on voulait que le château fût beau. La fille du négociant se décida, non sans regret, à se dépouiller de l'héritage paternel. Mais elle garda la maison manufacturière. La noble créature n'en rougissait pas. Oh! non! Et dans cette demeure, devenue somptueuse, les parents de son père ont toujours trouvé leur place avec la même égalité d'affection, de rapports et de soins.

On se mit en quête pour découvrir le château choyé d'avance. Après bien des recherches, on se décida pour un manoir aux environs de Castres, remontant à l'époque de Simon de Montfort et qui même lui avait appartenu, hélas! par le droit de conquête. Après cette spoliation, il avait passé de possesseur en possesseur et successivement abrité six familles de noble origine, dont l'écusson se trouvait taillé dans la pierre, sur la façade principale, où il ne restait plus de place. Les Villeneuve sculptèrent le leur sur la porte d'entrée. Ce château, c'était Hauterive. Grâce au ciel, il nous appartient encore : il est à mon frère !

Je me réserve de le décrire tel que je l'ai vu dans ma jeunesse, avec l'amour qu'il m'inspire. Grand'mère, père, mère, sœur, c'est vous que je retrouverai là, tous vivants ! vous que je pleure aujourd'hui avec mes souvenirs !

Les nouveaux seigneurs s'empressèrent de prendre possession de cette demeure si féodale, avec ses quatre tours, ses larges fossés et ses ponts. L'élégance fit irruption dans des salons, dans des vestibules, dans des appartements qui se meublèrent selon le goût de l'époque.

Castres offrait la grande ressource d'une société nombreuse et choisie, qui ne demanda pas mieux que de compter en plus, dans ses rangs, un gentilhomme distingué, une femme charmante ; c'était d'ailleurs encore un château qui s'apprêtait à s'ouvrir aux plaisirs : on s'y précipita. La châtelaine attira ce beau monde tout autant par les grâces de son accueil que par son entente parfaite de la tenue d'une maison. Son cuisinier était hors ligne ; et ma grand'mère se posait déjà comme une *fine connaisseuse* en art culinaire, ce qui passait alors pour un mérite, car on ne dînait bien, disait-on, que chez les hôtes qui savaient apprécier un bon dîner.

Les mois d'été, désormais, se passèrent là, à Hauterive. On se visitait continuellement de la ville à la campagne et de château à château. Mais la vie des champs continuait la vie citadine : la campagne par elle-même avait peu de charme pour cette société de salons. Le genre rêveur se tenait encore dans les nuages de l'avenir. En se promenant, on laissait l'eau couler sans lui demander ce qu'elle chuchotait. Les femmes défendaient leur frisure contre le vent, sans prêter l'oreille à sa plainte. Les oiseaux étaient des importuns quand ils s'avisaient de se mêler à la conversation ; et lorsque le soleil couchant se montrait dans sa pompe, jaloux d'attirer les regards, on lui tournait le dos pour aller allumer flambeaux et candélabres. Quant à la lune, on ne s'occupait d'elle que si l'on avait à s'informer, « dans l'almanach », du temps qu'elle présageait aux belles robes qui s'apprêtaient, le lendemain, à s'étaler sur le gazon, pour jouer ce rôle pastoral à une fête champêtre où le village avait convié le château.

En revanche, on remuait des cartes, même à la clarté du jour. Avant tout, on causait... La conversation était l'accompagnement, le stimulant de tous les plaisirs. Elle s'épanouissait au soleil, elle brillait sous l'éclat des bougies, elle accompagnait les pas mesurés du menuet ; le sévère whist lui-même n'osait se permettre de supprimer un bon mot.

L'hiver venu, aux premiers cris des corbeaux, Mme de Villeneuve montait dans sa litière pour franchir lentement, en deux jours, les quelques lieues qui séparent Castres de Saint-Pons.

A Saint-Pons, c'était fête quand on la retrouvait. Non seulement elle plaisait, mais on l'aimait tout particulièrement à cause de sa bonté toujours active pour louer, toujours passive lorsque l'esprit se donnait carrière en façon de raillerie ou de blâme trop accentués.

Son retour était un signal pour se remettre en

train. La petite ville de Saint-Pons, cachée au fond d'une espèce de trou qu'on n'osait qualifier ni de vallée, ni de vallon, voyait accourir, même de loin, la *fine fleur* des élégants : mousquetaires, gardes du corps, dragons du roi ou de la reine... sans oublier les *civils*, jeunes magistrats ou autres.

J'ai vu quelques débris de ceux qui s'étaient appelés de *charmants cavaliers*. Jadis, avec leurs vêtements de velours aux couleurs éclatantes, avec leur coiffure à *l'oiseau royal*, avec leur épée au côté qui se prêtait à des mouvements empreints de grâce et, pour accompagner cette mise en scène, un esprit brillant, piquant, papillonnant, on les avait proclamés *irrésistibles!* terme dont on ne se servait que trop !

Dépouillés des habits à la française, vieux et ridés de visage, comme ils me sont apparus et conservant cependant quelque chose des attitudes d'autrefois, notre jeunesse était tentée de rire un peu tout bas. Mais s'ils parlaient, s'ils racontaient et surtout s'ils s'occupaient de nous avec ces façons d'homme à femme qui ressemblaient à un culte, nous disions tout haut : « Comme ils sont aimables ! »

Tandis que les années passaient à Hauterive et à Saint-Pons, les enfants Villeneuve prenaient leurs dents, apprenaient à marcher, couraient, sautaient, grandissaient... Enfin, on les avait vus revenir du village où ils avaient été nourris et quitter leurs sarraux de toile pour revêtir un petit habit brodé, accompagné d'une épée : un joujou ! Alors, frisés, pommadés, poudrés, on les poussait, la tête basse, honteux comme de petits paysans, dans un salon où les belles dames les caressaient du bout de leur éventail, où les messieurs les faisaient tourner, retourner, pirouetter un instant comme pour examiner ce qu'ils promettaient en fait de bonne grâce à la génération des gentilshommes à venir. Les fils de Mme de Villeneuve étaient charmants : Maurice avec des cheveux blonds et de grands yeux bleus, Louis avec des cheveux bruns et des yeux noirs brillant d'esprit. C'est Louis qui fut mon père.

Mais leur mère ne se contenta pas de ces succès de beaux enfants : l'éducation devait y correspondre. Elle fit venir une *bonne* de loin, capable de former leur langage, de surveiller leurs manières, pour attendre, ainsi dégrossis et après quelques leçons d'un pédagogue, l'âge où l'on pourrait les envoyer au collège de Sorèze, le plus fameux du Midi. Ne fallait-il pas, disait-elle, que ses fils fussent capables d'avancer brillamment dans la carrière qu'on choisirait pour eux? Car, en ce temps, les parents en décidaient.

Un troisième fils était né : on pensait déjà pour lui aux honneurs de l'état ecclésiastique, non en le violentant (ces abus étaient devenus très rares), mais en imprimant cette direction à ses idées et, par suite, à ses goûts.

L'éducation donnée aux garçons était rude, comme on l'a vu. Elle commençait au village dans le berceau du pauvre, près d'un foyer où brûlaient quelques brins de bois mort dont le vent d'hiver éteignait souvent la flamme. Un morceau de pain noir remplissait de petites mains rougies par le froid ; les pieds se réchauffaient dans des sabots bourrés de paille ; et, quand venait l'été, ces pieds couraient tout nus sur les pierres, ou se trempaient imprudemment dans l'onde rapide du ruisseau. Il survenait bien des chutes, bien des accidents que la nourrice soignait à grands cris, mais plus encore à grands bras chargés de guérir le mal en y ajoutant. Les pauvres petits corps faibles se trouvaient assez mal de ce régime ; mais beaucoup d'autres, au contraire, y puisaient une constitution physique à toute épreuve. Quant à l'âme, elle y recevait des leçons qui ne s'oubliaient pas : à peine naissante, elle avait appris à supporter la souffrance et connaissait les privations de la pauvreté.

Transportés de la chaumière au château, ces enfants, malgré les beaux habits dont on les revêtait certains jours, prenaient une très petite part du bien-être de leurs parents. On les reléguait dans des chambres point calfeutrées, où le cuisinier faisait monter des repas tels quels. Livrés aux domestiques durant la plus grande partie de la journée, au lieu de les traiter en subalternes, ils avaient intérêt à se montrer affables pour s'attirer leur affection et, par suite, des soins complaisants. Ces domestiques, on doit le dire, ne ressemblaient pas à ceux d'à présent ; fidèles, et souvent vieux serviteurs pleins de dévouement à leurs maîtres, ils faisaient en quelque sorte partie de la famille ; aussi, croyaient-ils que les enfants leur appartenaient un peu.

Malgré les hautes régions où se tenaient le père et la mère, leur influence planait sur tout. Ils jouaient le rôle de la Divinité devant laquelle on se surprend toujours prêt à trembler. Le respect était peut-être la plus vive impression que ressentait d'abord un fils en présence de son père. Mais pourquoi l'amour filial refuserait-il de s'incliner

pour rendre hommage à la majesté paternelle?...
Ne nous mettons-nous pas à genoux lorsque, dans
un élan de cœur, nous appelons Dieu : Notre Père?

Les fils de l'ancien régime courbaient naturellement le front devant ce qui, tout ensemble, semblait être une loi divine et une loi humaine.

Quant aux parents, il ne faut pas leur reprocher
une sobriété de rapports intimes qui nous étonne.
A cette époque, les regards des pères et mères
passaient au-dessus de la tête de l'enfant pour
aller chercher l'homme dans l'avenir. C'était sur
l'homme que l'œil s'arrêtait. C'était en lui qu'on
espérait, c'était pour lui qu'on travaillait. Enfin,
c'était *lui* qui, plus tard, allait devenir l'objet de
l'intérêt le plus actif et, au besoin, celui des plus
grands sacrifices. Ne fallait-il pas qu'il continuât
dignement la famille?

En attendant, le père régnait jusqu'à son dernier jour. Ces gentilshommes, la plupart descendus
des vieilles races féodales, étaient restés un peu
princes chez eux. Le fils aîné, lui-même, jusqu'à
son avènement à l'héritage, comptait comme un
premier sujet.

C'est ainsi que le chef soutenait *la maison*, laquelle à son tour soutenait le trône. Le respect et
l'obéissance étaient les bases de cet ordre social
dont la durée a compté des siècles. — Où les
retrouver pour les réédifier?...

Ma grand'mère, si maternelle pour ses fils tout
venus, les éleva pourtant selon les usages d'alors.
Ils ne s'endormaient pas le soir déshabillés par
elle, rompant ainsi le cercle et la conversation.
Ils ne se réveillaient pas en la réclamant tyranni-
quement comme leur *bonne* la plus soumise. Enfin,

ils ne disaient pas : « Tout pour moi !... » On ne les voyait pas non plus piétiner sur des monceaux de joujoux brisés.

Les joujoux des deux frères?... Ils les fabriquaient eux-mêmes : un cerceau, une pierre aiguisée, un petit palet, un cerf-volant qu'un valet de chambre complaisant avait aidé à construire, à orner, à lancer. Quelques friandises leur arrivaient lorsque le maître d'hôtel dressait le dessert. Et les dames, lorsqu'ils venaient les saluer au salon, tout propres et tout gentils, ouvraient pour eux leur bonbonnière : un de ces bijoux dont elles garnissaient leurs poches. Oh ! comme tout cela était bon ! précisément parce que c'était rare.

Et que d'autres plaisirs, ignorés des enfants trop soignés, trop surveillés, trop minutieusement aimés !

Que de fois mon père m'a raconté ses courses vagabondes dans les guérets, lors de la moisson, aux prés pendant les foins, aux vignes quand venaient les vendanges ! On les laissait aller tous les deux seuls, encore tout petits, les confiant à eux-mêmes, afin de les mettre sans retard aux prises avec la vie et ses difficultés ! Dès qu'un garçon savait marcher, il fallait qu'il apprît à se tirer d'embarras. C'est ainsi que Maurice et Louis s'exerçaient à l'équitation en s'élançant sur la croupe de toutes les montures qu'ils rencontraient chemin faisant.

C'est de cette façon qu'ils apprenaient à nager en barbotant dans la rivière, ayant pour professeurs les petits paysans avec lesquels, sortant de l'eau, ils luttaient souvent au risque de horions donnés ou reçus et dont ils se gardaient de se vanter ou de se plaindre.

Le soir venu, ils paraissaient au salon, saluaient, s'approchaient de leur mère, pressaient sa main sous leurs lèvres et recevaient en échange un baiser sur le front, qui les faisait s'endormir tout fiers.

Tels étaient les enfants Villeneuve lorsqu'ils entrèrent au collège, déjà soumis à leurs supérieurs, disposés à se montrer bons camarades et prêts à supporter courageusement la discipline et le dur régime de l'éducation publique à cette époque.

Ils revenaient aux vacances ; mais, durant le cours de l'année, personne, je crois, ne pensait à les aller voir. Mon père m'a parlé de son oncle l'*aîné* qui, passant par Sorèze, lui fit une visite et glissa sous sa serviette, au réfectoire, un écu de trois francs, — ce qu'on appelait alors un petit écu. Tout ébloui de cette générosité, mon père ne l'a jamais oubliée.

Un petit écu !... Oh ! comme il dut le faire reluire aux yeux des écoliers qui comptaient à peine quelques sous dans leur poche ! Mais je suis sûre qu'ils en eurent leur part en billes, toupies ou friandises.

** **

Je m'attarde dans ces détails pour essayer de peindre la province à cette époque, et comme ce n'est pas un tableau historique, mais un « paysage », si le pinceau veut rendre fidèlement sa physionomie, il ne doit rien oublier comme touche, pas même les brins d'herbe.

Maintenant j'arrive à ce qui fut pour la noblesse

française, et tout particulièrement pour celle de
province, un événement majeur. Je veux parler
des *présentations à la Cour*, de ce dénombrement
des races féodales qui fit sortir tant d'illustres
familles de l'obscurité des âges, pour les appeler
à rayonner de nouveau, précisément lorsqu'on
touchait au moment où leurs annales, réduites
en cendres, allaient être jetées au vent par la Révolution.

Voici ce qui ressortit de l'ordonnance royale
de 17... Adressant un appel à toutes les vieilles
chartes, on faisait savoir aux familles nobles
dont les titres remontaient à l'an 1400 qu'après
avoir fourni leurs preuves, bien compulsées, bien
vérifiées, bien paraphées, il leur serait conféré le
privilège de monter dans les carrosses du roi et
d'*être admises aux honneurs de la Cour*.

Le son de cette cloche retentit jusqu'aux extrémités du royaume. Le castel enfoncé dans la vallée
et le manoir perché sur la montagne apprirent
par quelques-unes des cent voix de la Renommée
à quels honneurs les conviait la faveur royale ;
et grande fut la liesse, mais grand aussi l'émoi !

Que fallait-il faire?... On savait que la race
datait de l'origine de ce château dont les pierres
portaient l'empreinte des siècles. Mais comment
le prouver?... On connaissait à peu près l'histoire
de la famille ; mais, où retrouver sa chronologie? Et
comment la débrouiller du chaos, la suivre dans
ses détours, renouveler sa chaîne quand elle se
rompait, la retirer des souterrains dans lesquels
elle disparaissait pour la ramener à la lumière,
et la présenter enfin, rayonnante d'authenticité?

C'était ce qu'on se disait au fond du Languedoc

et en bien d'autres lieux, mais tout particulièrement à Hauterive. Mme de Villeneuve donna l'élan. Elle commença par secouer l'indolence de son mari, en stimulant les sentiments du gentilhomme, qui prit alors l'initiative et convoqua les Villeneuve de toutes les branches. Il en vint de cinq ou six châteaux où les générations étaient confinées depuis plus ou moins de siècles, et chaque manoir fournit ses parchemins. On les soumit aux hommes de lois, aux notaires, aux archivistes.

Des actes inestimables revirent la lumière ; mais que de lacunes ! Cependant, la tradition disait qu'aux temps antérieurs il en existait un bien grand nombre. Qu'en avaient fait les pillages, les incendies et peut-être aussi les rats, ces aveugles spoliateurs des papiers les plus importants?

Un des Villeneuve de la branche des Flamarens, officier d'artillerie distingué (ce qui l'avait fait surnommer l'Artilleur), se souvint de s'être amusé, durant un séjour au château de la Croisille, à déchiffrer de vieux parchemins. Il lui en était resté le goût et plus encore la curiosité de remonter dans le passé de sa famille en fouillant dans ses archives. Aussi, lorsqu'il vint prendre sa place au colloque généalogique, son rapport fut-il celui qui se présenta le plus fièrement prêt à soutenir tous les droits des Villeneuve. Hélas ! néanmoins, bien des ancêtres manquaient à l'appel ! Dans quelles catacombes pourrait-on les retrouver?

Tandis que les seigneurs du Crozillat, de Lanrazous, de Beauville, de Flamarens, et même la châtelaine d'Hauterive, en s'adressant cette question, baissaient la tête, l'Artilleur releva la sienne. Il annonça qu'il fallait se garder de désespérer avant qu'il eût fait une descente à la Croizille.

Le château de la Croizille, baronnie seigneuriale datant du douzième siècle, avait été l'imposante demeure de la famille avant sa ruine, consommée par les guerres de religion. C'était là que continuait de résider la branche aînée prête à tomber en quenouille, le baron de la Croizille n'ayant que deux filles.

Hélas ! la Croizille n'était plus cette forteresse qui commandait et défendait une ville ! La ville avait cessé d'exister depuis longtemps ; et le château, pris, repris, détruit, reconstruit, n'était que l'ombre de lui-même. L'Artilleur se présenta devant sa porte qui n'avait plus ses ponts-levis, et l'antique manoir fut livré à ses recherches. Il fouilla partout, du sommet du castel au fond des souterrains, remuant les meubles, sondant les murs, explorant les caves. Des cachettes apparurent et se rouvrirent de nouveau ; mais elles étaient vides, et quelques menues monnaies venaient indiquer ce qu'elles avaient été chargées de soustraire aux regards : de l'or sans doute ? Ah ! combien valait davantage l'objet qu'aucune fortune ne peut acheter ! Quel seigneur avare et félon avait ainsi trahi sa race au profit de sa richesse ?

A peu de distance du château un colombier, héréditairement habité depuis des siècles par une légion de pigeons, se dressait demi-croulant. Un vieux paysan vint trouver l'Artilleur pour lui raconter une vague tradition, signifiant que, du temps des *grandes guerres* (celle de la Ligue sans doute), on avait travaillé mystérieusement, la nuit, dans ce pigeonnier.

Ce fut un trait de lumière ! Et le bouillant artilleur, prenant pioches et leviers, se dirigea vers la masure à laquelle on n'avait songé à rien réclamer. Ses paisibles habitants, à l'aspect de cette formidable invasion, s'enfuirent à grands coups d'aile. Les épaisses et larges dalles soulevées, une maçonnerie se montra. Alors la pioche se mit à l'œuvre ; le pic s'enfonça, la pelle enleva les débriss un coffre ferré apparut, s'ouvrit sous l'effort du ciseau — et la résurrection se fit !

Oui, de ce sépulcre sortit cette lignée d'aïeux dont on avait vainement cherché les traces sur la terre. Le coffre revit le jour dans la salle d'arme, du château, sous les yeux des portraits de famille, témoins inertes de ce qui se passait ici-bas, et sans doute indifférents là-haut à ce triomphe de la vanité. Les pigeons, rassurés par le silence du colombier, reprirent possession de leur demeure. Les douces colombes, sans le savoir, avaient gardé le trésor mieux que des dragons.

Malgré cet immense succès, les recherches continuèrent ; et tandis que les parchemins rassemblés passaient aux mains des antiquaires pour être transcrits et mis en ordre, l'Artilleur faisait des descentes dans bien des archives et compulsait bien des livres. Enfin, l'arbre généalogique tout entier se dressa majestueusement sur ses racines.

Maintenant, ce qui restait à faire (et ce n'était pas la partie la moins ardue), c'était d'aller à Paris avec son bagage et d'aboutir au redoutable généalogiste Chérin. Les Villeneuve, à l'unanimité, choisirent le seigneur d'Hauterive pour être le mandataire de tous. La nonchalance de mon grand-père essaya de regimber un peu ; mais ma grand'mère était là et ne lui permit pas de reculer d'une semelle. Elle fit plus : elle décida qu'elle partirait, elle aussi. Chacun dut applaudir à cette résolution, car on savait alors, comme à présent, ce que vaut l'intervention des femmes dans les affaires.

*
* *

Quel événement ! — A cette époque, des générations vivaient et mouraient sans avoir vu *la ville des merveilles*, comme on appelait déjà Paris. Et lorsqu'on en était séparé par deux cents lieues, la plupart des grandes dames, en y comprenant celles de Toulouse, passaient leur jeunesse à y rêver — voilà tout.

Mais à Saint-Pons !... On n'osait même aborder le rêve. Dans les petites villes, ce qui sort de la ligne ordinaire provoque un étonnement qui se sent aussitôt le besoin de s'épancher. On se précipita dans le salon de Mme de Villeneuve, la félicitant de son bonheur, avec cette effusion bruyante et verbeuse qu'on trouve dans les sociétés où le suprême bon ton n'a pas établi son règne tyrannique. On vous embrasse à vous étouffer et l'on crie à vous étourdir. Mais c'est pour vous témoigner la joie qu'on éprouve de vous savoir heureux et l'émotion vous gagne.

Ah ! j'en ai connu de ces cœurs chauds d'autrefois, aux manifestations tout en dehors, auxquelles on infligeait l'épithète de *manières communes* ! Mais n'était-ce pas mieux que ce revêtement d'indifférence sous lequel l'expression des sentiments s'enferme, polie comme le marbre et froid comme lui ?

Les préparatifs du grand voyage exigèrent des soins. Il fallait avant tout se procurer de l'argent, objet indispensable, alors comme aujourd'hui, pour aller affronter la vie parisienne. On fit appel aux ressources ordinaires et même extraordinaires. N'avait-on pas l'espoir, très fondé, de pénétrer jusqu'au monde de la Cour avec ses exigences si luxueuses ! Mon grand-père avoua, plus tard, qu'il lui en coûta quelques contrats de vente et même une petite métairie dans les montagnes, vendue sans en parler, lorsque le séjour, se prolongeant, eut mis à sec tout moyen d'y fournir. Mais ce fut de l'argent bien placé : les Villeneuve en touchent encore les intérêts.

Au dix-huitième siècle, on était loin de soupçonner les chemins de fer et la locomotive ! Quinze jours de route se présentaient en perspective, mais dans une bonne voiture en poste, où l'on s'établissait chez soi, sans se sentir coudoyé par le premier venu.

Les fonds réalisés, la voiture achetée, les malles faites, on fit venir les écoliers pour les embrasser vite, en leur recommandant, plus fortement que jamais, de se préparer à devenir de dignes gentilshommes ; puis on remit le plus petit (François) à une bonne cousine qui le soigna mieux que ses enfants, tant l'amitié tenait alors de place dans le cœur. Et, après des adieux accompagnés de larmes, on partit laissant bien des regrets, mais en emportant aussi le miroitement des espérances.

Le *coffre sacré* eut une place toute particulière dans la voiture en poste et parvint, sans mésaventure, jusqu'au cabinet du généalogiste Chérin, surnommé *l'incorruptible*.

Je n'entrerai dans aucun détail en ce qui concerne la généalogie avec ses preuves. Il fallut beaucoup de temps pour la faire aboutir à la *présentation*. Le cabinet de Chérin était encombré de parchemins et assiégé par des légions de gentilshommes venus de tous les coins de la France. Chaque jour en voyait accourir, accompagnés de leur bagage nobiliaire. Chérin en perdait la tête, mais non le sens, pour tout examiner savamment et rigoureusement.

Mme de Villeneuve prenait aisément patience, mieux que son mari, bien moins sous l'empire de la séduction. Le séjour de ma grand'mère à Paris avait le pouvoir de réveiller encore sa jeunesse à quatre-vingts ans. Je me souviens de bien des récits et du sourire qui les accompagnait. Elle était aveugle alors ; mais je suis sûre qu'une vue intérieure lui demeurait pour tout revoir dans cet ineffaçable coin de son passé.

Quelle vie d'enchantement pour les yeux et pour l'esprit ! Sans oublier les enivrements de l'amour-propre qui vinrent s'y joindre : les beaux hôtels dont les portes s'ouvrirent devant elle, les somptueux salons où elle eut son fauteuil, la politesse si gracieuse de formes et d'expressions avec laquelle la grande dame de la Cour accueillit la noble dame de province. Toutes ces séductions se réunirent pour éblouir la femme et même pour attacher son cœur par des liens qui ne se rompirent, le jour venu, qu'avec un douloureux effort.

Ce monde d'élite, cette haute société qui, de génération en génération, s'était transmis le sceptre de l'esprit porté si royalement était trop essentiellement aimable pour s'imprégner de sotte morgue. On naissait grand seigneur ; et, sans penser à se guinder sur un piédestal, on s'abandonnait tout naturellement à l'affabilité inhérente à la nation.

Une des distinctions des hautes classes, c'est le bon goût et les grands seigneurs le mêlaient naturellement à leurs manières.

Ils avaient une façon de garder leur rang qui n'offusquait personne, tant ils paraissaient y peu songer, tandis que tout en eux semblait le rappeler. Cependant, la distance s'accusait, par une nuance qui s'étendait jusqu'à la politesse, laquelle portait toujours un peu l'empreinte de la protection. Mais si cette protection s'avisait de se trop accentuer, si elle en venait à ce que l'on appelait des *grands airs*, c'étaient les *égaux* qui se chargeaient d'en faire justice. Les gens de Cour, bien plus que les bourgeois, se sont moqués des marquis de Tuffière.

Paris et le monde n'absorbèrent pas seulement quelques mois de l'existence de ma grand'mère ; elle y passa plus de deux années. Mais les enchantements des *Jardins d'Armide* n'eussent pas suffi pour la retenir, sans un mobile autrement puissant. Il fallait d'avance planter quelques jalons sur la route qui devait conduire sa famille aux honneurs et à la fortune. De puissantes amitiés furent choyées et cultivées. On accoutuma les oreilles des gens de Cour à entendre prononcer le nom de Villeneuve dans les salons les plus brillants. La provinciale y parut avec sa noble taille que faisaient si bien valoir des toilettes du meilleur goût. Enfin, lorsqu'il fallut quitter tant de splendeurs, elle partit, non sans retourner la tête, mais heureuse et fière d'emporter nombre de promesses qui présageaient à ses deux fils aînés des protections dans la carrière des armes et celle de la marine.

Quant au troisième, il était *présent*. Le collège de Juilly venait de le recevoir, à huit ans, pour le façonner en abbé auquel un bénéfice était déjà presque assuré. Et l'enfant, prenant les devants, prêchait dès cet âge de petits sermons avec une gravité d'évêque, dont le laïque marié ne s'est jamais tout à fait dépouillé. Il faut ajouter que ses principes gardèrent également l'empreinte de cette vocation primitive.

Le château d'Hauterive, au retour de Mme de Villeneuve, fit plus que se repeupler : il s'embellit de bien des meubles rapportés du centre du luxe, tout comme les armoires de la châtelaine s'ouvrirent pour recevoir les élégantes parures qui venaient de briller dans ces salons parisiens dont on conservait ainsi la trace.

Hélas ! j'ai vu les débris de cette magnificence, après l'horrible tempête qui n'épargna pas plus les jouets de la fortune que les fortunes elles-mêmes. Nous vous avons regardés avec le dédain de nos yeux d'enfants, fauteuils pompadour dédorés, tapisseries d'Aubusson ternies que l'on retrouvait reléguées dans des chambres abandonnées. Toilettes de bois de rose, dont les pieds branlaient, dont les serrures pendaient, nos visages riants se sont reflétés dans vos miroirs cassés ; et nos mains ont achevé de disperser ou de briser ces délicieux petits riens de porcelaine que, bien des années plus tard, on devait rechercher si curieusement !

Et vos belles parures, ô ma grand'mère ! Nos tailles de douze et quinze ans ont essayé, mais en vain, de se serrer dans vos corsets de moire ; nos pieds se sont trouvés à peine à l'aise dans vos souliers pailletés à hauts talons ; et nous avons drapé dérisoirement sur nos épaules des dentelles au réseau digne du fuseau des fées !

Cependant, vous avez sauvé de ces profanations vos plus riches habits (comme on disait alors), vos habits de cour sans doute. L'église en a hérité. Et moi aussi, ne m'en reste-t-il pas quelque chose? Ah ! oui, deux belles robes décousues et roulées, dont on peut admirer encore les brillantes couleurs ; puis des tapisseries, ouvrage de ces mains qui passaient, du petit point où l'aiguille nuançait si délicatement les soies, à l'amusement du *parfilage*, où les doigts les dispersaient en flocons — image de cette société légère qui détruisait en se jouant.

On était en 1782.

L'étoile de la maison de Villeneuve continua son cours ascensionnel. L'aîné des fils entra dans un régiment avec l'espoir d'un avancement rapide. Le second, Louis, à treize ans, monta sur un vaisseau, en route pour les honneurs d'une belle carrière. Du moins, sa mère le croyait ! Tout semblait sourire à cette noblesse de province qui venait de se relever du tombeau de l'oubli, pour réclamer l'avenir au nom de son passé ressuscité. Et sous ce ciel serein, en présence de cet horizon qui paraissait sans borne, sur cette mer en apparence à peine onduleuse, le navire qui portait l'ancienne France allait sombrer ! Il ne restait que sept années de vie à ce qui reçut plus tard, dans un baptême de sang, le nom d'ANCIEN RÉGIME.

Cette société, née du christianisme au moyen âge, nourrie du lait de sa foi dans son berceau, soutenue par son bras dès ses premiers pas vers le progrès et forte de son puissant appui lorsqu'elle eut acquis toute sa croissance pour profiter et

pour jouir des bienfaits et des lumières d'une civilisation venue d'en haut — cette société, ayant
dévié de la voie chrétienne, devait périr !

III

LES D'AVESSENS

Les sept années qui séparèrent 1782 de 1789
étaient destinées à remuer bien des idées dans ces
têtes françaises qui ne savent jamais positivement
ce qu'elles veulent, ni prévoir jusqu'où les empor-
teront des passions toujours prêtes à s'agiter sans
s'informer d'où vient le vent qui les soulève.

La noblesse, plus légère, plus insouciante encore,
depuis qu'elle s'imaginait penser sérieusement, se
précipita dans un tourbillon où les plaisirs l'entraînaient, comme les fantômes à l'œil fascina-
teur dans les rondes des légendes. Les grandes
villes avaient suivi, plus ou moins, l'impulsion de
Paris. Parmi elles, Toulouse se plaçait au premier
rang.

Toulouse se souvenait de ses comtes, si magnifiques et presque aussi rois que le roi de France,
de leur Cour si artiste et si lettrée et des harpes
et des chants de ses troubadours. Il en était rejailli
quelque chose sur le peuple, héréditairement demeuré poète et musicien de nature.

Tout, dans cette ville, gardait l'empreinte de
son histoire exceptionnelle : son Capitole et ses
Capitouls, son Académie des Jeux Floraux et sa
Clémence Isaure, un parlement, comme du temps
d'Henri IV, plus fier que tous les autres parle-

ments du royaume. Tout rappelait encore ce passé, jusqu'à ces ménestrels du temps présent, que l'on voyait se rassembler durant les nuits méridionales si pompeusement sereines, pour chanter de nouveaux *lais* d'amour, parcourant les rues, accompagnant du bruit de leurs pas cadencés les voix qui, tantôt se détachaient en solo comme pour éveiller doucement l'œil endormi, tantôt se réunissaient en chœur comme pour lancer l'harmonie dans l'immensité... Et les fenêtres s'ouvraient, et les têtes s'avançaient afin d'écouter et de suivre ces sons qui se perdaient en s'éloignant, laissant dans l'air une vibration mélodieuse.

Nulle autre capitale de second ordre ne jouait un rôle aussi prépondérant. La richesse y étalait son luxe dans des hôtels dont Paris n'eût pas dédaigné de s'enorgueillir. Hommes aimables, femmes charmantes affluaient dans des salons où les plaisirs les plus animés et souvent, hélas! les plus entraînants, se réunissaient pour souffler à cette haute société de province, jadis grave et sévère, le sans-façon vis-à-vis des principes religieux et moraux qui, depuis un demi-siècle, semblait s'étudier à éteindre une à une les vertus domestiques.

Cependant, il restait encore des familles qui projetaient autour d'elles la lumière de leurs graves enseignements, réchauffant ainsi le zèle des tièdes ou soutenant par la fermeté de leurs exemples des pas prêts à chanceler. Il y avait aussi, même au sein de ce monde brillant et bruyant, des âmes capables de se mêler activement à lui sans se laisser entraîner par ces flots tumultueux, comme s'ils s'affermissaient pour les porter.

Parmi les familles qui tenaient le premier rang dans la société toulousaine, se plaçaient les Bonrepos. M. de Bonrepos, petit-fils de Paul Riquet, inventeur du canal de Languedoc, était l'un des héritiers de la gloire et de la fortune si pures de ce génie créateur qui n'avait fait que du bien à son pays. Tandis que la branche aînée s'établissait à la Cour, sans perdre de vue néanmoins l'aïeul et l'œuvre, le chef de la branche cadette, M. de Bonrepos, demeuré en province pour veiller sur l'œuvre de l'aïeul, partageait sa vie entre le château de son grand-père, où se voyait encore une manière d'ébauche du canal, tracé par l'inventeur quand il rêvait, et l'hôtel construit somptueusement pour devenir sa demeure lorsque le succès eut couronné la fin d'une noble carrière (1).

M. de Bonrepos usait magnifiquement de sa fortune. Il n'avait point de fils ; mais ses quatre filles, brillantes d'esprit ou de grâce, faisaient les honneurs d'une maison presque sans rivale. La province et la ville accouraient aux fêtes qui se donnaient dans cet hôtel dont l'architecture rappelait Mansard, dont les salons Louis XV étincelaient de dorures, dont le vaste jardin s'illuminait au feu des lanternes vénitiennes, lorsque la danse l'envahissait. Et la foule applaudissait à ce raffinement de luxe, à cette *salle de bal* où l'air passait à travers la verdure en s'imprégnant du parfum des fleurs.

Les étrangers de distinction se faisaient toujours présenter à l'hôtel de Bonrepos. Mgr le comte

---

(1) Cet hôtel qui existe encore porte le numéro 16 de la rue Velane.

de Provence, à son passage à Toulouse, y daigna accepter un dîner.

Malgré ce bruit, malgré des obligations de société multipliées, une des filles de M. de Bonrepos traversait pour ainsi dire ces plaisirs sans s'y arrêter ; c'était la marquise d'Avessens. Mère de cinq enfants, un garçon et quatre filles, elle avait placé en première ligne les devoirs de famille, mettant d'ailleurs au-dessus de tout ses devoirs de chrétienne. Toutefois, ces vertus se contentaient de s'exercer à petit bruit. Le matin, malgré des veilles souvent prolongées, on la voyait s'acheminer à pied vers une église ; puis elle rentrait vite, car cette portion de la journée, que tant de femmes laissaient absorber par le sommeil, elle la consacrait à ses filles. Il en était de même de bien des heures soustraites au monde : réceptions supprimées, visites restreintes. Alors sa porte se fermait, elle appelait ses élèves et leur donnait des leçons d'histoire, de géographie, de littérature pour lesquelles elle avait dû commencer à s'instruire elle-même ; instruction que son intelligence projetait ensuite en rayons qui venaient en doubler la puissance. Comme Mme de Genlis, elle avait inventé un système d'éducation apte à développer merveilleusement l'esprit et les grâces. Mais, mieux qu'elle, Mme d'Avessens s'étudiait à former le caractère, à le soumettre à la raison, à le plier au devoir, à le prémunir contre les entraînements, pour le préparer ainsi aux luttes inévitables amenées par les événements de la vie. Une instruction chrétienne terminait les leçons comme pour les dominer toutes. Et les propos, et l'attitude, et les moindres actions de cette mère étaient eux-mêmes des leçons, ou mieux encore des exemples.

Le soir, dans le brillant salon de son père, Mme d'Avessens devenait femme du monde, aimable entre toutes et respectée à une époque où si peu de grandes dames, hélas! pouvaient prétendre à ce genre d'hommage!

Entre ses filles, il y en avait une qui fut l'élue de la Providence. Jamais, du moins, aucune créature ne se vit comblée de plus de dons venus d'en haut. Je m'incline en nommant Rosalie. — C'est ma mère!

Vous n'existez plus, vous tous qui l'avez connue! Mère, père, frère, sœurs, époux et enfants! Vous n'êtes plus là pour multiplier par l'écho de tant de voix ce que ma voix si faible essayera de rappeler. Je reste la dernière de ceux qui vécurent près d'elle! Tout ce que l'âme peut contenir de grand, de beau, de bon, était en elle.

A l'époque où je la fais entrer dans mon récit, devançant ce qui sera plus tard mes souvenirs personnels, elle avait à peine douze ans. Déjà sa supériorité se révélait, soit par l'étendue de son intelligence, soit par les qualités variées de son caractère, qui s'alliaient à l'entraînante gaieté de la jeune fille, comme aux grâces d'un visage d'enfant, où le regard, néanmoins, trahissait la créature presque achevée. Sa mère l'aimait avec cette complaisance intime qui dilate le cœur en présence de l'espérance prenant une forme visible. Cette prédilection, que les années devaient augmenter, fut du petit nombre de celles qui ne blessent personne, parce qu'elles sont comprises et ratifiées par tous.

La fille aînée de Mme d'Avessens, mariée à

dix-huit ans, en avait cinq de plus que Rosalie;
la troisième la suivait de près et la dernière n'était
alors qu'une enfant; l'unique garçon portait déjà
les épaulettes d'officier.

. . . .

***

Le marquis d'Avessens, par son caractère, représentait le vrai chef de famille, tel qu'on en
voyait au temps passé. Son autorité dominait tout
dans son intérieur, dédaignant les minuties, mais
ne permettant pas la moindre résistance dès que
ses volontés s'étaient manifestées.

Du reste, en pliant devant lui, on ne pliait que
devant la raison; seulement, elle était inflexible.
Comment en eût-il été autrement? Ne s'était-il
pas soumis toujours à cette dominatrice qui, selon
lui, ne devait reconnaître aucune impossibilité et
n'admettre aucune excuse?

A vingt ans, demeuré sans parents, maître de
sa fortune, libre de ses actions, il n'avait cédé à
aucun des entraînements d'une époque où l'on
faisait si bon marché de ce qui pouvait mettre un
frein aux passions. Et cependant, il s'était mêlé
à tous les plaisirs de ce monde qui jetait son temps,
son argent et ses principes au vent de toutes les
jouissances.

Lui était resté ferme, pareil au rocher inébranlable avancé dans les flots. On le voyait aller au
jeu, les poches remplies d'or qu'il savait perdre
royalement; mais cette somme avait été comptée
et fixée d'avance. Les dépenses de sa maison étaient
calculées d'après une échelle où le superflu prenait

sa large place ; mais aucune tentation n'exerçait sur lui le moindre entraînement.

A ses yeux, une dette qui ne pouvait se justifier raisonnablement était une indélicatesse vis-à-vis de soi-même. Il n'admettait sur ce point nul atermoiement, et le prodigue ne rencontrait en lui qu'une dureté méprisante. En revanche, il était généreux jusqu'aux limites extrêmes, non seulement pour le pauvre demandant l'aumône, mais pour le malheureux, à quelque classe qu'il appartînt. Les petites pièces blanches passaient couramment de sa poche dans la main du mendiant ; mais bien des gentilshommes aussi ont eu recours à son coffre-fort et en ont vu sortir des sommes considérables sous la forme de prêts sans intérêts, qui n'y rentraient qu'après de longues années. Quant aux rouleaux de louis, il en avait toujours en réserve au service d'un ami dans l'embarras.

Dépassant encore l'homme d'ordre, on trouvait en lui l'honnête homme sous toutes ses formes. Tel se présentait le seigneur à ses vassaux, le sujet à son roi, le gentilhomme à ses égaux. C'était la colonne des temps anciens, droite et ferme sur sa base inébranlable. Mais ses qualités hors ligne, au point de vue humain, eussent eu besoin de s'appuyer sur une des plus attrayantes vertus : l'indulgence. Sa main, toujours prête à s'avancer vers le mérite, se retirait trop souvent lorsque le repentir la cherchait. Il ne comprenait pas la faiblesse et la laissait sans appui. Toute âme, pensait-il, porte en elle sa conscience : cette force doit lui suffire.

Il résultait de ce caractère, allié à une intelligence allant jusqu'à la profondeur, un despotisme qui s'exerçait particulièrement sur les idées, et qui prétendait façonner celles de tous à son moule personnel. Aussi était-il peut-être plus estimé qu'aimé, lorsqu'on ne l'avait rencontré qu'en passant et qu'on ne pouvait connaître tout ce qu'il y avait de généreux et de supérieur dans cette nature de granit.

Le cachet de chef de sa race se retrouvait en lui après deux siècles et s'est perpétué dans ses enfants, mais en laissant absorber les défauts par les qualités. Le fanatique gentilhomme *huguenot* du seizième siècle, descendu des montagnes des Cévennes pour implanter sa croyance, sa famille et sa fortune dans le Languedoc toulousain, laissa des petits-fils qu'une abjuration sincère vint transformer en catholiques rigides. Mais ils conservèrent, des formes de l'hérésie, l'austérité puritaine dont le protestantisme s'était servi comme d'un masque pour fasciner tant d'âmes de bonne foi.

Ce sang dans lequel les idées religieuses s'étaient infusées de nouveau après s'être retrempées à celle des vérités primitives, ce sang, c'est-à-dire ces natures si fermes, peuvent traverser impunément le torrent de principes dissolvants que le dix-huitième siècle déversa sur la France.

De l'alliance des d'Avessens et des Bonrepos, de ce mélange de vertus dominatrices et de qualités attrayantes, naquirent ces caractères exceptionnels qui se sont appelés « les d'Avessens ».

C'est ainsi que la Révolution les prit, pour les trouver à la hauteur de la situation. L'une des femmes de cette famille, une jeune fille, Rosalie, s'élevant au-dessus de son sexe, atteignit même jusqu'à ce haut point où l'intelligence devient du génie, et où l'âme, en présence de l'adversité, peut s'appuyer sur des ressorts que la Providence semble n'avoir voulu donner qu'à l'homme.

Et cependant, la lutte terminée, le calme revenu, la supériorité qui, sur le trône, eût fait de Rosalie une Blanche de Castille, s'est inclinée pour se fondre dans les modestes vertus de l'épouse, de la mère et de l'humble chrétienne.

Je la représenterai sous ces traits, si j'en viens à écrire ce que j'oserai me permettre de nommer *Mes Mémoires*, parce qu'ils seront adressés à moi seule et destinés à faire revivre ce passé qui meurt, quand l'âge, par l'oubli, nous enlève tout : même ce que nous avons été.

*
* *

Je reviens à l'année 1787, à cette année où se leva le brûlant soleil destiné à amasser les vapeurs d'où sortent ces tempêtes formidables qui s'abattent sur les sociétés humaines pour les dévaster et peut-être pour les ébranler à jamais.

Un moment, le souffle du bon sens sembla passer sur la France. On la vit s'arrêter comme un homme en proie à l'ivresse qui recouvre tout à coup la raison au bord d'un précipice. La vieille nation, à la lueur d'un éclair de sa droiture originelle, comprit qu'elle avait à se régénérer sérieusement. Les *Cahiers des Notables*, ces vœux dictés par la sagesse et la modération, furent écrits à la clarté de cette lumière. Mais que pouvait pour le bien une société si profondément travaillée par le mal?

Ce n'étaient pas les têtes folles des fils des Croisés, ayant secoué les croyances de leurs pères, qui songeaient à rétrograder vers la foi au cri de : Dieu le veut ! C'étaient bien moins encore les fils de Voltaire, cette classe moyenne, lettrée et savante, pervertie par l'incrédulité, qui pouvait prendre souci de donner les lois évangéliques pour base aux institutions qu'elle demandait aux temps nouveaux, tandis qu'elle rêvait déjà le Code des *Droits de l'homme* pour remplacer le catéchisme.

Encore quelques mois et il ne régna plus qu'un pêle-mêle d'idées plus ou moins dangereuses, se heurtant et lançant de tous côtés des fusées qui venaient allumer des incendies partiels, destinés à produire un embrasement général. Interrogez « les causes » de la rage haineuse et sanguinaire qui saisit tout à coup une nation placée à la tête de la civilisation moderne et donnez-leur une voix pour répondre. Si elles l'osent, elles diront que le désir de fouler aux pieds ce qui s'imposait au respect, que l'espoir de porter la main sur ce que l'envie convoitait sournoisement et de briser, de disperser, de détruire ce qu'on ne pourrait parvenir à s'approprier, ont été les mobiles de cette Révolution dont les pieds ne se sont jamais dégagés du sang qu'elle a versé. Tristes conséquences de l'abandon de la loi chrétienne ! Et punition des peuples ainsi dévoyés ! Châtiment d'autant plus épouvantable, que lorsque l'intelligence humaine a laissé s'effacer en elle l'image céleste, vainement les connaissances de l'esprit vont croissant. L'âme descend dans des abîmes insondables, où l'homme prend sa place au-dessous de la brute. Dépouillé de la raison qui vient de Dieu, il ne lui reste que l'instinct humain qui sert à le conduire au mal réfléchi !

Telle ne serait pas la bête féroce se comprenant elle-même.

****

Mais qui s'inquiétait de sonder l'avenir, lorsque à peine on réfléchissait sur le présent? Il y avait cependant quelques « Cassandres » prophétisant ! M. d'Avessens était de ce nombre. Nommé à la seconde Assemblée des notables, la profondeur de ses vues politiques y fut remarquée.

Cependant, les événements se succédaient rapidement. Le départ du comte d'Artois provoqua l'émigration de presque toute la jeune noblesse portant l'épée. Ces gentilshommes suivirent l'impulsion de ce qu'ils appelaient l'honneur. S'ils apportèrent à cette action la légèreté du caractère français de vieille race, ils ont su, du moins, placer haut ce caractère par leur attitude si digne aux prises avec les misères de l'exil, et plus encore par leur courage en face de la mort. Comment oser leur reprocher le rire, lorsqu'ils l'ont jeté en manière de défi aux juges qui les envoyaient à l'échafaud !

Oui, ils riaient en quittant leur pays ; car cette jeunesse de Cour à talons rouges se dépouillait résolument de ses habits de fête pour s'élancer vers les combats. Le noble campagnard aussi s'empressait de déboucler des panoplies de son manoir l'épée de ses ancêtres. Ne s'agissait-il pas de sauver le roi? Et le roi, c'était la France.

Ouvrez les annales de cette monarchie de quatorze siècles ; étudiez l'histoire de ce peuple que

vous rencontrez si vaillant sur tant de champs de
bataille ; écoutez son cri de triomphe quand il se
précipite en avant, son cri de détresse lorsqu'il
tombe accablé par le nombre, — toujours vous
entendrez évoquer ce nom magique : le Roi !
Le Roi, pour lui rapporter l'honneur de la victoire, encore le Roi pour exalter sa valeur même
lorsqu'il est vaincu : car ces rois ne cessaient de
combattre que les derniers ; et s'ils tombaient
vivants aux mains des ennemis, c'étaient parmi
les morts que se trouvaient les tronçons de leur
épée brisée.

Et le peuple français, de qui relevait-il? Du Roi.
A qui obéissait-il? Au Roi. Qui, de la naissance
à la mort, était l'objet de son amour, allant quelquefois jusqu'au fétichisme?... Toujours le Roi.
Où retrouver le mot patrie?... Aucun monument
ne le porte gravé sur la pierre ou l'airain, aucune
charte ne l'a inscrit. La patrie des Francs était
où le chef plantait sa tente : s'il la levait, on le
suivait.

Les descendants des feudataires de la couronne
avaient inféodé cette croyance au peuple. Le jour
où elle lui fut enlevée, il devint ce qu'on l'a vu,
c'est-à-dire incapable de se gouverner lui-même,
toujours prêt à se laisser prendre par celui qui le
flatte jusqu'à ce qu'il se retourne pour le déchirer
conduire par celui qui le bride jusqu'au jour où
son caprice le désarçonnera. Puis on le verra se
coucher honteusement aux pieds du dompteur qui,
d'une main, tient sa baguette de fer rougie, et lui
présente de l'autre de quoi satisfaire ses appétits
surexcités.

**

Le temps et la Révolution marchaient avec une effrayante rapidité. D'une part les incendies, les massacres, les tumultes populaires se multipliaient ; de l'autre, le torrent de l'émigration entraînait tout ce qui portait blason de nouvelle ou d'ancienne date.

On courait en Allemagne comme à une croisade, avec la même foi en la justice de cette prise d'armes. Qu'étaient-ce que ces soi-disant patriotes se ruant en sauvages sur l'ordre social existant?... Des révoltés.

Et les rois dont on revendiquait le secours, et leurs soldats au milieu desquels on allait se placer?... Des alliés et des bras armés pour défendre la même cause. Parmi les fils des preux, qui pensait à livrer une parcelle de cette France si vaillamment conquise par leurs aïeux? Ah ! l'étendard de Jeanne d'Arc pouvait se mêler à des étendards étrangers ! car le jour où l'un d'eux eût osé se hisser sur la moindre de nos forteresses, ou s'implanter sur un coin du sol français, on eût vu le drapeau de Charles VII, de Henri IV et de Louis XIV se retourner contre l'allié félon. Et au cri de : Vive le Roi de France ! ces gentilshommes, se retrouvant en présence de l'*ennemi*, se seraient élancés, eux et leur épée, comme leurs ancêtres...

L'émigration... entraînement irréfléchi, dévouement peut-être funeste, folie si l'on veut ; car elle se lança dans la mêlée sans plan, sans guides, sans discipline, à la façon des chevaliers du moyen âge qui ne relevaient que de leur bravoure...

L'émigration, néanmoins, ressortira des ombres amoncelées par les haines révolutionnaires, pour se montrer à la postérité comme la dernière lueur de l'astre à son déclin appelé : « la monarchie française ». Le soleil éblouissant qui l'a remplacée un moment n'aura été qu'une étoile filante que nous venons de voir disparaître dans une nuit dont on ne peut sonder la profondeur (1).

Que la Révolution chante ses triomphes de 1792 suivis de tant d'autres triomphes. Qu'elle dise : « C'est moi, toujours moi, puisque j'ai renversé ou élevé les gouvernements qui les ont accomplis. » Qu'elle s'enorgueillisse d'avoir passé sur l'univers comme l'ouragan, courbant et brisant tout ce qui n'est pas elle... Rien n'a pu l'empêcher d'atteindre fatalement l'année 1870-1871, pour entendre prononcer son arrêt, comme coupable de la déchéance de la France, et pour descendre, avec elle, dans le gouffre dont ne reviennent jamais les nations qui sombrent sous les vagues furieuses des bouleversements sociaux.

Oui, ce fut un instinct tout français qui souffla la pensée de l'émigration. Mais, dans l'humanité, l'instinct doit être gouverné par la raison ; et la raison ne fut consultée pour rien. On la brava même en la défiant, et l'on se fit un jeu de la plus grave des déterminations.

Courant vers la catastrophe, cette noblesse, toujours fougueuse, se précipitait à l'encontre de la Révolution sans se compter et, plus encore, sans se retourner pour regarder qui la suivait ! Tous les châteaux se dépeuplaient jusqu'au fond

(1) Écrit en 1871.

des provinces. Tandis que les officiers, quittant des régiments qui se révoltaient, s'empressaient d'aller se ranger comme de simples soldats sous les ordres d'un descendant du grand Condé, leurs frères mariés abandonnaient femmes et vieux parents. Les enfants eux-mêmes essayaient de s'échapper, pour peu qu'ils se crussent aptes à manier une arme et à conduire une monture. S'ils comptaient plus de quinze ans... ils osaient revendiquer ce qu'ils appelaient leur droit au devoir et à la gloire... Alors les pères les mettaient à cheval et les mères, essuyant une larme, ne cherchaient pas à les retenir.

Bientôt les femmes s'en mêlèrent ; les dames de la Cour, dignes descendantes des héroïnes de la *Fronde*, donnèrent l'impulsion ; quelques dames de la province la suivirent et l'émigration ne tarda pas à devenir une mode. D'ailleurs, on croyait n'aller que *toucher barre* à Coblentz, y chercher des plaisirs, y montrer des toilettes et en revenir l'épée haute pour rentrer à Paris sous un arc de triomphe couronné de drapeaux blancs. Ce serait une campagne de quelques mois... et l'on s'en souviendrait toute la vie !

Avec cette folle impétuosité, la plupart des émigrés partirent ; les hommes emportant un mince bagage et quelques louis, les femmes de volumineuses caisses de chiffons et peu d'argent.

Que pouvaient contre de telles illusions les gens sensés et réfléchis, toujours en petit nombre parmi les Français à quelque opinion qu'ils appartiennent ? S'ils se permettaient de mettre en doute le résultat assuré et le terme prochain de la lutte où la noblesse allait s'engager, on ricanait. Et si quelque

esprit profond osait prononcer le mot : Révolution,
toutes les voix s'unissaient pour se récrier : « La
monarchie n'avait-elle pas traversé la Jacquerie,
dispersé les malandrins, écrasé les huguenots et
soumis bien des fois ce Paris toujours prêt à se
déclarer factieux afin de s'accorder la révolte
comme un divertissement?... »

Alors la sagesse baissait la tête et se taisait ;
car elle-même se trouvait aux prises avec des
sentiments dont elle ne voulait pas triompher. Il
était question de verser son sang, d'exposer sa
fortune, de répondre aux lois de proscription et de
spoliation en les bravant. Quel gentilhomme n'eût
rougi de se montrer autrement que téméraire,
en présence de ces dangers? Tels furent les mobiles
de la nombreuse émigration qui précéda celle que
déterminèrent plus tard les horreurs révolutionnaires.

Une question a été posée et discutée. Que fût-il
advenu si la noblesse, ne quittant pas le sol français, eût opposé toutes ses forces à la Révolution?...
Hélas ! la démocratie soulevée était un océan
furieux, et l'aristocratie, le bâtiment dont le capitaine a laissé le gouvernail se briser entre ses
mains !...

Si les nations pouvaient ouvrir une vue sur
l'avenir, la France de 1792 eût reculé d'épouvante
en présence de l'œuvre que la Révolution devait
accomplir au terme de quatre-vingts ans. (Réflexion à la date de 1875.)

Mais je pose le signet à ces pages de hautes
considérations et je baisse le rideau sur ce lointain,

devenu notre présent, qu'un si brillant mirage a dérobé à tous les yeux. Je retourne aux turpitudes et aux aveuglements qui devaient le préparer et le produire, ou plutôt je vais raconter ce que furent dans ma famille les vicissitudes de ce temps néfaste.

Que devenaient les Villeneuve et les d'Avessens, mêlés au tourbillon général? Maurice de Villeneuve, l'aîné des fils, avait quitté son régiment, ainsi que la plupart de ses camarades, pour aller s'enrôler à Coblentz, dans les rangs des émigrés. Louis, au retour d'une campagne en mer, après avoir embrassé son père et sa mère, s'était empressé de courir au camp formé sur les frontières de Savoie. Tous deux allaient commencer la longue et dure épreuve de l'exil ; et, comme tous les jeunes gentilshommes, ils étaient partis pimpants, joyeux et presque sans argent. L'écolier de Juilly, seul, était revenu chez ses parents et M. et Mme de Villeneuve continuaient à partager leur vie entre Saint-Pons, qui n'était pas trop peuplé de fougueux patriotes, et Hauterive, où les paysans se montraient fort peu révolutionnaires.

M. d'Avessens, après avoir envoyé sa famille à Nice durant l'hiver de 1792, alla flairer les événements au delà des frontières. Son âge l'empêchant de servir activement la cause royale, il revint en France au printemps, laissant à Coblentz son unique fils. Alors il réalisa le plus de fonds qu'il put rendre disponibles, rappela de Nice sa femme et ses filles et fut s'établir à Paris. Tandis que, hors de France et en France, toute la noblesse escomptait à son profit cette campagne de 1792 prête à s'ouvrir, le clairvoyant père de famille

4

avait calculé que, perdu dans l'immense ville, on aurait des chances pour échapper aux dangers qu'un rang prépondérant à Toulouse risquait d'attirer sur les titres et les fortunes.

Les d'Avessens se glissèrent dans Paris quelques jours avant les grandes catastrophes : ils y arrivèrent la veille du 20 juin. La fille aînée, Mme de Saint-Germier, les y rejoignit quelques mois plus tard.

Les deux dernières filles, Laure, âgée de treize ans, et la petite Alexandrine, qui n'en comptait que huit, avaient été confiées à une parente pauvre, noble de race et de cœur, qui s'établit avec ses deux pupilles dans une grande maison que les d'Avessens possédaient à Castres.

Plusieurs parents et amis suivirent les conseils du perspicace gentilhomme et demandèrent un asile, eux aussi, à l'obscurité dont les provinciaux pouvaient s'envelopper à Paris.

On sait comment se termina cette année 1792, qui vit crouler la plus ancienne monarchie de l'Europe, ensevelissant sous ses ruines l'aristocratie qui l'avait faite.

IV

LA TERREUR

Dans une rue de Paris, peu fréquentée, un hôtel dont les maîtres, créoles de Saint-Domingue, étaient absents depuis nombre d'années, avait vu ses portes se rouvrir pour recevoir de modestes locataires qui semblaient se perdre, eux et leurs

bagages, au fond de ces vastes appartements où
l'on voyait des restes de dorures aux plafonds
et de belles tapisseries tendues sur les murs.
Cependant, tout dans cette demeure décelait un
triste abandon, comme si les objets inanimés
pleuraient des êtres qui avaient cessé de vivre.

Autour d'une cheminée surmontée d'une glace
Pompadour, sur des fauteuils d'Aubusson qui
présentaient encore de fraîches guirlandes de
fleurs et de roses visages de bergères, se groupait
une famille qui semblait y dresser un campement.
Il y avait là le père, la mère, deux filles et un
enfant à peine dégagé de ses langes. Le père portait le costume simple et rigide du temps présent,
qui, cependant, rappelait le temps passé et
n'excluait pas la poudre. Les femmes, au contraire,
semblaient s'être déguisées pour se cacher, ayant
mis bas paniers, robes traînantes, coiffures à haut
étage. Les rencontrant dans les rues, à pied,
vêtues d'un fourreau de toile peinte, la tête enveloppée d'un madras, on les eût prises pour des
ouvrières en journées, si quelque chose dans leur
allure, dans leur démarche, n'eût trahi la race et
le sang.

Quand la porte du grand hôtel avait roulé sur
ses gonds qui commençaient à se dérouiller, on
entendait ces accents de jeunes voix, frais comme
le gazouillement des oiseaux regagnant leur nid,
mais tristes comme s'ils n'étaient pas sûrs de le
retrouver intact. C'étaient les deux sœurs qui rentraient à la tombée du jour. L'aînée prenait l'enfant dans ses bras ; la seconde s'approchait de sa
mère dont les yeux aussitôt se tournaient vers
elle, s'attirant l'une l'autre par un mutuel aimant.

Chacun racontait les événements de la journée : le père revenait du palais *National* (il était entré dans un de ces cafés où les aristocrates essayaient de se retrouver pour se parler tout bas et souvent seulement du regard). La Convention avait rendu un nouveau décret de proscription ; les journaux rapportaient des nouvelles des départements ; dans telle ville, l'échafaud avait fonctionné ; dans telle autre, une fête civique s'était terminée par des « arrestations en masse ; en Vendée on avait incendié des villages ; en Bretagne, pris et fusillé une bande de Chouans... » La mère, avec un frémissement dans la voix, disait qu'elle avait rencontré sur son chemin la *charrette* roulant vers la place Louis XVI...

Et un voile sombre s'abaissait sur les physionomies. Savait-on qui se trouvait sur cette charrette? On le saurait le lendemain : on l'apprendrait en ouvrant les journaux. Toutefois, les esprits s'étaient accoutumés tellement à l'idée de la mort qu'on l'acceptait avec la soumission du fataliste, à laquelle se joignait la résignation du chrétien ; car les âmes égarées se retournaient vers Dieu et les âmes fidèles s'élevaient plus encore dans ces régions où la terre disparaît.

On était aux derniers mois de l'année 1793, c'est-à-dire en pleine Terreur. Et cette famille, c'était la famille d'Avessens.

Un valet de chambre, transformé en cuisinier, composait tout le service. Rosalie servait sa mère, se servait elle-même et trouvait le moyen de faire bien des choses, couture ou autres, en collaboration avec la bonne de la petite fille de Mme de Saint-Germier.

On dînait éclairé par deux chandelles fumeuses, dans une salle à manger immense, où la petite table se perdait, ayant pour auxiliaires de service un ou deux de ces meubles portatifs qui se sont appelés des *servantes*, sur lesquelles s'empilaient des assiettes grossières.

Toutefois, la table s'allongeait souvent. Des amis, qui se tenaient dans l'ombre durant la journée, se hasardaient à sortir le soir et, quelquefois, n'osant retourner au restaurant où, la veille, un garçon les avait regardés d'un œil inquisiteur, ils se glissaient dans cette maison, chacun sachant qu'un couvert y était vite offert et mis.

La soirée venue (elles commençaient de bonne heure), la porte, de l'hôtel s'ouvrait et laissait passer le plus silencieusement possible les amis qui se réunissaient dans le salon de Mme d'Avessens. Chaque nouvel arrivant était accueilli par un éclair de joie. La veille, en se quittant, on se sentait si peu certain de se revoir ! Déjà, plusieurs habitués avaient manqué au rendez-vous ! Déjà, souvent, ces mots : « Il a été dénoncé ; il est caché... » avaient été murmurés à l'appellation du nom.

D'autres fois, hélas ! une explosion de douleur venait apprendre que les prisons, ces prisons dont on ne sortait guère que pour aller à l'échafaud, comptaient un hôte de plus. Chacun alors baissait la tête, pensant à soi, mais en la relevant aussitôt : ne fallait-il pas savoir mourir ? Et les femmes, les jeunes filles surtout se sentaient prêtes à s'engager, l'œil souriant, dans cette *danse des morts* dont l'horreur se dérobait sous l'héroïsme des plus nobles sentiments, comme les squelettes d'Holbein sous les guirlandes fleuries.

La société des d'Avessens se composait presque entièrement de Languedociens, qui cherchaient à se rapprocher pour mettre en commun leurs souvenirs et leurs craintes. Il y avait peu de jeunes hommes, presque tous étant hors de France, mais des pères de famille, des vieillards et des enfants de tous les âges.

Après s'être glissé à petit bruit dans ce salon ami, on se pressait les uns contre les autres pour échanger les confidences les plus graves, puisque la vie s'y trouvait en jeu. Personne n'avait la pensée de réclamer la discrétion ; les enfants eux-mêmes savaient garder, sans défaillance, les plus importants secrets. Cependant, on se parlait à voix basse, comme si l'on eût eu peur de ce qu'on allait dire et entendre. Alors s'échangeaient des questions et des réponses, à peu près semblables aux paroles suivantes. :

— Vous l'avez vu aujourd'hui?

— Oui, le geôlier m'a laissé entrer... et tout s'est bien passé ; j'étais si parfaitement déguisé en patriote !

— Et le *président*, qu'en savez-vous?

— Chut ! Rosalie a pénétré hier dans la maison où nul sans-culotte ne songe à fouiller ; sa pauvre femme aura de ses nouvelles à Toulouse sous peu de jours !

— Par une lettre venant de vous?...

— Oh ! non : il y aurait de quoi nous faire tous guillotiner... Un ouvrier, un brave homme, que M. d'Avessens a sauvé de la misère autrefois, s'en est souvenu, et portera seulement des *pa-roles...*

— A propos de lettre... (ici une voix parlait plus bas encore), je voudrais écrire à mes enfants, en Allemagne, et leur faire passer quelques louis. Comment s'y prendre?

— Écoutez... — et la réponse était murmurée à l'oreille. Je m'en charge : j'envoie moi-même de l'argent à mon fils ; j'ai un intermédiaire que je crois sûr... quoiqu'il aille au club des Jacobins.

— Oh ! il vous trahira !

— Je ne le pense pas... Après tout, quoi qu'il en puisse arriver (c'était M. d'Avessens qui répondait), nos enfants ne peuvent demeurer sans ressources.

Plus loin, auprès d'une table, les jeunes femmes et les jeunes filles travaillaient, tout en causant avec quelques hommes, les plus jeunes.

L'un d'eux disait :

— Je sais qu'ils m'ont dénoncé de Toulouse ; j'étais destiné à prendre la robe au Parlement. Et vous savez que tout le Parlement est décrété d'accusation.

— Moi, je suis devenu suspect, disait un autre : mon porteur d'eau l'a déclaré hier au corps de garde de sa section.

— Allons ! nous y passerons tous ! J'ai l'âge, ajoutait une figure imberbe : quinze ans depuis deux mois.

— Nous de même, répondait Rosalie. Messieurs, ce n'est pas un privilège masculin : les terroristes nous font l'honneur de nous craindre.

— Oui, mais, mon Dieu ! mes pauvres enfants !

que deviendront-ils? disait une femme délicieusement jolie.

Elle n'avait pas encore vingt-cinq ans et quatre
enfants tout petits, qu'elle soignait presque à elle
seule, jour et nuit. De ses charmants yeux bleus
coulaient des larmes. C'était Mme de Sers, nièce
de Mme d'Avessens. Les larmes de sa cousine,
Mme de Saint-Germier, y répondaient, tandis
qu'elle berçait sa petite fille endormie sur ses genoux.

Cependant, il y avait des jours où l'espérance
reparaissait, sans qu'on sût pourquoi : on espérait
parce qu'on voulait absolument espérer ; et l'imagination de la jeunesse, comme un oiseau captif
qui reprend ses ailes, s'ébattait alors de tous côtés
et se posait partout, même sur le brin d'herbe qui
ployait.

Quelquefois aussi des nouvelles, vraies ou
fausses, relevaient le courage. Il en venait de la
Vendée, de Lyon, du Midi. Mais le temps marchait
vainement : la Terreur le devançait et renversait
les espérances. Alors, on se rattachait à celles qui,
sous la forme de lettres, avaient franchi en se dérobant les frontières hérissées de piques. Elles
parlaient d'efforts prêts à être couronnés par le
succès pour délivrer le malheureux pays. Ces
lettres provenaient d'émigrés, bercés d'illusions que
rien ne pouvait dissiper ; et ces missives proscrites
et comme chargées d'une poudre capable d'apporter la mort, traduites, commentées, lues et
relues à l'aide d'une *clef*, faisaient l'effet de la
colombe de l'Arche. Le rameau vert passait de
main en main et la joie refleurissait dans tous les
cœurs. Les gens graves eux-mêmes s'y laissaient

prendre : « Ces temps affreux ne peuvent durer, » disaient-ils.

Détournant les regards de ce lendemain prêt à poindre... ce lendemain qui devait infailliblement recommencer la veille, on s'égayait ! Ceux qu'on appelait les vieux tisonnaient en parlant de *contre-Révolution*, tandis que les jeunes se groupaient, que le piano s'ouvrait et que la musique de Glück, de Piccini ou de Mozart, transmise par le talent de Rosalie, prenait ces âmes impressionnables pour les transporter dans les régions où l'on oublie en rêvant.

Mais, plusieurs fois, au bruit d'un coup de marteau frappé fortement, les conversations demeurèrent suspendues aux lèvres tremblantes et les cordes du piano prolongèrent le son d'un dernier accord ébauché... « Une visite domiciliaire !... » se disait-on... Et l'oreille se tendait comme s'il eût été possible d'entendre les paroles qui s'échangeaient sous la voûte. Souvent, cette alerte n'était rien, ou bien un colloque insignifiant qui ne dépassait pas le seuil de la loge. Mais, une fois, on entendit monter les degrés, les portes s'ouvrirent, une écharpe tricolore parut, suivie de trois ou quatre carmagnoles. Chacun se leva, se regardant. « Est-ce moi ?... Est-ce lui ?... Est-ce elle ?... » pensait-on simultanément.

Rosalie, d'un mouvement spontané, se plaça devant sa mère. Le municipal tira un papier de sa poche : les cœurs battaient, mais les yeux se levaient hardiment.

— Vous êtes le maître de la maison ? dit-il en s'adressant à M. d'Avessens qui venait de faire un pas en avant. Citoyen, votre nom ?

— D'Avessens.

— Ah ! ce n'est pas vous ; je me suis trompé. Allons !

Ils sortirent : on entendit le portail se refermer.

Alors, les poitrines respirèrent ; alors vinrent les émotions, les attendrissements, même la faiblesse des larmes, — faiblesse permise... C'étaient les courages qui se détendaient pour remercier Dieu d'avoir éloigné la mort.

Le temps s'écoula. L'année 1794 était venue avec un aspect plus sombre encore. Il semblait que les Français se fussent divisés en deux classes : les prisonniers et les geôliers, bien vite transformés en victimes et bourreaux. Les gens du peuple eux-mêmes avaient vu s'abaisser sur leurs têtes le sanglant triangle de l'égalité républicaine ; le vêtement de bure ne mettait pas à l'abri du soupçon d'aristocratie : si le nom ne l'était pas, les sentiments pouvaient l'être.

Armés de décrets, on poursuivait *les suspects* et l'on en découvrait partout. Un mot, un geste, une larme méritait la mort et la donnait. La peur, bien plus que le fanatisme, dénonçait, arrêtait et traînait à l'échafaud les innocents qu'on savait pourtant n'être coupables de rien. N'était-ce pas le règne de la Terreur, avec ces lâchetés qui cherchent à se justifier à leurs propres yeux ? La plupart des juges, se suspectant entre eux, s'efforçaient de cacher sous l'impassibilité du front les hontes de la conscience et rendaient de monstrueux arrêts qui remplissaient leur cœur de l'effroi d'eux-mêmes...

Les prisons couvraient la France entière ; celles de Paris regorgeaient, malgré les exécutions quotidiennes. Les d'Avessens y comptaient des amis, des parents, et s'attendaient de jour en jour à les aller rejoindre.

C'est alors que la Convention rendit le décret qui prescrivait à tous, hommes, femmes, enfants marqués du signe de la noblesse et ayant l'âge de quinze ans, d'avoir à quitter Paris pour se retirer à une distance fixée, avec injonction d'indiquer le lieu de résidence afin de demeurer toujours sous l'œil et la surveillance de la *Nation*. Là, ceux qu'on destinait à l'égorgement allaient attendre l'heure de l'abattoir.

M. d'Avessens choisit un petit village nommé Orly. Un dernier soir, un souper frugal réunit les amis dans le grand salon du vieil hôtel qu'on allait quitter. Ce ne fut pas le banquet des Girondins, mais l'agape des chrétiens proscrits. On ne pensa pas à se draper dans ce vain courage qui recule instinctivement, se croyant en présence du néant : on y parla de Dieu, pour retrouver, en s'élevant jusqu'à lui, l'espoir qui fuyait la terre.

Puis on se sépara pour se disperser dans cet exil. Ne risquait-on pas, en se groupant, de devenir un danger les uns pour les autres ?

Une maison de la plus humble apparence reçut M. et Mme d'Avessens, leurs deux filles et l'enfant. Un laid jardin, assez grand, planté de légumes, dépendait de la location : pas une fleur n'y venait égayer l'œil.

Cependant, c'eût été le calme des champs, si

l'air des campagnes lui-même ne se fût imprégné d'un souffle de mort. Le moindre municipal de village, zélé patriote, ou simplement hargneux, pouvait la provoquer à chaque instant sous forme de dénonciation. Les journaux quotidiens l'apportaient sans appel, dans ces listes funéraires qui contenaient les noms de ceux qui *n'étaient déjà plus*.

Mme d'Avessens apprit ainsi la fin de sa sœur, femme du premier président de Cambon. Elle n'avait pas voulu dénoncer le lieu où son mari était caché, et périt le 8 thermidor. Le 9, la chute de Robespierre l'aurait sauvée !

Les joies de la réaction, néanmoins, se firent place à travers les larmes ; le couperet, suspendu sur tant de têtes menacées, ne retombait plus ! A Orly, on pleurait. Mais on remercia Dieu en jetant les yeux les uns sur les autres.

Et les Villeneuve? Où faut-il les aller chercher, durant ce rude temps où personne en France ne put vivre inaperçu, ni sans trembler?

Les prisons de Saint-Pons les avaient réclamés, eux et bien d'autres !

Cette société, si unie dans ses relations et si gaie dans ses plaisirs, se vit transportée dans les bâtiments d'un couvent dont les religieux avaient été chassés et laissés sans asile, au nom de la liberté. Il est vrai qu'on en reprit beaucoup, pour les y renfermer de nouveau comme suspects de n'avoir pas apprécié le bienfait.

Avec un beau zèle, les patriotes *Saint-Ponais*

entrèrent dans toutes les maisons riches entachées de royalisme, en firent sortir les habitants, hommes, femmes, vieillards, enfants, emmenant les valides à pied, transportant les malades en chaise à porteurs. Et ce troupeau de captifs se vit poussé vers le *parc* désigné ! Les domestiques eux-mêmes s'y trouvèrent confondus, sans qu'ils sussent pourquoi. Mais aucun ne réclama. Les serviteurs, en ce temps-là, formaient une sorte de *clan* du foyer.

« C'est vous !... C'est moi ! » s'écrièrent les amis ou parents en se retrouvant réunis. Et les mains se serrèrent avec un mélange de joie et de tristesse. On entrait dans cette geôle. Comment en sortirait-on ? Cependant, on n'avait pas trop peur. Les patriotes de Saint-Pons aboyaient plus qu'ils ne mordaient ; et il restait encore un bon peuple qui n'avait pas craint de se montrer attendri en voyant passer les belles dames et les beaux messieurs d'autrefois, entre deux haies de sans-culottes, dont la mine, d'ailleurs, ne se montrait pas très fière de cet exploit. « Pauvre dame ! comme elle est pâle ! » disait-on, en se penchant vers la chaise où l'on avait placé Mme de Villeneuve... « Qu'a-t-elle fait ? »

Le monde de Saint-Pons retrouva ses salons dans les parloirs du couvent, moins le luxe très certainement et même sans aucun *bien-être*. Tous s'arrangèrent comme ils purent, avec quelques meubles provenant de chez eux, que l'on daigna leur octroyer, les maisons et leur mobilier ayant été mis sous séquestre. Le même pouvoir magnanime daigna également les nourrir. Mais on serait à demi mort de faim si les gardiens, moyennant finances, n'eussent ajouté au menu du réfectoire.

Puis, de bons cœurs, pas trop timides, faisaient passer assez souvent quelques extras de volaille ou de gibier, que les cuisinières *recluses* apprêtaient de façon à réveiller les souvenirs gastronomiques.

On ne passait donc pas trop mal son temps dans cette prison. Il y avait tant de jeunes prisonniers ! Trois filles de Mme d'Alzaut, les aimables et jolies comtesses Charlotte et Louise, chanoinesses presque dès le berceau, et leur troisième sœur, Henriette, âme si belle, esprit si fin, unis à un cœur si tendre ! Mme de Barre et son jeune fils... déjà un saint ; Caroline, sa fille, bonne, franche, expansive, telle que je l'ai connue, bien plus tard, sous le nom de Mme de Lastours ; enfin les Pardailhan, les Saint-Martin, les Guérand... et tant d'autres que j'oublie... ou que je n'ai pas connus ! Mais ceux que je viens de nommer, on les retrouvera dans mes Souvenirs personnels.

La plupart étaient les amis de M. et Mme de Villeneuve et leurs enfants, filles et garçons, les compagnons d'enfance de François de Villeneuve, alors un tout jeune homme sans qu'il y parût, tant il était grave et compassé ! L'étude l'absorbait, comme s'il n'avait pas quitté le collège. Aussi les jeunes filles le fuyaient-elles un peu lorsqu'il les poursuivait armé de livres, qu'elles étaient tentées de prendre pour les lui jeter à la tête, en riant. Lui aussi riait quelquefois de ce qu'il taxait pourtant d'enfantillages hors de saison, ne reconnaissant jamais les privilèges de vingt ans. Mais s'il se décidait à descendre des hauteurs où il hantait Virgile et Horace, un traité se signait aussitôt entre la troupe légère et ce jeune savant qui s'exprimait d'une manière si intelligible pour tous ceux qui savaient comprendre l'esprit, lorsqu'il substituait le français au latin.

Le caractère national se retrouva dans les prisons avec l'insouciance courageuse des gens de vieille race. Hommes et femmes de l'ancien régime ne pouvaient se détacher de leurs habitudes, ni donner un autre tour à leur esprit. Les réunions du soir, transportées dans une autre geôle, voyaient revivre les conversations accoutumées.

Cette pente ramenait vers le passé et l'on s'imaginait recommencer sa douce vie en se la rappelant : « Vous souvenez-vous?... »

Ce mot revenait à propos de tout : un bal, une comédie, un baptême, les plus infimes événements, les plus grands aussi : « Vous souvenez-vous?... » L'imagination s'efforçait de tout revoir. Et les projets choyés qui furent sur le point de s'accomplir ! Et les ambitions nourries d'espérances qui s'étaient vues prêtes à se réaliser ! Planant si haut, les toits de la prison disparaissaient ; le temps n'avait pas marché ! Mme de Villeneuve croyait se retrouver à Paris ! à la Cour ! Des noms de grands seigneurs, de grandes dames se pressaient sur ses lèvres... Mais elle s'arrêtait : « Où sont-ils maintenant? disait-elle. » Et le présent reprenait ses droits à la tristesse.

Cependant, un rien ramenait des sourires qui devenaient aussitôt contagieux. Oublions ! oublions !... secouons nos chaînes : nous les porterons plus légèrement... Ces mots ne se prononçaient pas, mais la pensée les soufflait, éveillait le désir de quelques distractions.

— Voici des cartes, faisons un whist, un reversi, un piquet, disaient les gens graves.

— Et nous? demandait la jeunesse, désorientée dans son espoir d'amusement

— La moitié de la soirée sera consacrée au *loto dauphin*, répondait Mme de Villeneuve, toujours occupée des plaisirs des autres...

Elle ajoutait à demi-voix :

— M. Vihier, mon maître d'hôtel, a su faire entrer hier mon loto en contrebande (1).

— Oh ! oui ! s'écriaient les jeunes recluses, le loto-dauphin ! Nous avons encore quelques petits écus.

— Eh bien, enfants, vous êtes plus riches que moi, disait un gentilhomme, jadis seigneur d'un grand domaine.

Chacun alors racontait ses misères : les métairies sous le séquestre et les revenus confisqués, les châteaux livrés aux fermiers de la Nation et plus ou moins dévalisés par eux dans les villes, les hôtels fermés, les rentes supprimées, les débiteurs ne payant rien.

— Nous sommes tous ruinés ! répétait-on en chœur.

Et cela se disait simplement, sans éclat, comme on accepte ce qu'il est impossible de repousser.

— Mais, que deviendrons-nous en sortant d'ici?

— Sortons-en d'abord ! s'écriait-on.

Ces propos s'échangeaient en distribuant les tableaux du loto, en formant de capricieux dessins avec les *fichets* roses, bleus, lilas et verts ; en faisant voltiger son *ballon* de numéro en numéro,

---

(1) Nous possédons encore à Fourquevaux ce jeu de loto-dauphin, encore complet, avec sa règle que j'ai écrite sous la dictée de ma grand'mère, sans doute la dernière qui ait connu ce joli jeu. (S. R.)

selon les calculs d'une superstitieuse espérance, que les boules aveugles se hâtaient de renverser. Jeunes et vieux se laissaient aller à l'entrain de ce jeu, né à la fin de l'ancien régime et qui ne lui a point survécu.

Les comptes faits, on ne se trouvait ni plus riche, ni plus pauvre : à peine si quelques sous avaient passé d'une poche dans une autre.

Mais en présence de ce jour qui finissait, quand l'horloge frappait les coups répétés de l'heure nocturne, livrant le lendemain aux appréhensions toujours renaissantes, le sérieux envahissait les physionomies et bien des âmes sans doute pensaient à la prière, soit ostensiblement, soit dans le secret d'une conscience qui se réveille.

Il arrivait des nouvelles du dehors par quelques abominables journaux que les hommes cachaient le mieux possible aux femmes ; et puis, on en avait aussi, les *décadis* et jours de fêtes civiques, par les farandoles qui venaient se trémousser sous les fenêtres de la prison en chantant *la Marseillaise* et *Ça ira...* A ces bandes se joignaient les curieux, les désœuvrés, les allants et venants, enfin tout ce qui fait la foule à la façon moutonnière. Ceux-là montraient peu d'entrain ; et si l'œil d'un captif se hasardait à regarder à la dérobée, il pouvait même entrevoir des visages dont la présence signifiait : « Les amis sont là aussi ! »

De loin en loin, des chiffons de papier à peine lisibles franchissaient les murs, apportés on ne sait comment, du moins on faisait semblant de l'ignorer, car il fallait se garder de compromettre d'héroïques pitiés qui pouvaient coûter la vie !

Au demeurant, le peuple de Saint-Pons n'était

pas mauvais et dans la classe bourgeoise il y avait des royalistes. Il y en avait donc en prison : ceux-là avaient établi de secrètes relations avec leurs parents demeurés libres ; par eux aussi parvenaient quelques nouvelles.

Sous l'ancien régime, et même encore à l'époque où la Révolution éclata, la bourgeoisie de province comptait bon nombre de familles, non seulement anciennes d'origine, mais haut placées dans la considération publique. Leurs mœurs s'étaient conservées religieuses et pures. Le luxe, cet introducteur de tous les vices, se voyait banni de ces foyers où le père régnait en patriarche, où la mère, comme la femme forte, filait la laine en gardant rigoureusement sa vertu. Les hommes, pour la plupart consacrés à des professions honorables, relevées plus encore par la manière dont elles étaient exercées, les transmettaient à des enfants dont l'ambition se bornait à leur succéder.

D'autres familles bourgeoises, riches, vivaient, comme on disait alors, *noblement*, c'est-à-dire sans exercer un état lucratif. Cette portion de la classe moyenne se mêlait à la classe supérieure, tout en conservant une ligne de démarcation qu'elle établissait elle-même, non par fausse honte ou malaise de jalousie, mais parce qu'elle comprenait et respectait les distances sociales.

Cependant, les relations, entre les femmes des deux classes, consistaient seulement en des visites du matin plus ou moins fréquentes, selon la convenance personnelle.

Ces bonnes bourgeoises se seraient senties effarouchées, esprit et âme, dans les soirées de l'aristocratie. Les conversations à hautes volées ne

pouvaient convenir à des imaginations terre à terre,
qui ne sortaient pas de leur cercle restreint : calmes affections de cœur, bercées par la douce somnolence des relations de famille, préoccupations de ménagères toujours tenues en éveil par les devoirs quotidiens.

Mais les hommes pénétraient facilement dans ce qu'ils appelaient en s'inclinant : *la haute société*. L'esprit et l'instruction leur en ouvraient les portes pour peu que les manières s'y joignissent. Ceux qui remplissaient des emplois publics y entraient en quelque sorte sans frapper.

Une estime méritée les accueillait ; et le tact qu'ils apportaient à ces relations leur faisait monter les degrés de l'inégalité, parce que les mains se tendaient volontiers vers eux pour les aider.

Cette modeste portion de la nation était restée la plus saine. Malheureusement, ce n'était qu'un groupe détaché du tiers état, et trop peu nombreux ; il ne pouvait opposer la force de ses principes au torrent d'idées perturbatrices qui bouleversaient les têtes de la classe moyenne.

N'importe : on doit déplorer qu'une grande pensée politique, ouvrant une vue sur l'avenir, n'ait pas suggéré à la royauté la prévision de renforcer le corps de la noblesse, en y infusant un sang nouveau, puisé aux sources vives et pures de la bourgeoisie de vieille race. Alors, si la force des choses eût amené la nécessité de convoquer des États généraux, l'aristocratie, devenue une puissance par le nombre, eût pu du moins se placer à la tête du mouvement social pour le diriger et le maîtriser.

Hélas ! à l'époque dont l'histoire est interrompue

par cette digression, c'était dans les prisons qu'il fallait aller chercher la plupart des honnêtes bourgeois qui s'étaient identifiés héroïquement à la cause des nobles, quoiqu'ils n'eussent à revendiquer ni privilèges, ni honneurs.

Le tableau de la maison de réclusion de Saint-Pons peut convenir à la plupart de celles du midi de la France. Cependant, il faut en élargir le cadre et en relever le ton par des couleurs plus vives, lorsqu'il s'agit des prisons des grandes villes, telles que Toulouse, où le nombre affluait, où toutes les classes se rencontraient, où la terreur régnait depuis qu'on y comptait des victimes ayant péri sur l'échafaud.

Des gentilshommes, des grandes dames, des jeunes filles, des bourgeois, des prêtres, des religieuses, telle était la société réunie dans ces geôles qui, presque toujours, se trouvaient être des couvents confisqués ; et chacun des reclus essayait instinctivement de s'y arranger selon sa convenance.

Les religieuses se replongeaient tout naturellement dans leurs cellules, avec la solitude, le silence et la prière.

Les prêtres réveillaient le bruit des pas dans les cloîtres déserts, en y disant leur bréviaire ; et sous le déguisement laïque reparaissait le sérieux du sacerdoce, ramené vers les cœurs et sur les physionomies par les grâces attachées à la persécution.

Les bourgeois montraient un courage simple et grave ; mais ils avaient *le mal du pays*, c'est-à-dire : *le mal de la maison*.

L'aristocratie, qui composait la masse des prisonniers, cherchait au contraire, comme on l'a vu, à s'étourdir — pas toujours cependant ! Des idées graves surgissaient dans les têtes demeurées légères en dépit des années et germaient dans les imaginations naissantes, initiées à la vie par de si terribles événements.

Les femmes, en mettant à bas les paniers, en coupant la traîne de leurs robes, en quittant la poudre et les mules à hauts talons, s'étaient dépouillées de bien des sophismes que la philosophie leur avait *serinés* comme à l'oiseau sa chanson.

Elles revenaient au catéchisme, à la foi qui leur rendait le Dieu dont la puissance pouvait mettre un terme à de si terribles calamités. Et celles qui, malheureusement, avaient négligé leurs prières, les allaient chercher dans cette mémoire primitive qui ne perd jamais tout à fait l'empreinte des enseignements venus d'en haut.

Quant aux jeunes filles, si le monde avait eu le temps déjà, dans la prospérité, de tourner vers lui leurs pensées et leurs désirs, le malheur, en flétrissant l'imagination par l'angoisse, les visages par les larmes, avait rejeté ces âmes abattues vers la suprême consolation de la jeunesse : l'espérance. Et ne sachant de qui l'attendre sur la terre, il fallait bien la demander au ciel !

Puis vinrent les derniers mois qui précédèrent la chute de Robespierre, suspendant toute autre pensée que celle de la mort dans ces têtes dont pas une ne put se croire à l'abri.

Le 9 thermidor mit fin à cette agonie morale. Un immense soupir de soulagement sembla sortir d'une seule poitrine : c'était la France qui respirait.

**
*

Cependant, les joies de la délivrance furent de courte durée et des inquiétudes de toute sorte ressaisirent bientôt les esprits. La Révolution avait fait un pas en arrière : voilà tout. Triomphante à l'extérieur par le succès de ses armées, elle continuait à régner à l'intérieur, malgré quelques actes d'une justice vengeresse que la conscience publique avait obtenus ; mais, accomplis par ceux qui eussent dû la subir eux-mêmes, ils s'en servirent pour prendre et garder le pouvoir.

N'importe ; les prisons étant ouvertes, les captifs, heureux de s'échapper à tire-d'aile, s'empressèrent d'aller revoir chacun son coin de terre, petit ou grand, et de retrouver son toit plus ou moins haut.

Mais les portes de bien des demeures restèrent encore fermées. Le séquestre n'avait pas lâché sa proie : Hauterive était au nombre de ses victimes. Néanmoins, les tours n'avaient pas été déshonorées et se dressaient intactes, malgré bien des menaces. Seulement, on avait gratté les armoiries sculptées dans la pierre sur la façade du château : ce cachet révolutionnaire s'y retrouve encore aujourd'hui.

Mme de Villeneuve, grâce à des *intelligences* à l'intérieur, put se rassurer sur le sort de son argenterie, de son linge, de ses vins fins, trésors prudemment enfouis dans des cachettes demeurées inaperçues. Ces mêmes *intelligences*, c'est-à-dire de bons paysans, d'honnêtes métayers, firent tenir à leur ex-seigneur aimé et regretté quelques assignats, provenant de ventes dont le prix avait été soustrait à la nation. On retrouva aussi sur les montagnes une ou deux petites fermes restées libres.

Avec ces minces ressources, M. et Mme de Villeneuve allèrent s'abriter dans la grande maison de Saint-Pons, préservée de l'invasion des patriotes, grâce à M. Vihier, le maître d'hôtel, qui sut apaiser le *dragon* par des caresses et plus encore par l'abandon volontaire de quelques objets mobiliers, faisant ainsi la part du pillage qui se contenta de peu.

Alors, malgré la pauvreté, malgré la *disette* (car ce fléau était venu se joindre à tous les autres), M. et Mme de Villeneuve s'occupèrent à rassembler quelques pièces d'or pour les envoyer aux émigrés, à Maurice et à Louis. C'était se priver presque du nécessaire ; mais ne manquaient-ils pas de tout, eux aussi, ces exilés chassés de ville en ville et demeurés depuis tant de mois sans secours ?

Des lettres devancèrent ou accompagnèrent l'argent, échangées contre d'autres lettres — tout cela difficilement et mystérieusement, les lois de la proscription subsistant encore avec toutes leurs rigueurs. Mais, des deux côtés de la frontière, on avait hâte de se dire : « Nous vivons ! »

Chaque famille en fit autant pour ses émigrés, enfants, pères, frères ou maris ; car bien des femmes se trouvaient ainsi veuves d'époux vivants.

Après ce renouvellement d'établissement à Saint-Pons, les Villeneuve, les d'Alzaut, les Barre, les Pardailhan, les Guiraud et bien d'autres prisonniers, devenus libres, resserrèrent les liens

d'une amitié que des malheurs supportés ensemble
avaient rendue plus intime encore.

**

A deux cents lieues, les mêmes scènes se repro-
duisaient dans le village d'Orly. M. d'Avessens,
après le 9 thermidor, avait jugé plus raisonnable
de ne pas quitter immédiatement sa retraite
ignorée. L'économie imposée à cette famille, jadis
si riche, y trouvait son compte.

Non seulement la terre d'Aguts était séquestrée,
ainsi que le bel hôtel de Bonrepos, devenu l'hôtel
d'Avessens, mais la fortune tout entière de
Mme d'Avessens (sa portion du canal Riquet) se
voyait détenue entre les mains de la nation et
menacée d'être déclarée propriété domaniale, en
vertu des chicanes, ou, pour mieux dire, du droit
du plus fort.

Les seules ressources de la famille consistaient
en cette somme assez ronde que M. d'Avessens
avait prudemment emportée à Paris. Malheureusement, le coffre-fort diminuait tous les jours et
rien n'y rentrait. On y prit néanmoins d'assez forts
rouleaux de louis qui furent envoyés au fils émigré.
Celui-là n'avait jamais souffert de la pauvreté,
grâce aux communications plus faciles à établir
de Paris que de province, toujours en jouant sa
tête.

Les d'Avessens résolurent donc de rester à
Orly. Le deuil de Mme de Cambon remplissait,
d'ailleurs, le cœur de sa sœur. Comme consolation,
on pensait à ramener auprès d'elle les deux enfants
réfugiés à Castres. En présence des difficultés d'un

voyage si long à cette époque et avec les inquiétudes d'une situation demeurée périlleuse, le père
hésitait ; mais la mère réclamait ses filles. Un
malheur mit fin à l'indécision : la parente qui s'était
chargée de remplacer père et mère mourut subitement. Alors Laure, la jeune fille âgée de quinze
ans, et la petite Alexandrine, toutes deux confiées à un vieux garde-chasse d'Aguts, montèrent
dans une diligence, recommandées aux soins du
conducteur. La route leur parut longue et le monde
bien grand ! Elles n'avaient l'idée de rien et s'éton-
naient de tout... C'est ainsi qu'elles traversèrent
Paris, tremblantes comme si l'ombre de Robespierre allait leur apparaître au passage. Ce nom
terrible avait retenti d'échafaud en échafaud jusqu'aux extrémités de la France.

Une patache les déposa devant la maison d'Orly.
La famille ainsi augmentée vécut de la même vie,
c'est-à-dire durement, raccommodant les vêtements jusqu'au dernier morceau, souffrant du
froid pour épargner les frais du chauffage, ne man-
geant pas autant de pain que l'appétit l'aurait
voulu, car c'était un objet rare et coûteux ! En
revanche, on se jetait sur les pommes de terre :
le jardin en était rempli ; en présence de cette
bonne fortune, sa laideur s'effaçait.

Cependant, l'éducation se continuait en se per-
fectionnant malgré l'isolement et la misère. On
avait pu se procurer des livres et l'enseignement
mutuel s'était établi entre les sœurs. Chacune, selon
l'âge, communiquait sa science en descendant par
échelon. Rosalie savait tout, parce qu'elle devinait
même ce qu'elle n'avait pas appris. La conversation de M. d'Avessens, si nourrie, d'un genre si

élevé, éclairait la raison et formait le jugement.
Après avoir élargi ainsi les bornes de l'horizon
intellectuel, elle développait l'esprit de façon à
extraire des mots la pensée et à l'accoutumer à
planer au-dessus des faits pour aller en rechercher
les causes.

Aux conversations historiques, politiques, philo-
sophiques de son mari, Mme d'Avessens mêlait
la sienne, semée de réflexions piquantes, de saillies
pleines de verve, de phrases étincelantes et même
d'observations profondes malgré leur allure plus
terre à terre. On voyait qu'elle comprenait ce qui
venait d'être dit et qu'elle savait le dire, elle aussi,
sous une forme plus humble, mais où le cœur se
tournait sans cesse en haut.

Cette association de force et de charme devint, en
s'élevant bien plus encore, « l'esprit de Rosalie ».
Ses sœurs la suivaient, le regard toujours fixé sur
elle.

Quelle éducation aurait pu valoir les enseignements du malheur et de la pauvreté, couronnés
ainsi par ceux de l'intelligence et de la vertu !...
Ils suffirent pour donner à ces jeunes filles le sérieux de l'âme, cette force qui s'assujettit le raisonnement et qui domine les penchants, pour se
retrouver ensuite dans les actions, sans exclure
néanmoins du caractère et de l'esprit l'enjouement
et les grâces.

Après quelques mois, M. d'Avessens résolut de
retourner à Paris où l'on se trouvait plus à portée
de juger les événements. A l'intérieur, le va-et-
vient de la Révolution continuait son mouvement
d'oscillation qui, de plus en plus, apportait le
désordre dans les rouages constitutifs de la France,

tandis qu'au dehors elle poursuivait le cours de ses fausses et funestes grandeurs.

*
* *

Cependant, la gaieté revint : la jeunesse battait des ailes et le printemps reprenait ses droits. Il y a même, à tous les âges, un soleil de renaissance après les grandes tempêtes ; et chacun l'éprouva.

Le salon de la famille d'Avessens se rouvrit et se repeupla. Aux anciens amis retrouvés se joignirent quelques nouvelles connaissances. Puis des Toulousains, des Castrais et autres provinciaux vinrent s'y joindre ; les uns fuyant les révolutionnaires, leurs voisins, toujours puissants, d'autres poussés par le désir d'échanger une existence triste contre quelques distractions. Un certain nombre, d'ailleurs, venait à Paris pour disputer leur patrimoine à la nation. C'était par ce motif que M. d'Avessens avait de nouveau fixé sa résidence dans la ville, qui semblait tenir toute la France courbée sous son joug.

Il s'agissait toujours du canal de Languedoc que l'État prétendait revendiquer comme *domanial*.

Il fallut des années de lutte pour rentrer dans ce glorieux héritage si justement acquis. Je dirai, autre part, qui le sauva ; je raconterai les prodiges de capacité, dans la conduite de cette affaire, déployés par une femme pour triompher de la mauvaise foi des spoliateurs, des entraves mises par des lois iniques et, plus tard enfin, de la volonté souveraine de Napoléon.

On était donc loin de ne penser qu'à la distraction dans l'intérieur de la famille d'Avessens.

Non seulement on s'occupait de ses affaires, mais de celles d'amis, plus inexpérimentés, ou ayant moins de relations utiles.

Jamais la *charité*, se rapportant à des services à rendre, ne s'est plus chaleureusement exercée que dans ces temps, où le malheur avait établi la véritable fraternité. Et quand le flot révolutionnaire ramenait les mauvais jours, on recommençait à s'exposer les uns pour les autres.

C'est ainsi qu'on eut à subir le 13 vendémiaire, le 18 fructidor et bien des tempêtes plus ou moins violentes. Mais le danger, devenu en quelque sorte un état normal, avait trempé si fortement les courages que la peur s'était émoussée.

Dans ce salon d'Avessens, où tant de jeunesse prenait le rayonnement de ses joies pour le soleil de l'espérance déjà levé, les rires se faisaient entendre, les gais propos se répondaient ; la conversation souvent se voyait remplacée par la musique, interrompue à son tour quelquefois par la danse, qui détrônait la sonate au profit d'un air de quadrille ou de valse.

Alors minuit sonnait en vain : le bal improvisé continuait et semblait s'animer encore, jusqu'au moment où Mme d'Avessens et les douairières demandaient grâce. Rosalie n'était pas la moins en train : jamais on n'allia plus de gaieté à tant de sérieux.

Mais la gaieté prenait fin avec les bougies. Le lendemain, au point du jour, le sérieux reparaissait. Il fallait rédiger une pétition, composer un mémoire... Rosalie devenait un agent d'affaires en qui se retrouvait cependant la jeune fille. S'envolant, légère comme un oiseau, elle allait, venait,

dans ce grand Paris, par tous les temps, pluie ou
froidure, grelottant sous sa robe d'indienne, tandis que son petit pied se posait sur la fange sans
qu'il en rejaillît une moucheture, et toujours
poursuivant sa course. Ne fallait-il pas se procurer
un renseignement? obtenir une communication?
solliciter tel puissant du jour pour soi ou pour
d'autres? user d'adresse partout et savoir se
replier à propos, ou bien emporter d'assaut des
promesses trop souvent sans résultat?

Que de portes s'ouvrirent et se refermèrent,
laissant la jeune *aristocrate* en présence d'un mon-
tagnard malotru ou d'un hardi « représentant »!
Et, cependant, jamais un mot ne vint appeler la
rougeur sur son front : ses beaux yeux, si fiers,
attiraient les regards ; mais ils se baissaient en
rencontrant le sien.

Les heures s'écoulaient, la matinée s'avançait
et les distances parisiennes semblaient s'allonger
sous les pas qui se pressaient en vain. Un instant,
la jeune fille s'arrêtait pour acheter un petit pain.
C'était son déjeuner. Réconfortée, elle reprenait
le cours de tout ce qui lui restait à faire.

Rentrant souvent bien lasse et frissonnante, elle
trouvait sa mère debout contre la fenêtre, s'inquié-
tant du bruit de la rafale, et qui, vite, l'entraînait
auprès du foyer en retenant ses mains pressées
entre les siennes pour les réchauffer. Alors, ces
deux cœurs se plongeaient l'un dans l'autre, sans
s'exprimer par des mots. Ils n'avaient rien à s'apprendre ; mais tout disait leur union intime, jusqu'aux paroles les plus indifférentes, tout y ramenait, même les sentiments qui semblaient s'égarer.

Séparées, on se disait que ces deux femmes n'en

vivaient pas moins d'une seule et même vie.

Oui, l'entendant raconter sa journée, on comprenait que la pensée de Rosalie n'avait pas quitté sa mère, qu'elle l'avait évoquée comme un témoin invisible de ses moindres actions, consultée mentalement pour toutes ses démarches et mêlée à chacune des impressions qui s'étaient successivement présentées à son esprit.

— Ma pauvre enfant, disait Mme d'Avessens, encore émue de cette course pénible. Et moi qui me reposais! Et moi qui me chauffais!

Durant les épreuves si dures et si prolongées de ces temps néfastes, le rôle de Mme d'Avessens était loin d'être resté passif. La part qu'elle s'était particulièrement réservée touchait aux intérêts de la conscience. Pendant la Terreur, elle avait plusieurs fois risqué sa vie et, ce qui est bien plus encore, celle de ses filles, pour accomplir les devoirs du chrétien. On s'était glissé dans des retraites mystérieuses où prêtres et fidèles se réunissaient afin de communier en quelque sorte en viatique, la mort étant toujours prête à se dresser devant ces autels, qui ne se cachaient pas si bien que le délateur ne pût les atteindre.

Et l'émigré? l'unique fils! retrouvera-t-il jamais sa famille? se disait Mme d'Avessens; reviendra-t-il vieillir dans la patrie où sa na ssance fut accueillie par de si fortunés destins?

Un soir, à l'heure qui n'est plus le jour et où la lumière des flambeaux n'est pas encore appelée par la nuit, un homme, enveloppé d'un manteau et coiffé d'un chapeau rabattu, entra furtivement dans le salon où la famille se trouvait rassemblée. Il s'avançait silencieux : un mouvement de surprise et de crainte se manifesta. Mais le chien bondit, poussant ces cris joyeux qui sont un langage : lui seul avait déjà reconnu le fils de la maison !

Ce chien n'était pas le vieil Argus d'Ithaque : sa jeunesse fougueuse eût innocemment dénoncé son maître. Heureusement qu'il n'y avait là qu'un père, une mère, des sœurs et un serviteur fidèle. En présence de cette apparition, un indicible sentiment saisit tous les cœurs. La parole fut insuffisante pour l'exprimer, les larmes seules l'interprétèrent ; car les joies immenses n'étant pas de ce monde, l'âme souffre de leur étreinte.

Que venait faire en France ce proscrit dont la vie allait être menacée à chaque pas? Il venait revoir sa mère. C'est la raison qu'il donna pour expliquer sa témérité et tous le comprirent sans l'approuver.

Le bonheur de la réunion suspendit un moment les justes inquiétudes de la prudence. On avait tant à se dire ! L'émigré se sentit glacé d'effroi aux récits qu'il entendit. Comment faire entrer en comparaison les souffrances des exilés? Et cependant toute la famille, à son tour, ne se lassait pas de questionner et de s'apitoyer.

Quelques jours s'écoulèrent, de ceux qui passent si vite qu'on n'a pas eu le temps de les compter. L'émigré, poussé par tous les bras hors de cette maison, où les craintes pour sa sûreté commençaient à remplacer les joies de sa présence, dut reprendre le chemin de l'exil.

V

LES ÉMIGRÉS

Je vais quitter les d'Avessens après la seconde Terreur, celle du 18 fructidor, et les laisser à Paris, où leur séjour se prolongea durant plusieurs années encore, toujours par suite de la lutte engagée pour rentrer dans la propriété du canal de Riquet.

Néanmoins, la gêne était devenue bien moindre. Les diamants de Mme d'Avessens, avantageusement vendus, avaient commencé l'œuvre. Plus tard, Aguts, devenu libre, vint fournir au ménage ses revenus, très réduits pourtant. N'importe, on se crut riche.

Ne l'était-on pas comparativement? On avait pris un domestique, une femme de chambre et le fidèle Jacques ne faisait plus que la cuisine. Comme on devient philosophe lorsque, après être tombé des hauteurs du luxe dans le terre à terre de la pauvreté, on remonte à l'aisance ; et que l'on apprend ainsi la valeur de ce *peu* multiplié par le souvenir de tant de privations ! Et comme on s'arrange alors de cette *honnête médiocrité* qui restreint les désirs, pourvoit aux besoins et prête au nécessaire toutes les douceurs du superflu !

La modération dans les goûts ressort presque toujours de la sévère éducation donnée par les événements qui frappent les fortunes. La génération de cette époque a ressenti puissamment cette influence.

Maintenant, je m'éloigne de la France pour con-

sacrer quelques pages à l'émigration. Elle méri-
terait mieux ; et surtout il faudrait une autre
p ume que la mienne pour la replacer dans l'opinion au rang qu'elle devrait occuper. Lorsque les
temps qui durent encore seront devenus le passé,
l'histoire véridique la vengera.

Moi, je dois me contenter d'explorer un coin
de cette grande Europe qui vit les proscrits errants
ou fugitifs, afin d'y retrouver mon père, durant
une halte dont sa mémoire avait conservé plus particulièrement le souvenir.

C'était à Constance, à l'extrémité du beau lac
qui livre passage au Rhin et qui le voit s'enfuir
si vite pour aller se perdre au loin ! La ville du
célèbre Concile s'étend sur les bords riants où rien
n'arrête le regard jusqu'aux cimes des montagnes
du Tyrol et de la haute Suisse.

Je l'ai vu, ce lac ; j'ai parcouru cette ville où
j'ai pu rechercher, à travers les traces des grands
événements d'un autre âge, celles qui se ratta-
chaient à un obscur Français du dix-huitième
siècle.

Il habitait une étroite et pauvre maison à plusieurs étages (1), que j'ai reconnue à quarante ans
de distance, tant il me l'avait minutieusement
décrite ! Les fenêtres en étaient closes comme si
l'on se trouvait encore au lendemain du jour où
l'émigré l'avait quittée, et la voyageuse de l'an 1836
s'arrêta émue. L'herbe croissait dans cette rue,

---

(1) Ma grand'mère m'a raconté que son père, se trouvant
à une représentation de l'opéra d'Halévy, *la Juive*, reconnut
distinctement la maison qu'il avait habitée pendant l'émigration dans le décor représentant une place publique de Constance. (S. R.)

sorte d'impasse, s'étendant à l'ombre de la majestueuse cathédrale, dont les tours se dressent avec la grande pensée du catholicisme qui lève si haut la tête pour aller se perdre dans les cieux.

Des corbeaux, ces oiseaux familiers de Constance, la ville déserte, sautillaient devant moi, chassés à peine par le bruit de mes pas. Ils vivent cent ans, dit-on. Ceux-là, peut-être, avaient ramassé quelques miettes de pain tombées de la main du proscrit.

Cette misérable maison, dans ce coin sombre, et son appartement si modeste, n'en avaient pas moins été le rendez-vous du soir, durant un hiver, de la noble société qui peuplait Constance en 1795. Un pauvre jeune émigré, le comte Louis de Villeneuve, l'habitait. Atteint d'une lente maladie de poitrine, ses amis s'étaient empressés de l'entourer de leurs soins ; et, comptant ses amis, on trouvait tout le monde : vieillards, jeunes gens, femmes âgées, femmes charmantes. Qui n'aurait pas aimé cette nature si spontanée dans l'expression de tout ce que le cœur peut contenir de meilleur, coulant de source? Qui ne se serait pas senti attiré par cet esprit aimable, voltigeant d'une idée à une autre sans se poser longtemps, mais ne s'éloignant jamais de la grâce, parce que l'aménité du caractère, la délicatesse des sentiments, le charme des manières l'accompagnaient toujours? Et puis, comment ne pas demeurer l'ami fidèle de cet homme si bon, si franc, si serviable, dont la physionomie avenante venait à vous, précédant des paroles et des actions qui ne la démentaient jamais?

Un flot de l'émigration avait été poussé vers

Constance par suite des succès des armées républicaines qui chassaient devant elles les malheureux bannis. Gens de cour et nobles de province y vivaient confondus dans l'égalité de la misère, la confiscation des fortunes ayant établi son invariable niveau. Les domaines seigneuriaux, duchés et autres, donnant des centaines de mille livres de rente et le petit fief accompagné de quelques arpents de terre avaient subi la même loi. On s'était donc intimement rapproché, étant tous pauvres et presque fiers de l'être comme d'un nouveau titre de noblesse.

Ces rapports de société développèrent chez beaucoup de gentilshommes, venus des quatre coins de France, une fleur de bon ton, une élégance de forme dont sans doute ils portaient le germe (tel était mon père) et qu'ils mêlèrent à la piquante originalité de l'esprit de province, laquelle, assez semblable au *sauvageon*, jette au hasard ses branches folles, où monte une sève plus luxuriante que celle des tiges trop rabattues par la serpette.

Une baguette magique appartient aux souvenirs conservés dans le cœur ! Je la prends, je l'agite et le miroir d'un passé qui ne fut pas le mien apparaît à mes yeux. Réminiscences de récits dont je retrouve l'empreinte dans ma mémoire, vous venez vous y réfléchir comme dans un miroir fantastique !

J'y vois le comte Louis de Villeneuve à Constance et cette société dont il ne reste plus aucun vestige.

La Terreur a pris fin ; on reçoit des nouvelles de France ; un peu d'argent les accompagne, bien peu ! On est si pauvre là-bas ! Mais comme ces quelques louis sont bien accueillis ! Toutes les ressources se trouvaient épuisées depuis longtemps.

Il avait fallu vivre de son travail. Lequel? Chacun avait cherché ; bien des mains étaient inhabiles — pas toutes cependant. Le comte Louis fabriquait, en carton, des boîtes de toutes les formes, des écrans de toutes les dimensions ; il découpait, collait, ornementait ; et son hôtesse, qui l'aimait comme on l'a toujours aimé, se chargeait de la vente, y mettant une ardeur presque personnelle.

Les femmes se tiraient mieux d'affaire que les hommes : toutes, plus ou moins, maniaient l'aiguille.

Parmi les hommes, le grand nombre se trouvait embarrassé en présence de la vie à gagner. Toutefois, chacun s'industriait, même en humiliant son orgueil, s'il le fallait. Il y en eut qui tirèrent parti de tout. On cite un Gascon transplanté au fond de la Pologne, lequel eut l'idée d'enseigner le *patois* de son pays, en guise d'italien, à toute une famille lithuanienne. Il faut espérer qu'on n'eut à en faire usage qu'entre soi. Vrai ou inventé, le trait est plaisant. D'autres, comptant leurs derniers écus, se résignèrent à subir les privations les plus rudes pour faire durer leurs dernières ressources, afin de ne pas abuser de l'obligeance des amis ; et pas un pli du visage ne trahissait des souffrances devenues quelquefois celles de la faim.

L'essaim qui s'était abattu sur Constance y forma une ruche. Pour la montrer en activité, je reviens aux jours qui suivirent le 9 Thermidor, à ces lettres qui firent cesser bien des angoisses et à ces petits envois d'argent qui vinrent gonfler un peu les bourses que le travail laissait si souvent vides, sans les remplir assez, néanmoins, pour supprimer le travail.

Durant la journée, chaque « abeille » songe à butiner. Après avoir soigné les vieillards, habillé les petits enfants, tout ce qui est valide court à son affaire. Chacun n'a plus à s'occuper de son ménage : on y a pourvu par l'association de tous, en faisant appel à la fraternité et à l'égalité, sans les affubler de cet abominable « civisme républicain » qui les a profanés.

Une cotisation a été fixée, une salle a été louée. On y dresse tous les jours la table commune où chaque associé vient s'asseoir, à deux heures de l'après-midi, pour prendre sa part d'un dîner à *treize sous* par tête. On a déjeuné le matin avec ce qu'on peut avoir avec une mince monnaie. Aussi l'appétit arrive-t-il, prêt à faire honneur — à quoi? Demandez-le au comte Louis. Il a été l'instigateur de l'association ; il est l'ordonnateur du *festin* : la cuisinière est sous ses ordres !

Que de combinaisons et de calculs ne faut-il pas pour arriver à dîner pour *treize sous*, sans quitter la table encore affamé ! Heureusement que la viande est à bon marché, la bière à quelques « kremlitz » et le petit vin du Rhin pas trop coûteux. Les plats sont peu multipliés, mais abondants. Le bouilli de bœuf y reparaît d'un jour entre autre, pour se représenter le lendemain sous forme de *miroton*. On plaisante le comte Louis sur la réminiscence culinaire ; il y répond en répétant : *Et les treize sous?* Mais les beaux poissons du lac et du Rheinthal apparaissent de loin en loin pour venger l'amour-propre du majordome. Ces jours-là on crie bravo ! d'autant qu'il a fallu de la diplomatie pour se les procurer à des prix abordables. Le comte Louis ne dit pas que c'est le charme de ses façons qui a séduit jusqu'aux pêcheurs et maraîchers.

Durant cette heure écoulée si vite, les conversations s'entre-croisent, jets d'esprit qui montent, retombent, se relèvent et ne tarissent point. Ce monde semble être né pour causer. Ces hommes qui n'ont fait que traverser les collèges, ces femmes dont l'éducation à peine commencée est allée s'achever dans les salons, portent en eux et propagent autour d'eux « l'amabilité ». On la retrouve sous toutes les formes, même à travers un langage altéré plus ou moins par les locutions provinciales.

La société de l'ancien régime a tenu sans rivale le sceptre de la véritable conversation, celle qui s'échange d'homme à femme avec la galanterie et le respect d'un côté, le tact et la finesse de l'autre, se livrant sans pédanterie, sans prétention, au courant qui fait succéder rapidement la parole à la pensée ; tradition qui s'est perdue. L'amabilité française est morte ; l'éducation et les mœurs actuelles l'ont tuée.

Mais je retourne à Constance où elle régnait pleinement. L'émigration semblait l'avoir emportée avec elle ; bagage léger, qui renfermait cependant des richesses.

L'amabilité, par le besoin de s'épancher, s'oppose à l'égoïsme, ou plutôt elle le rend doux et compatissant, grâce au désir de plaire. Et des paroles, on en vient tout naturellement à s'entr'aider les uns les autres par les actions.

Tel était le *phalanstère* de Constance. Les quelques « riches » qui ne se trouvaient pas forcés de travailler pour vivre mettaient volontiers au service d'autrui leurs talents divers. Le peintre se prêtait à enluminer les boîtes du *cartonnier*; le *tourneur* rencontrait un aide obligeant pour terminer ou perfectionner ses ouvrages ; le *copiste* passait une feuille blanche à son voisin oisif — et le travail se généralisait un peu ainsi.

Mais, pour lui donner plus d'élan, on avait décrété *le droit de réunion*. A la table commune succédait l'atelier en commun. Des couturières, des brodeuses, des marchandes de modes qui s'étaient découvert ces talents, se rassemblaient par groupes présidés presque toujours par une vieille femme. Les hommes venaient s'y joindre, et toutes les mains se mettaient en mouvement, chacune selon son œuvre.

Il y avait bien, çà et là, quelques *frelons* bourdonnant, et voilà tout ! Mais les *abeilles* ne supportaient pas longtemps ces inutiles. Après les avoir piqués de leur aiguillon, c'est-à-dire d'un mot acéré, elles tendaient à l'inhabile un écheveau à débrouiller, un peloton à tourner, et quelquefois, peut-être, une abominable *marotte* à tenir sur les genoux, tandis qu'une jeune main chiffonnait un morceau de gaze en forme de bonnet. Mais bientôt on relevait l'incapable de son humiliation ; la liberté lui était rendue, accompagnée d'un éclat de rire, auquel le sien faisait écho.

La journée écoulée, on allumait les lumières, mais pour éclairer les récréations. Les ouvrages se reployaient et la gaieté s'ébattait de tous côtés. N'en avait-on pas le droit acquis par le travail?

Cependant, il fallait penser à souper : on avait dîné à deux heures et il en était huit. Alors, chacun songeait à rentrer à son domicile. Les exilés sans foyer domestique cherchaient un coin de table chez les amis ; et tous ceux qui se rassemblaient ainsi prenaient leur part de noix, pommes, fruits secs, emmagasinés par la famille. Une grosse miche suffisait à l'appétit, accompagnée du cruchon de bière pour la soif. Quand les provisions commençaient à se faire rares dans une maison, n'avait-on pas la ressource d'en aller chercher dans une autre ? Et souvent les dépouillés suivaient.

Venait le dimanche. La table d'hôte, ce jour-là, réclamait *vingt-deux sous*. Mais aussi, quel menu !

Ce n'est pas tout : il y avait de temps en temps des *extras*, particulièrement durant la saison des beaux jours. L'air est si pur hors des murs d'une ville ! Et les sites sont si pittoresques aux environs de Constance ! — Un goûter sur l'herbe au bord du lac ?...

A cette proposition, il n'y avait qu'un cri pour accepter ! Toutes les mains fouillaient dans les poches ; mais les frais ne seront pas lourds ! Les fruits à bon marché abondent en Argovie, les gâteaux des pâtissiers suisses aussi. Une corbeille est vite remplie, sans oublier d'y glisser quelques bouteilles de vins français afin de boire au retour en France. Et l'on ne sait si l'on doit rire ou pleurer à cette pensée, tant se mêlent l'espoir et la *désespérance !*

Mon père aimait à se rappeler les joies intercalées entre les misères de l'exil ; et tout en visitant Constance et ses environs, je cherchais où placer le souvenir de ces fêtes champêtres, comme il les appelait. Rien ne me guidant positivement, mon imagination se plaît à me présenter l'*île de Rechnau*. Il me semble que c'est là que je dois les retrouver, tant ce petit coin de Suisse est encore présent à mes souvenirs de voyageuse !

Elle est tout près de la ville et s'avance vers le rivage comme pour vous attirer. Coquette, elle se mire dans le lac qui semble vous défier d'aller à elle : avenante, elle vous tend la main pour le traverser. Un pont, ou plutôt une sorte de planche étroite s'appuie sur les deux bords ; on peut à peine s'y croiser et le mouvement des pas lui communique un balancement. La main saisit une rampe qui rassure à peine, car elle tremble, elle aussi, et l'on entrevoit sous ses pieds, à travers les barreaux désunis, l'eau qui clapote si près, qu'en se baissant on pourrait l'atteindre du bout des doigts. On marche, on chancelle ; la planche s'allonge, la terre ferme s'est éloignée : l'île à son tour a semblé fuir. L'onde devient plus profonde, le pont plus chancelant. Enfin il se raffermit : des plantes aquatiques élèvent leur tête, annonçant le rivage ; on avance, on y touche, le pied s'élance. Alors l'île se présente comme une corbeille de verdure et de fleurs, rattachée par un fil à la rive et flottant sur le lac.

Le voilà, cet empire de quelques pas appartenant tout entier à un grand seigneur autrichien, coin de terre si bien perdu dans ses immenses possessions qu'il ne pense jamais à l'habiter. C'est presque une île déserte qui s'étonne du bruit des pas sous lesquels fléchissent les hautes herbes sauvages. Mais que de fleurs, sauvages elles aussi ! et quels arbres !... La cognée les a oubliés depuis un siècle et plus. Ils ont mis le temps à profit pour grandir en liberté ; ils en ont abusé pour étouffer les petits et les faibles qui s'avisaient d'essayer de vivre à leur ombre.

Mais le lac attire tout particulièrement les regards ; le voici toujours présent. D'un côté, il vous entoure, vous pressant d'un bras gracieux, tandis que, de l'autre, il s'étend immense pour vous présenter, dans une glace mouvante, et la terre et le ciel.

Vos pieds vous ont transporté vite à l'extrémité de cette île en miniature, dont la rive s'abaisse comme pour aller se perdre dans l'onde qui vient à elle sous la forme d'une caresse.

Le voyageur s'assied et rêve, mais sans mélancolie. Tout ce qu'il regarde est riant. La rive allemande, indécise et plate, s'efface dans un horizon sans bornes, où le soleil et l'onde semblent se confondre en flots de lumière. Du côté de la Suisse, les montagnes se dressent, mélangeant les cimes vertes de l'Appenzel aux fronts décharnés des pics du Tyrol ; tandis qu'au loin, bien loin, les neiges immuables des glaciers se laissent entrevoir. Mais la rive s'empresse de dérider le sérieux du paysage : elle répond au sourire de la *mer* paisible qu'elle semble côtoyer avec amour.

Et là-bas, dans cet enfoncement où le regard se plonge, la vallée du Rheinthal ouvre sa bouche gracieuse d'où s'épanche le Rhin, qui va demander au lac de le transformer en fleuve, après le mélange de leurs ondes.

Le touriste, en contemplation dans l'île de Rechnau, s'il est poète rêveur, doit se sentir inspiré par cette nature qui parle intimement aux mélancoliques élans de l'âme.

Mais la société de Constance, accourue nombreuse et bruyante, ne pensait guère à la contemplation. C'étaient toujours ces mêmes Français, prêts à rire et à s'amuser, d'autant plus que, trop souvent, ils avaient à s'attrister et à s'ennuyer. Ainsi, donc, « vive la trêve aux chagrins » ! Narguant les habits râpés, les hommes se paraient de l'élégance de leurs manières, des grâces de leurs propos galants. Les femmes y répondaient souvent par une coquetterie qui prêtait son charme à des modes rajeunies par leurs visages.

Alors, la gaieté éclatait à la façon d'un feu d'artifice. Les idées se soulevaient en tourbillon comme les atomes aux rayons du soleil et la parole semblait prendre des ailes de papillon pour tout effleurer : littérature, théâtre, musique, science, arts. Parfois une voix s'élevait, récitant des vers ; l'allumette propageait aussitôt le feu, toujours prêt à s'allumer dans ces esprits inflammables. Les conversations s'interrompaient pour écouter. Aux poésies légères mises à la mode au dix-huitième siècle par tant de gracieux petits génies qui s'enguirlandaient de fleurs poétiques, succédait une romance demi-plaintive ; et puis, enfin, on en venait à la chanson, cette muse à la vive allure, tout particulièrement française.

Durant ces joutes du *Gai-savoir* moderne, le lac, l'horizon, les montagnes, se mettaient inutilement en frais. C'est le sérieux de l'âme qui comprend la nature : la gaieté de l'esprit passe auprès d'elle sans la voir.

Ces gentilshommes étaient restés les Français de la ville, tandis qu'en France, ce qu'ils appelaient *aujourd'hui* déjà se nommait *autrefois*.

Parcourant l'Europe depuis plusieurs années, ils passaient sans la regarder ; presque tous n'ont conservé qu'une image confuse de tant de pays si différents du leur. La majesté sombre des hivers du Nord les a fait grelotter, et voilà tout ; aussi n'en ont-ils gardé que le souvenir des « poêles » autour desquels ils se groupaient pour se réchauffer et pour *revoler*, esprit et cœur, oiseaux en migration forcée, vers la France, que les yeux de leur imagination n'osaient pas quitter. Ils la transportaient ainsi, ne voyant qu'elle. Bien peu ont essayé d'apprendre la langue qui se parlait autour d'eux. Ils préféraient se faire entendre par signes et même se passer d'être entendus. Langue et livres étaient stigmatisés par un mot : *baragouin*.

— Une conversation aimable peut-elle se trouver en germe dans ces épais cerveaux allemands et transmise par un semblable idiome? s'entredisait-on en se redressant.

Et puis, qui se souciait d'explorer une littérature *barbare*? *Tout* n'existait-il pas, écrit en français, vers ou prose, tragédies ou comédies, histoire et roman, œuvres sérieuses, œuvres badines? N'avait-on pas, enfin, à revendiquer orgueilleusement Voltaire et Rousseau? Hélas ! beaucoup d'esprits, dévoyés du sens moral, demeuraient encore fidèles au culte d'admiration pour ces faux dieux littéraires, inculqué à la jeunesse de cette époque. On avait besoin de retourner en France et de suivre, à travers les ruines du passé, les traces qui remontaient jusqu'à leurs principes pernicieux.

On comprend donc que les élèves du dix-huitième siècle fussent insensibles aux fantastiques et sombres rêveries d'outre-Rhin.

La classe moyenne que la Révolution a poussée vers les sommets de l'ordre social, s'est représenté les gentilshommes de l'ancien régime comme plongés dans l'ignorance. On voit qu'elle les a jugés sans les entendre. Leurs études classiques, il est vrai, n'avaient été souvent qu'ébauchées dans les collèges dont ils sortaient trop tôt pour entrer *au régiment*. Il y avait peu de savants parmi eux ; mais on comptait dans cette génération un grand nombre de jeunes hommes qui développèrent, plus tard, les facultés de leur esprit grâce à la lecture, le meilleur des professeurs, parce qu'il prend son élève à l'âge où la mémoire, devenue intelligente, se complète par la réflexion.

Et puis, dans cette société toujours empressée de se grouper, la conversation, ce commerce des idées, appelait au partage des bénéfices les illettrés, qui accomplissaient ainsi leurs cours d'études, en se découvrant souvent capables de faire fructifier cette monnaie jetée au hasard et recueillie en se jouant.

Quant aux femmes, la plupart cultivaient assez peu leur champ intellectuel. Elles préféraient glaner dans celui de leurs voisins, les hommes. La gerbe, quelquefois, n'était pas artistement arrangée : les épis s'échappaient de tous côtés et bien des herbes folles se montraient çà et là. Mais que de grâce dans ce désordre ! et que de jolies fleurs ainsi moissonnées !

Cependant il se rencontrait, sous ce régime, des femmes vraiment instruites et capables d'écrire remarquablement bien. Les ignorantes même griffonnaient des lettres où l'orthographe péchait souvent, le français quelquefois, mais où l'originalité, la verve épistolaire, le trait parlaient si haut qu'ils étouffaient les réclamations de la grammaire.

De toutes ces sources confondues découlaient des flots roulant pêle-mêle, les aperçus ingénieux, les bons mots, les anecdotes spirituellement racontées et jusqu'aux petits vers, bouts-rimés, impromptus ou autres, — tout cela finement accompagné de ce bon goût qui peut s'aventurer loin sans s'égarer, et qui jamais, dans ce monde-là, ne quittait l'habit habillé et les manchettes.

Pour cette société, l'esprit était un demi-dieu qu'on nourrissait d'ambroisie, qu'on abreuvait de nectar ; et l'on se fût gardé de le faire passer par les clubs (s'il y a eu des clubs) pour arriver aux écuries, où l'attendait, en guise d'encens, la fumée des cigares.

La génération actuelle, étrangère à un monde disparu, s'informe s'il y avait autre chose que de l'esprit chez ces émigrés demeurés, malgré tout, hommes de salon dans l'exil. Nous qui les avons connus, nous répondrons :

— Ils ont été les hommes-*liges* de l'honneur, et l'honneur est une vertu qui tient à toutes les autres.

L'honneur a exigé le sacrifice de leur fortune ; ils l'ont donnée. L'honneur a demandé leur sang ; ils l'avaient offert déjà et ils le versèrent. Rentrés dans leur patrie, ils ont retrouvé les châteaux de leurs ancêtres habités par les spoliateurs qui les avaient proscrits pour les dépouiller. Et cependant, leurs regrets les plus amers se sont tournés vers le trône où ne s'asseyaient plus les fils de saint Louis !

Plus tard, l'âge est venu, les trouvant tantôt relevés, tantôt battus par le va-et-vient des révolutions. Mais ces vétérans de l'exil sont demeurés toujours fidèles au culte de leur jeunesse, à cette vieille royauté qui les avait écrasés en s'écroulant. Et si plusieurs d'entre eux ont assez vécu pour voir leurs espérances s'éteindre une à une, comme ces feux qui n'ont plus d'aliment, tous ont conservé l'amour pieux qui s'incline sur un tombeau. Tels ils sont morts.

Avant de quitter Cons ance, je reviens au comte de Villeneuve. Comme au début de cette esquisse, je vais le chercher dans cette pauvre chambre de malade, devenue le salon d'une société qui ne pouvait se résoudre à se passer de lui. Il guérit, grâce à une cure merveilleuse opérée par le petit lait de Gaix, village du canton d'Appenzel. Là aussi, en 1836, j'ai retrouvé des traces de son passage. Un vieillard, hôte de l'hôtel où je logeais avec mon frère, entendant prononcer son nom, s'écria :

— J'ai connu un comte de Villeneuve, quand il y avait tant de Français hors de leur pays !... C'était le plus charmant de tous !

Ces paroles, rapportées par nous à mon père, ravivèrent sa mémoire. Les souvenirs des deux vieillards ainsi se rejoignirent.

La longue halte des émigrés au bord du lac prit fin. Le comte Louis recommença son existence errante, durant ces années de proscription qui se renouvelèrent encore plusieurs fois.

VI

APRÈS LA TOURMENTE

Un nouveau siècle se levait devant l'avenir et l'horizon rasséréné laissait espérer la fin des orages qui venaient de bouleverser si profondément la société française.

Dès les premiers mois de l'année 1800, comme reviennent les oiseaux après la tempête, on vit arriver à Paris, d'abord un à un, puis plus nombreux, puis pressés en foule, des voyageurs descendus des diligences, vieux coches, humbles pataches, et qui se glissaient, en essayant de se dissimuler, dans la grande ville où chacun de leurs pas trahissait cependant une présence étrangère. Des vêtements, qui n'étaient ni la carmagnole du *patriote*, ni l'habit à queue de morue, le pantalon collant, l'énorme cravate, le haut col de l'*incroyable*, dénonçaient au contraire le temps passé, malgré quelques modifications conseillées par la prudence.

Quelques-uns des inconnus dont le vol s'abattait ainsi sur Paris, paraissaient se retrouver là où ils avaient vécu, et leurs regards, qui « cherchaient... » avant de se fixer, signalaient le souvenir avide de revoir.

Un bien plus grand nombre, s'arrêtant étonnés, promenaient çà et là des yeux curieux, puis reprenaient la marche de leurs pas incertains, toujours prêts à s'égarer dans ce labyrinthe de quais et de boulevards, de rues droites et de rues tournantes, de palais à la majestueuse façade et de maisons étroites surchargées d'étages, — pêle-mêle, où le *grand* et le *petit* tantôt semblaient vouloir se confondre comme pour fraterniser, et tantôt s'éloigner comme pour se fuir dédaigneusement.

Ces nouveaux venus à l'allure étrange attiraient l'attention des Parisiens, non seulement par leurs costumes, mais par un certain air qui les distinguait de la foule. Le gamin riait un peu en tournant vers eux un œil hardi ; cependant, il se sentait mal à l'aise pour essayer son geste insolent. De vieux bourgeois, en revanche, se montraient attendris, tandis que quelque ancien familier des clubs grommelait une menace.

Ces voyageurs, ces étrangers, c'étaient les émigrés rentrant dans leur patrie. Tous s'étaient rapprochés de la frontière aux premiers bruits des événements de Brumaire. Les uns la franchissaient avec des mandats envoyés de France, qui leur permettaient de venir solliciter leur radiation ; d'autres se hasardaient sans *lettre de passe*. Mais les premiers arrivés s'empressaient de venir en aide à leurs compagnons restés en arrière, et les lettres de passe, demandées et obtenues journellement, multipliaient les retours et protégeaient les téméraires.

Un de ces revenants, le comte Louis de Villeneuve, jeune encore, l'œil vif, le visage souriant, suivait, ou plutôt précédait un ami qui s'efforçait de se régler sur ce pas rapide. Il était entré dans Paris la veille avec son passeport ; mais il y avait encore bien à faire avant de parvenir à la radiation. L'ami qui conduisait le comte Louis n'était guère mieux en règle ; et tous deux se dirigeaient vers une maison que les Languedociens étaient tentés de surnommer : « La maison de bon secours. »

Un nom de compatriote vous ouvre cette *porte* toute grande. On ne s'est jamais vu, mais vite se fait la connaissance. Pauvres exilés ! vous avez besoin de guides dans cette patrie qui vous a traités en marâtre : les mains se tendent pour vous servir ! L'orgueilleuse cité, si peu hospitalière, quand on n'apporte avec soi qu'un léger bagage, vous a laissés sans gîte : on va vous en trouver un !... Et des paroles de femmes se croisent pour vous en indiquer plusieurs... Tandis qu'un homme âgé, se penchant vers le banni, dit quelques mots tout bas... de ces mots où « tinte l'argent », qui font un peu rougir, un peu hésiter, mais qui s'expriment avec tant de rondeur, qu'on finit par les accepter de même.

Puis on en vient à la grande affaire : la radiation ! Comment s'y prendre ? Ces émigrés sont étrangers à tout : la France est pour eux la Chine. Une voix s'élève, toutes les autres se taisent : c'est cependant celle d'*une jeune femme*. Alors, avec une intelligence qui sait tout expliquer, une clarté qui fait tout comprendre, elle indique les démarches à faire, les difficultés à vaincre, les écueils à éviter. Tout cela d'un ton simple, où l'autorité de l'avis se voile, où l'assurance du conseil se dissimule et où la personne s'efface et ne reparaît que pour offrir, avec le naturel d'une obligeance innée, aide et conseils.

Cette maison était celle de la famille d'Avessens. Et c'est ainsi que Rosalie et le comte Louis, devenu le citoyen Villeneuve, se trouvèrent en présence pour la première fois.

Ces deux natures ne pouvaient se rencontrer sans se plaire. Cependant, il ne régnait pas entre elles une véritable similitude; mais il y avait en chacune tout ce qui décèle le bien et le beau, même lorsqu'ils se présentent sous des nuances différentes ou moins prononcées. L'esprit qui planait attirait à lui l'esprit qui se jouait plus bas dans son vol gracieux. Et l'âme, si fortement trempée, avait tant de souplesse qu'elle était toujours prête à reprendre sa grâce féminine, pour redescendre ainsi les degrés de sa supériorité.

M. de Villeneuve occupa bientôt une place d'ami au foyer de la famille d'Avessens. Quelques mois s'écoulèrent. Mais la radiation obtenue, l'émigré dut tourner ses regards vers ce château où son frère Maurice l'avait déjà devancé, où son père et sa mère l'appelaient après la longue séparation de l'exil.

N'importe; en quittant le salon parisien, il y eut des regrets mutuels : ils furent adoucis par ces mots : « Au revoir !... » M. d'Avessens pensait à retourner, lui aussi, dans sa province.

La colonie toulousaine reprit effectivement son vol vers son pays. Mais neuf années avaient apporté des changements. Les filles aînées, Rosalie et Laure, n'étaient plus de toutes jeunes filles ; la dernière, Alexandrine, avait pris cette place ; et Eulalie, l'enfant de Mme de Saint-Germier, donnait la main à sa petite sœur. Le fils de la maison, l'émigré, rentré l'un des premiers, était parti pour Toulouse en avant-garde.

En s'éloignant de ce Paris qui toujours a

exercé son attraction, on ne peut s'empêcher d'éprouver des regrets.

Cependant, quelle émotion, tenant aux fibres les plus puissantes de l'âme, ne dut-on pas ressentir en revoyant la ville des aïeux et des souvenirs ! Et puis encore en se retrouvant dans l'hôtel de Riquet, ou dans le château d'Aguts !

Les murs de l'hôtel étaient intacts ; mais le mobilier, linge et argenterie avaient disparu. On ramassa un peu d'argent avec lequel on acheta le nécessaire. Chacun était pauvre, plus ou moins, même les propriétaires qui venaient de reprendre possession de leurs terres non vendues. Ces terres, si longtemps abandonnées, rapportaient peu et les denrées se vendaient mal. M. d'Avessens se trouva compté parmi ceux qui pouvaient passer pour *riches;* et, selon sa coutume, les malheureux en profitèrent. Ne s'accordant aucun superflu, son luxe fut sa table où chaque jour quatre ou cinq couverts attendaient les amis qui, sans invitation, venaient se mêler ainsi à la famille.

On vivait plus que simplement dans cet hôtel où se voyaient cependant encore de grands restes de magnificence. Sur un fauteuil de lampas, Mme d'Avessens s'asseyait en modeste robe brune, telle que l'eût portée jadis sa femme de charge ; tandis que ses filles allaient, venaient dans ces beaux salons d'autrefois, vêtues d'un fourreau de toile peinte, taillé d'après la mode étriquée des premières années du siècle.

Vainement eût-on retrouvé une ou deux de ces *toilettes* en marqueterie, si prisées des grandes dames ; on ne se plaçait pas devant leurs délicieux miroirs avec un peignoir garni de dentelles.

D'ailleurs, il n'y avait plus à se garantir de la poudre secouée par la houppe du coiffeur : presque toutes les femmes avaient coupé leurs cheveux ; et la *titus* rappelait, sans qu'on y pensât, ce temps horrible où les chevelures étaient menacées par le ciseau du bourreau.

Sans parures, sans ornements, les jeunes figures débarrassées du fard et les têtes accompagnées de boucles blondes ou brunes, ne se montraient peut-être que plus jolies. Mais les tailles françaises perdaient à se déguiser en « grecques », quoiqu'il y eût, dans les salons luxueux du Consulat, des femmes belles comme Aspasie et qu'on en rencontrât même un assez grand nombre dans ceux de l'aristocratie dépouillée. Cette époque vit une de ces éclosions de beautés qui, de loin en loin, apparaissent en France, sans qu'on sache à quelle cause on doit l'attribuer.

Peu de mois avant le retour des d'Avessens, Louis de Villeneuve était rentré dans le château d'Hauterive. Comme dans toutes les demeures jadis seigneuriales, l'argent manquait ; on s'en passait. Les denrées récoltées fournissaient la nourriture et les meubles rajustés meublaient les chambres rappropriées à peu près. On se sentait si content d'avoir un chez soi, d'y vivre, et surtout d'y revoir les enfants ! — ces jeunes gens que l'émigration rendait à leurs parents, les ramenant hommes mûrs, prêts à reformer la famille. Pères et fils s'entendirent pour chercher et pour conclure des mariages qui devaient la continuer dans l'avenir.

François de Villeneuve, avant le 18 Brumaire,

s'était marié, tout jeune, avec Mlle de Vernon (1).
Maurice, dès sa rentrée en France, avait épousé,
à Paris, Mlle de Nicolay (2).Louis, revenu à Hauterive et à Toulouse, pensait à Mlle Rosalie d'Avessens, sans se livrer trop à l'espoir, vu la différence
des fortunes.

Mais, dans l'intérieur d'Avessens, Louis occupait également les pensées. Rosalie jusqu'alors
avait refusé de se marier ; sa famille et ses devoirs
remplissaient sa vie : son amour pour sa mère
absorbait son cœur. Ma mère ! ma fille ! Ces
deux âmes se devinaient ou se répondaient toujours.

Cependant Mme d'Avessens dit à sa fille :

— Tu voudrais épouser Louis de Villeneuve?

— Oui, ma mère, répondit Rosalie : il a su
comprendre combien je vous aime.

— Et il nous séparera le moins possible ! ajou-
tèrent-elles simultanément.

— Ton père le trouvera-t-il assez riche? demanda Mme d'Avessens.

— Vous pouvez dire qu'il l'est assez pour moi,

(1) Ils eurent comme enfants :
Thérèse, qui épousa le marquis de Lordat.
Edmond, qui eut une nombreuse famille.
Pons, marié à Mlle Clémence de Faudras sans postérité.
Marie-Thérèse, mariée en premières noces à Jules de Geni-
brouse de Castelpers, en secondes noces, à son cousin Tristan
de Villeneuve, héritier du titre et marquisat d'Arifat, maîtresse ès-jeux floraux, sans postérité.
(2) Mlle de Nicolay, devenue, par son mariage, marquise de
Villeneuve-Arifat. D'un esprit bizarre et caustique, elle a
laissé des Mémoires curieux qui ont été publiés par Henri
Courteault, en 1902, chez Émile-Paul. Le ménage n'eut pas
d'enfants.

reprit Rosalie ; puis la sagesse de mon père en dé-
cidera.

M. d'Avessens, effectivement, fit des objections
de chiffres ; mais, avec la rectitude de son jugement, il ajouta : « Ce ne sera pourtant pas la
pauvreté, grâce à la dot de ma fille, mais la médiocrité : les goûts de Rosalie s'en contenteront et
sa raison maintiendra l'ordre. D'ailleurs, Rosalie,
par la maturité de son caractère, a le droit de disposer d'elle-même. »

Lui aussi, le grave père de famille, était sous le
charme de Louis de Villeneuve.

Ainsi fut conclue cette union dont le bonheur,
dès les premiers jours, se continua sans le moindre
nuage durant vingt-trois ans et ne finit qu'à la
mort prématurée de Rosalie.

En 1802 eurent lieu des noces simples comme
celles des temps de révolution. Les églises n'étaient
pas encore entièrement ouvertes au culte. On se
maria dans une chambre transformée en chapelle.

La fiancée ne reçut ni corbeille, ni cadeaux,
mais une bourse légère qui fut se mêler aussitôt
au fonds commun du ménage. Sa robe de mariée
(je l'ai retrouvée) était en une de ces grosses mous-
selines appelées *percale à jours* et pouvait bien avoir
coûté quarante francs, vu le haut prix du coton.

La soirée rassembla seulement les familles Villeneuve et d'Avessens. Mais les bénédictions du ciel,
appelées sur ces deux têtes, y descendirent avec
un bienveillant regard de la Providence ; et si cet
époux et cette épouse ont subi les maux inhérents
à la vie, ils n'ont jamais eu du moins à souffrir
l'un par l'autre.

DEUXIÈME PARTIE

MES SOUVENIRS

(L'EMPIRE)

Me voici maintenant vis-à-vis de moi-même. Je vais écrire sous la dictée de ma mémoire et dire ce que mes yeux ont vu, ce que mes oreilles ont entendu. Ces pages refléteront les premiers éclairs de mon intelligence, les naissants efforts de ma raison et les sentiments d'un cœur qui s'éveillait pour se livrer successivement à des affections si douces.

Jusqu'à présent, j'ai raconté le passé antérieur à mon existence. J'ai rappelé les récits de ces voix qui, depuis longtemps, se sont tues, fils légers qui se brouillent dans le souvenir, comme ceux de la dentelle sous les doigts qui s'essayent à former son tissu. Désormais, visages et actions vont m'apparaître vivants et se mêler à cette vie, devenue aussi la mienne, dont je vais commencer à retracer les premiers pas.

Cependant, qu'aurai-je à raconter? Mon existence si longue à sa mesure d'aujourd'hui (1), ne

(1) Écrit vers 1876. Elle est morte à quatre-vingt-quatorze ans, le 5 avril 1897.

s'est pas dégagée un seul instant de sa profonde obscurité. Elle a traversé les plus grands événements en se glissant entre eux sans en être aperçue. C'est donc la vie de mon âme qui se fera jour dans ces pages. Mais pourra-t-elle intéresser? Source qui s'était élancée bouillonnante, comme s'il s'agissait de former un fleuve, n'a-t-elle pas été s'enfoncer et se perdre aussitôt parmi les sables d'une destinée aride?

N'importe : je veux me revoir afin de me juger avec le regard dépouillé d'illusion, donné par l'expérience de soi-même, celle qui nous apporte avec elle les enseignements de l'humilité, lorsque nous avons le courage de soumettre notre passé au creuset de l'examen.

Enfin j'écris pour vous faire revivre, vous tous qui fûtes les guides ou les compagnons d'une carrière trop prolongée, puisque j'y ai marché en vous survivant, presque seule.

I

ENFANCE

Comment l'intelligence humaine, qui veut tout pénétrer, se voit-elle forcée de s'arrêter en présence d'elle-même? Comment ne peut-elle se rendre compte ni de son inertie à sa naissance, ni de ce qui vient l'éveiller peu à peu en créant ainsi la mémoire?

Mais tandis que la vie est si lente à formuler le souvenir, pourquoi souvent des points infimes viennent-ils s'imprimer les premiers sur la page

blanche qui va se couvrir plus tard du reflet de
tant de sérieux événements?

Je vais essayer de ranimer quelques-unes de ces
étincelles primitives, recouvertes de tant de cendres.

Je fus le premier enfant de mon père et de ma
mère. On me mit en nourrice hors de la maison,
comme cela se faisait alors sans exception ; mais
on ne m'abandonna point. Une fille de prince
n'eût pas été plus choyée, dans son palais, que je ne
le fus dans mon humble logement au faubourg
Saint-Cyprien. Grands-pères, grand'mères, oncles
et tantes, cousins et cousines, et jusqu'aux amis
et simples connaissances, venaient visiter cette
petite fille vêtue, selon la coutume assez générale,
avec les robes d'indienne et les béguins de basin
des pauvres gens. Le carrosse de ma grand'mère
d'Avessens prenait ce chemin tous les jours, et
les piétons semblaient se multiplier à cette porte
étroite.

Pourquoi cet empressement? Ah ! c'est que ma
mère, abandonnant son enfant au berceau, avait
été bien loin ! — à Paris, et pour longtemps ! afin
d'essayer de sauver cette fortune, le Canal, rendu
par le séquestre et que l'État prétendait reprendre
avec ses longs bras. Rosalie (c'est-à-dire Mme de
Villeneuve) seule, pensa-t-on, pouvait essayer de
soutenir la lutte. Il n'y eut qu'un cri dans toutes
les branches Bonrepos pour réclamer le secours de
son intelligente activité, qui, du reste, devait être
couronnée d'un plein succès.

Il fallait quitter mari, enfant, famille : toutes
les douceurs d'une heureuse vie de mariage, à
l'aurore de ses beaux jours. Mais comment

eût-elle hésité, elle, la femme du devoir et du sacrifice? Alors, tous ceux qui l'aimaient se rejetèrent vers la petite créature délaissée, que sa mère, en la quittant, avait pressée héroïquement dans ses bras, sans pleurer, car les larmes eussent affaibli son courage.

L'enfant, seule, ne se doutait de rien et ne pouvait se dire de combien de marques de tendresse les premiers commencements de son existence se trouvaient privés. Je fouille en vain dans ma mémoire : rien ne me rappelle cette longue absence durant laquelle je fus une enfant sans mère. Il est vrai que j'en avais une autre en ma grand'mère, qui unissait ainsi deux générations dans un même amour et s'y laissait aller, penchant son cœur vers moi, avec l'adoration des grands-parents pour leurs petits-enfants.

Et moi, je l'ai aimée exceptionnellement dès que j'ai pu témoigner des préférences. Je crois me souvenir que c'est sur son visage, si tendre, que se sont arrêtés mes vagues et premiers regards.

J'avais deux ans et quelques mois au retour de ma mère. Je ne m'en souviens que par ce qu'on m'en a raconté. Je parlais néanmoins (une de mes tantes prétendait que j'ai toujours su parler), je manifestais tous mes désirs, toutes mes volontés ; j'aimais les uns, je repoussais les autres et de petites passions agitaient déjà mon cerveau, mais sans y laisser encore la moindre trace.

Un jour, la lumière se fit. J'ai vu ! j'ai entendu ! J'avais trois ans. On me dit qu'on allait me montrer une *petite sœur*. Me tenant par la main, Mlle Lefranc, ma bonne, dit à une femme : « A présent qu'il y en a *une autre*, on va bien moins aimer celle-ci. » Je relevai fièrement la tête et j'entrai courroucée dans cette chambre où l'on me présenta une créature qui criait. Je repoussai cette usurpatrice d'un geste menaçant. C'est de cette façon que ce *Caïn* fit connaissance avec son *Abel*, qu'il devait tant aimer !

Après cet éclair, qui marque un véritable événement, il en revint bientôt un autre, — un rien, cette fois ! D'où vient que je m'en suis toujours souvenue ? Nous étions en voyage. On s'arrêta chez des amis dans une maison de campagne. Amis, salons, jardins, tout s'est effacé comme ce que l'eau réfléchit un instant. J'aperçois seulement au fond d'un corridor une lucarne. Une araignée y tend sa toile qui grandit, qui grandit ! Au centre, une mouche s'agite et fait entendre ce qui doit être son cri de détresse. Le soleil dore ses pauvres ailes emprisonnées, qu'un fil impitoyable enserre de plus en plus, parce que le monstre travaille sans se détourner un seul moment ; puis il s'avance. La mouche redouble ses efforts, se débat, crie et se tait. Moi, je regarde toujours et quelque chose qui ressemble à la peur m'a saisie. Ah ! c'était la mort qui venait de m'apparaître pour la première fois, et la mort violente, donnée par une créature à une autre créature.

Comment l'image de ce qu'il y a de plus épouvantable à l'homme a-t-elle été révélée à mes yeux à peine ouverts par deux insectes ?

Peu à peu les pas de ma compréhension se pressent. Je vois dans le jardin de l'hôtel d'Avessens un petit garçon vêtu d'une robe de petite fille tout comme moi et qui tend la main vers un joujou que je lui cède : c'est Eugène de Palarin, fils de ma tante Alexandrine, celui qui, dès ce jour, fut le compagnon de mes premières années et destiné à devenir l'ami, hélas ! si tôt pleuré, de ma jeunesse !

Ma tante Alexandrine bientôt se montre elle aussi, et je me souviens de l'impression admirative éveillée par sa beauté.

Alexandrine s'était mariée un an après ma mère, à dix-neuf ans. Elle avait épousé M. de Palarin, émigré, rentré en même temps que mon père. Était-ce l'attraction de sa jolie figure de madone qui me précipitait si souvent dans ses bras? Peut-être. Mais c'était plus encore le regard de ses beaux yeux qui me cherchaient si tendrement ! Elle a tant aimé la fille de sa sœur que mon enfance a pu croire qu'elle avait partagé également, entre son fils et moi, son affection maternelle.

C'est ainsi qu'on savait aimer dans la famille d'Avessens. Les sentiments semblaient s'y mettre en commun pour en multiplier les jouissances. Jamais un mouvement de jalousie ne se glissait entre ces nobles cœurs pour les désunir, même lorsqu'on plaçait les enfants à côté les uns des autres. Les grâces de l'un, l'intelligence de l'autre excitaient la fierté de tous. Mères, les femmes de cette famille étaient demeurées ce qu'avaient été les sœurs. Et telles elles sont restées jusqu'à la fin, traversant ainsi les écueils, où viennent trop souvent échouer ces affections qui, primitivement rapprochées sur le même arbre comme les jeunes rameaux, se divisent en branches et se disputent bientôt l'air et le soleil.

Maintenant, autre tableau, mais avec un cadre agrandi.

Nous voici à Aguts, Eugène et moi, dans une grande salle, assis à une table, non loin d'une autre table, où il y a tant de convives que ma science de quatre ans et demi ne suffit pas à les compter. Une femme vêtue de blanc, ayant une couronne sur la tête, est placée au milieu. Mon oncle d'Avessens chante une chanson dont le refrain est resté dans ma mémoire. C'est la noce de ma tante Laure, devenue, ce jour même, Mme de Léaumont.

Ma tante Laure était loin d'être jolie comme ses sœurs. Aussi s'était-elle mariée la dernière et à l'âge de trente ans. Mais elle avait les qualités essentielles des femmes de la famille et le genre d'esprit des d'Avessens.

Cette noce me fait faire de nouvelles connaissances, toujours dans « mon souvenir ». D'abord, mon oncle d'Avessens, avec son air à la fois sévère et doux, vers lequel j'ai fait si souvent un pas en avant, suivi presque aussitôt d'un pas en arrière, tant je me rendais peu compte s'il devait m'inspirer confiance ou crainte, impression qui ne s'est jamais complètement effacée. Ah ! son âme si belle et si généreuse s'est dévoilée à moi, plus tard, par des bienfaits !

Puis (encore autour de cette table), je vois la première femme de mon oncle, celle que j'appelais ma tante Émilie : une sainte ! Puis deux toutes jeunes filles, mes cousines de Saint-Germier. Puis, dominant tout avec sa majestueuse tête, malgré sa petite taille, mon grand-père d'Avessens. Et, enfin, ma bien-aimée grand'mère.

Ce fut en quelque sorte mon premier séjour au château d'Aguts, celui du moins dont je peux me souvenir.

Aguts était un vieux manoir, présentant, comme tous ceux du pays de date ancienne, une grosse masse carrée perchée sur un haut coteau, et, de là, défiant la vallée et la plaine. Une porte sous une voûte profonde conduisait à une triste cour, dont les fenêtres étaient les seules, « au moyen âge », qui vinssent dispenser l'air et le jour ; les murs des quatre façades extérieures se dressaient sans aucune ouverture, afin de ne laisser passer ni flèches, ni projectiles, lancés par les engins.

Des terrasses avancées qui surplombaient sur la contrée servaient de postes aux défenseurs de la forteresse. Une immense citerne abreuvait la garnison.

Du sommet de ce pic, Aguts regardait Mongeai, son voisin, et bien d'autres châteaux qui, tous, avaient plus ou moins guerroyé autrefois entre eux.

Mon grand-père, avec la simplicité de ses goûts, ne s'était pas hâté d'introduire le luxe nouveau dans son vieux castel, qu'il songeait, d'ailleurs, à reconstruire en partie, lorsque survint la Révolution. En y rentrant, après huit ans d'absence, on retrouva donc intacte la trace des temps antiques. Ce château, on le voit, était loin d'être beau. De plus, sa situation menaçante le privait de tout agrément de parc ou même de jardin. Mais, depuis que les quatre façades se sont donné des yeux, la vue est magnifique, planant sur de jolis petits vallons ombragés, allant chercher au loin Puylaurens, s'étendant enfin par une échappée jusqu'à la délicieuse plaine de Revel et même au delà.

Tel doit être encore aujourd'hui l'aspect du château des d'Avessens, abandonné depuis les premières années du siècle par les descendants de mon grand-père et dans lequel je ne suis rentrée qu'une fois, ayant vingt ans.

Mais, par une bizarrerie que je ne saurais expliquer, ce sont les souvenirs de l'enfant qui surnagent pour continuer à revoir Aguts. Je vais donc retourner à cet âge.

La personne que je cherchais avant toute autre dans ce château, c'était ma grand'mère. Je me souviens de sa chambre, de son fauteuil, sur lequel je grimpais pour atteindre à son cou. Alors s'échangeaient ces caresses de l'aïeule à la petite-fille, plus douces, s'il est possible, que celles de la mère à l'enfant. Telle est du moins l'impression qui m'en est restée. J'adorais ma grand'mère de façon à conserver d'elle un souvenir que je retrouve distinct après avoir dépassé son âge.

Il est vrai que ma mère aidait à cette préférence, voulant retrouver dans sa fille ce qui était en elle. J'ai compris ce sentiment. Il existe un rare degré d'affection, tellement dominant que l'on veut que cet aimant attire à lui tous les autres, qui ne vous viennent, en quelque sorte, que par un retour. Puis, ma mère jouissait peut-être de la faiblesse de « la grand'mère », parce que le rigorisme de ce qu'elle nommait « ses devoirs » lui interdisait à elle-même trop de laisser-aller. Car, à cette époque, l'éducation était demeurée grave et sévère. On eût craint d'amollir le caractère de l'enfant par d'excessives démonstrations de tendresse ; on eût redouté surtout que des préoccupations trop ostensibles ne vinssent transformer ces petites créatures en des idoles, qui finiraient par s'enivrer de leur propre encens.

D'ailleurs, le respect, à tous les degrés de l'échelle sociale, régnait en souverain. Voyant les têtes de son père, de sa mère s'incliner devant les grands-parents, soit pour écouter un conseil, soit même pour se soumettre humblement à une opinion, l'enfant ne songeait pas à relever hardiment la sienne lorsqu'il recevait un avis, ou bien quand il essuyait une remontrance. Les sentiments les plus vifs ne se dégageaient jamais de ces formes qui contribuent si puissamment à maintenir la famille.

Sortant de l'appartement de ma grand'mère, j'entrais quelquefois dans celui de mon grand-père. Là, les enfants ne pouvaient espérer aucune de ces gâteries par lesquelles le premier âge se laisse attirer. Cependant, lorsque le regard se fixait sur l'imposant visage qui se tournait vers le petit visiteur, l'instinct faisait deviner la bonté à travers la sévérité du front ; et, sans trembler, je me levais sur le bout de mes pieds pour atteindre à ce front. Une circonstance bien minime a gravé cet appartement dans mon souvenir. Je revois un bureau devant lequel mon grand-père était assis, comptant de l'argent. Il y avait des écus en piles et puis des sous épars. Je me souviens que je tendis la main vers les sous, en demandant quelques-uns, plus encore du regard que de la voix.

— Et qu'en feras-tu? me dit mon grand-père.

— Je les donnerai à ma bonne : elle dit qu'elle n'a point d'argent.

L'œil de mon grand-père devint caressant :

— Tiens, répondit-il, voilà pour elle.

Et il prit deux écus de six francs.

— Quant aux sous, ajouta-t-il, ils sont pour toi.

Toute rougissante, je saisis les écus d'une main, les sous remplirent l'autre, et je courus sans m'arrêter jusqu'à la chambre de Mlle Lefranc.

Non seulement je lui remis les deux écus, mais encore la monnaie de cuivre. Le nombre me paraissait l'emporter, malgré le brillant des écus.

— Cette petite fille mérite d'avoir de l'argent, dit mon grand-père.

Depuis ce jour, j'ai reçu de lui des pièces, grandes ou petites, et toujours il ajoutait :

— Gardes-en pour toi, mais après en avoir donné...

Il aurait voulu inoculer la générosité à tout le genre humain.

Je ne veux pas quitter Aguts, où je ne reviendrai plus dans mon enfance, sans mentionner mes *grandes cousines* de Saint-Germier : Eulalie et Céline, âgées alors de quatorze et onze ans. Mme de Saint-Germier était morte deux ans auparavant. Pauvre femme ! que d'angoisses l'auraient assaillie en fixant ses derniers regards sur ses filles, si sa mère n'eût été là !

Les orphelines ne quittaient pas le toit qui les abritait depuis longtemps déjà. Mme d'Avessens se refusa hautement à les exiler dans un pensionnat. Pour ses petites-filles, elle recommença la vie d'institutrice à plus de soixante ans. C'est elle qui forma ces cœurs et qui développa en eux les principes assurés et les piétés si vives qui distinguèrent plus tard ces deux jeunes femmes, mariées et jetées dans le monde à dix-sept ans.

Le nom de Mlle Lefranc — de ma *bonne*, a déjà pris sa place dans mes récits. Pourquoi ne lui consacrerais-je pas quelques pages? Elle n'a pas vieilli chez nous, mais elle a soigné avec amour mes premières années. Et je l'ai aimée avec l'énergie des affections du premier âge, semblables cependant aux petites mains qui laissent échapper si vite ce qu'elles ont saisi ! Au reste, sauf sa probité et sa passion pour les enfants (pour moi surtout), rien ne distinguait la pauvre fille. Au contraire, elle prêtait au rire — et l'on s'y livrait.

Ma mère l'avait prise à son service à Paris et l'avait trouvée dans la boutique de M. Dupont, pharmacien, dont je ne saurais oublier le nom tant Mlle Lefranc le répétait souvent !

C'était une Picarde venue de Saint-Quentin, je ne sais à quelle époque et qui s'était en quelque sorte cantonnée dans un coin de l'immense ville

Au physique, Mlle Lefranc avait l'air d'une grande haquenée dont les dents ne marquent plus, Son âge était problématique. Le visage repoussait les prétentions que conservait la mise. Durant l'hiver, elle arborait des bonnets tels quels ; mais, l'été, elle apparaissait en cheveux, c'est-à-dire en « perruque à la Titus » frisée à l'enfant, laquelle était retapée chaque matin sur une *tête en bois sculptée* qui lui ressemblait : même teint brun, mêmes petits yeux, même gros nez. Nous riions malicieusement, nous autres enfants, lorsque nous trouvions le moyen de la lui dérober et de la coiffer de son bonnet.

Affublée de ses cheveux d'emprunt qui simulaient si mal la nature, Mlle Lefranc portait des robes selon la mode du moment, étroites comme des fourreaux, qui faisaient ressortir sa taille disgracieuse et, par-dessus, s'étalaient avec prétention des camisoles blanches à manches courtes, d'où sortaient de longs bras noirs.

Hélas ! je l'ai vue danser à la fête du village en robe de mousseline claire, un bouquet à la main, et j'en ai pleuré, car on riait !

Mlle Lefranc avait l'accent du Nord ; c'est à cause de cela que ma mère me l'avait donnée pour bonne.

Quant à sa conversation, c'était un enchevêtrement d'idées et de mots, dont on ne savait comment retirer quelque chose de compréhensible ; d'autant plus qu'elle entreprenait de cette façon les récits les plus invraisemblables et qui, presque toujours, restaient inachevés. Mais, du haut de son français, elle regardait avec dédain les auditeurs subalternes qui, sans rien comprendre, demeuraient ébahis de ses chapeaux et de ses robes de dame.

Ce français, dont elle était si fière, nous mit d'abord assez désagréablement en présence. Je n'en entendais pas un mot ; à son tour, elle ne comprenait rien à mon *patois*. Nos tête-à-tête développèrent mes facultés. Je n'avais pas quatre ans et, non seulement nous conversions ensemble, mais je devenais l'intermédiaire pour adresser toutes sortes de questions saugrenues aux paysans que nous rencontrions dans nos promenades de campagne, lesquels se moquaient dans leur langue de ce qu'elle leur disait dans la sienne.

A la ville, très heureusement, on « l'entendait » ; car Toulouse était pour elle un labyrinthe où elle s'égarait toujours. Quand j'étais là, je lui servais de *fil*... Enfin, je venais sans cesse à son aide par tous pays, avec ma petite voix ou mes petites

jambes. Ces rôles de conducteur et d'interprète
ont contribué, je crois, à son adoration pour
moi.

Comme esprit, on ne pouvait pas dire que
Mlle Lefranc fût une bête : elle était niaise, —
niaise à la façon de la Parisienne du peuple, telle
qu'Henri Monnier représente sa portière, croyant
et disant avec un imperturbable aplomb des
absurdités qui feraient pouffer de rire le moindre
Toulousain pur sang, dont la fine et vive compréhension est toujours prête à se méfier ou à
railler.

Chère Mademoiselle Lefranc ! Vous étiez ridicule,
j'en conviens maintenant ; mais je ne saurais penser
sans attendrissement à vos soins affectueux. Je
me souviens de votre café au lait sentant le marc,
dont vous me faisiez de loin en loin une petite
part, m'induisant, il est vrai, à la désobéissance ;
de votre épais morceau de *molleton*, que vous appe-
liez *une pièce d'estomac*, dont vous vous dépouilliez,
le soir, pour en envelopper mes petits pieds en me
couchant et de ce sarment que vous apportiez,
le matin, caché sous votre châle, pour me réchauffer
en hiver — toujours, il faut le dire, en état de
contrebande, coupable ainsi de mauvais *exemple*
donné à mon enfance.

Mais il en était *un*, devant lequel tous les âges
auraient pu s'incliner : c'était votre charité sans
limites. Pauvre vous avez vécu ! pauvre vous êtes
morte ! pour avoir trop aimé les pauvres. Vous
avez travaillé pour le ciel, peut-être un peu comme
le Samaritain, sans le savoir. Mais sous l'égide de
l'Évangile, dont vous connaissiez assez mal le
texte, vous avez dû paraître devant le Juge

suprême, justifiée de votre ignorance par vos
œuvres.

Après les *mémorables* jours d'Aguts, la nuit recommence dans mon esprit. Je ne vois plus passer
en souvenirs que des bluettes, lorsque tout à coup
jaillit un soleil qui découvre à mes yeux un horizon immense et leur faiblesse n'en put supporter
la vue qu'un instant.

Ce n'est plus la salle d'un festin de noce qui vient
fixer mes regards... Une ville, Toulouse, est pa-
voisée de drapeaux ; des guirlandes décorent ses
maisons ; les places et les rues sont inondées d'une
foule qui tantôt se presse de façon que toutes les
têtes se touchent, et tantôt se disperse, heurtant,
renversant et s'écriant : « Il est là ! le voilà !... »
On m'a conduite à la promenade nommée le
Grand-Rond ; tout à coup, on se porte subitement
au bord du chemin public. Quelqu'un (je ne sais
qui) me prend dans ses bras et m'élève au niveau
de son front ; j'entends le pas cadencé des chevaux de guerre, les armes brillent, un escadron
passe ; puis, à quelque distance, viennent d'autres
chevaux richement harnachés, et j'entrevois les
dorures de brillants uniformes. Au milieu de ce
groupe, un homme se détache, le plus simple et le
plus petit. On me le désigne par ces mots : « Voilà
l'Empereur ! » Ah ! jamais ce visage ne s'est effacé
de mon regard. Je venais de voir Napoléon pour
la première et la dernière fois. J'avais cinq ans.
On était en 1808, immédiatement après son entrevue avec les princes d'Espagne.

Je savais ce que c'était que Napoléon, malgré
mon jeune âge. Ne disait-on pas aux enfants, d'un

air mystérieux et effrayé : « Ne parlez jamais de l'Empereur !... Ne répétez pas surtout ce que vous nous entendez dire ! » Et notre imagination, sans trop comprendre, demeurait frappée de terreur, comme si ce nom magique, seulement prononcé, eût été capable d'entr'ouvrir un abîme sous les pieds. Je me rappelle l'attention toute particulière qui s'éveillait en moi dès qu'il était prononcé.

Le matin même du jour où l'Empereur m'apparut — c'est bien le cas, comme un éclair ! car il me semblait que la foudre allait éclater sur son passage ! — j'avais saisi quelques paroles d'une conversation relative aux événements qui venaient de s'accomplir. Demeurée seule avec ma mère, mes questions la surprirent. La petite fille jouant dans son coin, après avoir écouté, semblait avoir réfléchi.

Alors, elle me raconta le *guet-apens* de Bayonne sans ajouter un commentaire, et me demanda ce que j'en pensais.

— C'est une indignité, lui répondis-je...

Un des actes les plus criminels qu'enregistrera l'histoire fut ainsi jugé par la conscience d'un enfant.

Mais l'âge reprend vite ses droits. Mon initiation aux questions politiques eut cependant un résultat. J'avais la passion des contes de fées : ma mère m'interdisait cette lecture et je me consolais en demandant à tout venant de m'en *narrer*. Voici le moyen qu'on employa pour se délivrer de cette importunité. « L'Empereur, me dit-on, venait de rendre un décret qui défendait de raconter des contes... » Je courbai la tête, avec toute la France, devant cette volonté suprême, sans oser protester.

Autre souvenir, un peu plus tard, toujours se rattachant à ma chère grand'mère.

Le jour de sa fête était venu : ses enfants, cette année, eurent la pensée de la célébrer d'une manière plus solennelle ; puis l'entrain de la jeunesse s'en mêlant, on agrandit le programme jusqu'à la comédie de société. Mon oncle d'Avessens prit feu malgré sa sauvagerie habituelle. Un théâtre fut dressé dans une grande salle au rez-de-chaussée, telle qu'il y en avait alors dans les beaux hôtels de Toulouse ; les rôles se distribuèrent : de vrais talents d'acteurs se découvrirent et toute l'aristocratie du monde toulousain fut conviée.

La dédicace de la fête consista en un petit prologue composé mystérieusement pour la circonstance, où le fils, les filles, les gendres de ma grand'mère devaient jouer un rôle, sans oublier d'y mêler les petits enfants, pourvu qu'ils puissent se tenir sur leurs jambes. Nous en étions là, Eugène et moi. Nous eûmes à prononcer trois ou quatre mots et nos fronts se baignèrent de sueur, tant il nous prit peur de ne plus les savoir lorsque nous nous trouvâmes debout sur les planches, en présence du *parterre!* Cela dit, nous allâmes nous jeter au cou de notre bonne grand'mère, puis nous prîmes place à ses côtés et nos yeux s'ouvrirent tout grands !

L'impression que reçut mon imagination fut si vive que je crois voir encore les figures de ces acteurs, tous disparus et morts, la plupart vieux et ridés. Je les revois, dis-je, frais, jeunes, souriant à la vie et aux plaisirs. La soirée se termina par la danse ; mais on envoya les *tout petits acteurs* dormir au son des violons qui montait jusqu'au dernier étage.

L'élan donné, on ne s'arrêta pas. La salle de spectacle de l'hôtel d'Avessens se remplit encore plusieurs fois. Ces divertissements n'allaient pas au goût et surtout à la vive piété de ma grand'mère. Néanmoins, elle n'en témoigna rien. On eût pu remarquer seulement qu'elle faisait précéder ces soirées de fêtes par de plus longues visites à l'église. Puis, après avoir écouté, applaudi, distribué autour d'elle des mots aimables qu'elle savait trouver et dire mieux que personne, elle se retirait bientôt sans bruit, alléguant à demi-voix la délicatesse de sa santé. Bien avant l'heure aussi, sa fille, Mme de Villeneuve, s'éclipsait et s'en allait achever sa veillée auprès du lit de sa mère, pour se plonger dans une causerie à elles deux, où, sans y songer, se dépensait plus d'esprit peut-être que dans ces salons si peuplés.

Ces fêtes, ces joies que l'on se plaisait à rapporter, comme un tribut de cœur, à cette mère bien-aimée, précédaient à peine une grande douleur

Frappée d'apoplexie à soixante-cinq ans, on vit en quelques jours cette femme si distinguée envahie par une paralysie soudaine, se métamorphoser en une statue de pierre immobile et dont l'âme s'en était allée là où elles vont, lorsque, devançant la mort, elles abandonnent un corps à qui la vie reste seule. Mystère que Dieu dérobe à notre connaissance.

Ses enfants accoururent, ma mère en tête. Elle s'établit à l'hôtel d'Avessens pour prodiguer des soins, qui ne furent, hélas ! récompensés ni par un regard, ni par un sourire. La main de la malade

demeurait inerte, pressée entre celles de sa fille
chérie ; et lorsque mes lèvres d'enfant venaient
toucher son front, rien ne passait sur sa physionomie. Alors, mes yeux regardaient avec un étonnement effrayé. Qu'était-ce que cette forme qui
lui ressemblait tant et qui n'était pas elle ? La
mort l'avait marquée de son sceau final.

Cependant, ma mère se posait comme si on pouvait la lui disputer. Son courage releva celui de
tous. L'œil fixé sur sa mère, Mme de Villeneuve
étudiait minute par minute l'effet des prescriptions médicales. Quand elles demeuraient tellement impuissantes que la science se refusait à les
continuer, elle levait les yeux plus haut et son
amour filial osait espérer un miracle !

Le soir, les portes de l'hôtel d'Avessens se fer-
maient, laissant entrer seulement les enfants qui
ne l'habitaient pas. La paralytique, roulée dans
son fauteuil, semblait présider encore la veillée de
famille. La conversation s'engageait à demi-voix,
comme s'il y eût eu un sommeil à ménager. Les
filles travaillaient à la lueur d'une lampe recou-
verte d'une gaze, comme si l'on pouvait craindre
de blesser des yeux délicats, — mais c'était pour
dérober sous des ombres ce visage si pâle ! Cependant, bien des yeux, animés par un amour plein de
tristesse, se tournaient vers lui. Quelquefois, les
lèvres inertes semblaient remuer. Alors les voix se
taisaient spontanément. On épiait un de ces mots
qui venaient si rarement et qui ne signifiaient rien
lorsque la langue avait réussi à se mouvoir. On
se groupait autour du fauteuil de l'infirme ; on lui
parlait, on lui souriait. Eugène et moi sortions du
coin où nos yeux s'exerçaient sans bruit et nous

attendions mieux qu'un mot : nous nous apprêtions à recevoir une caresse ; mais la paralysie
ne lâchait pas sa proie, même un instant.

L'heure venue, chacun s'approchait, prononçant
avec respect l'adieu du soir, sans signification pour
cette créature qui ne distinguait plus le jour de la
nuit. On ne l'abandonnait point, même pendant
un sommeil dont l'immobilité ressemblait à celle
de la tombe. Mon oncle d'Avessens et ma mère
se partageaient ces tristes veillées. Mme de Villeneuve les avait interdites à ses sœurs ; l'une d'une
santé délicate, l'autre nourrissant un enfant. Mais
elle !... Rosalie était forte, disait-elle. Forte? — oui,
en épuisant les sources de sa vie. N'avait-elle pas
commencé à l'user déjà, quelques années auparavant, durant la longue lutte engagée et soutenue
par elle pour sauver la fortune des Bonrepos?

Des semaines s'écoulèrent, même des mois. Le
troisième vit le terme de cette lutte engagée
contre la mort, durant laquelle la victime seule
demeura passive. Je n'avais pas sept ans ; mais
il n'y a pas une heure de la journée dont je ne
puisse me rendre compte. Je crois entendre les
coups de cette cloche, qu'on me dit être le glas de
l'agonie. Je vois le banc de gazon sur lequel j'étais
assise et près duquel on me fit agenouiller, dans ce
jardin dépouillé par l'automne, où l'on avait mené
les enfants pour les distraire et où je ne sais quelle
mélancolie inconnue ne me quitta pas un instant.

J'appris la mort de ma grand'mère la nuit suivante, réveillée par les sanglots de ma mère. Je
compris tout et je me mis à pleurer. Le lendemain,
des visages tristes m'apparurent et, parmi eux, le
visage désolé de ma mère. Le jour de la neuvaine,

on me conduisit, vêtue de noir, dans une église.
On me plaça non loin d'un catafalque et j'entrevois encore les images lugubres et les cierges
pressés dont les flammes tremblaient, tandis que
je tremblais comme elles.

Je ressens encore l'impression de ces chants funèbres que je n'ai jamais entendus depuis sans un
frémissement. Une année écoulée, le soir de la
Toussaint, on fut obligé de m'emmener, dès que les
vêpres des morts commencèrent avec ces accents
qui me firent tressaillir par leur réminiscence.

Ah! dans ce temps, on parlait trop peu du ciel
et trop au contraire des terreurs de l'autre vie.
Les rigueurs du jansénisme nous dominaient encore. Elles étreignaient, en les glaçant, ces cœurs
de chrétiens qui doivent être toujours prêts à se
réchauffer au foyer divin. On ne me disait pas
assez que ma grand'mère, si pieuse, si charitable,
avait quitté la terre pour aller au ciel.

De là vint cette répulsion que j'ai conservée,
si longtemps, en présence des aspects de la mort.
Ce qui dégage l'âme du corps, c'est l'amour confiant. Si j'avais pensé que ceux qui meurent
vont rejoindre un père et que ce père est Dieu,
si l'on m'eût dit qu'ils souriaient là-haut plus
joyeusement qu'ici-bas, si l'on m'avait appris à
interpréter les mystérieux chants de l'Église en
chants de triomphe, tout autant qu'en accents de
tristesse, ma jeune imagination eût pressenti par
instinct les consolations de l'âme. Et si ma
trop faible intelligence n'eût pu s'élever jusqu'aux
pressentiments des béatitudes des cieux, ma
croyance enfantine aurait rouvert les portes du
paradis terrestre pour y retrouver ma grand'-

mère et pour y chercher la place qu'elle me gardait auprès d'elle !

La douleur de ma mère fut immense. Elle avait un de ces cœurs si admirablement complets qu'ils peuvent suffire à plusieurs affections, atteignant chacune à la passion. C'est ainsi qu'elle aimait époux, enfants et mère.

Mais *passion* n'est pas le mot qu'il faut employer lorsqu'il s'agit d'une femme qui ne quittait jamais les régions de la raison et montait toujours avec elle là où l'on va chercher Dieu pour se prosterner devant son vouloir.

Elle se soumit donc au joug de la résignation qui lui fit accepter le labeur des devoirs. Son caractère, à lui seul, lui apprit à maîtriser l'expansion du chagrin.

Elle reprit, sans effort apparent, les leçons qu'elle donnait à ses deux filles. Le gouvernement de son ménage ne se vit pas interrompu. Ses journées se partagèrent, comme de coutume, entre les soins qu'elle prodiguait à tous : heures consacrées à ses enfants, à son mari, à son père, à sa belle-mère ; soirées de famille où son amabilité s'efforçait de reparaître, tandis que sa physionomie s'enveloppait d'une sorte de voile qui cachait un abîme de tristesse. Bientôt même elle retrouva des sourires pour répondre aux ébats joyeux des enfants. La nuit venue, tout son être se rejetait dans sa douleur. Je ne crois pas qu'elle pleurât ! Elle était au-dessus de la faiblesse des larmes ; je ne me rappe le pas lui en avoir vu verser. Mais, la nuit, à elle seule, la pensée, sous la forme d'idée fixe, rongeait son existence. Elle a avoué que pendant bien des mois le sommeil vint à peine fermer ses yeux. Le lendemain, rien ne trahissait en elle cette veille passée auprès d'une tombe.

Une telle énergie, opposée à une sensibilité si vive, amenèrent un choc qui dut faire ployer la nature. La longue et cruelle maladie à laquelle elle a succombé à un âge peu avancé et dont les germes commencèrent à se développer après la mort de Mme d'Avessens, a été attribuée aux fatigues d'esprit qui dévorèrent les forces de sa première jeunesse, et puis, aussi, à la violence de cette douleur filiale, trop héroïquement supportée. Cependant, il me reste encore à retracer des bonnes années pour elle.

Mais le château d'Aguts ne vit plus les réunions de famille. Mon grand-père, après la mort de sa vieille compagne, vieux lui-même, n'eut pas le courage d'y retourner. Il chargea son fils de régir son grand domaine et se fixa définitivement à Toulouse dans le ménage de sa belle-fille, qu'une déplorable santé confinait auprès de son foyer. En perdant la dernière des Bonrepos, l'hôtel d'Avessens, habité seulement par un vieillard et une femme malade, un homme retiré du monde, devint un corps sans âme.

Mes deux cousines de Saint-Germier avaient quitté ce toit maternel, l'une pour se marier à dix-sept ans, l'autre pour aller terminer son éducation dans un pensionnat.

Les soirées rassemblaient encore la famille autour de son chef, et quelques graves amis de mon grand-père venaient s'y mêler. Mais cette société de tous les âges, qui, jadis, tenait à honneur et à plaisir de passer dans ce salon pour rendre hommage à celle que chacunrespectait, aimait et recherchait, ne l'y trouvant plus, oublia le chemin d'une porte qui lui sembla s'être fermée pour ne plus se rouvrir.

Cette période de ma vie, terminée à ma septième année, m'initia par les larmes à la destinée hu-humaine : « Naître pour voir mourir ! »

II

SECOND AGE

Maintenant, les hommes et leurs œuvres, les objets animés ou inanimés, les événements grands ou petits, tout ce qui s'agite, tout ce qui se voit, tout ce qui vient éveiller la curiosité, allumer l'imagination, susciter le désir et soulever un tourbillon de pensée, — la vie enfin ! va s'ouvrir devant moi, allongeant chaque année la perspective de l'avenir, parce que l'âge a pris ses ailes pour aller à lui.

Avant de me rejeter dans notre intérieur de famille, je veux crayonner, à la façon d'une esquisse, la situation de la noblesse française en province, qui ne consistait plus, après la Révolution, qu'en individus isolés, rassemblés de nouveau sur un sol à peine raffermi, chacun ayant à se frayer un passage à travers les difficultés de l'existence particulière et publique.

Mais cette noblesse dépouillée de ses richesses se sentait grande encore sans elles. Et ce qu'on doit admirer dans la vieille aristocratie, c'est sa fierté vis-à-vis de la fortune. Les émigrés en ont offert le type le plus remarquable.

Nous les avons connus, ces ruinés ! Les uns, mariés, durant l'émigration, rentrés en France avec femme et enfants, habitaient, à la porte de leurs hôtels vendus, d'humbles logements loués. D'autres ramenaient de grandes filles parties fraîches et roses, revenant vieilles et fanées. D'heureux fils aînés, à qui l'avenir souriait tout brillant de prospérités, quand ils sortirent des demeures féodales dont ils devaient hériter, s'étaient vus réduits, au retour, à se confiner dans une ferme échappée à la spoliation, tandis que *l'acquéreur national* trônait dans le château. D'autres, enfin, durent s'exiler de leur province, où pas un pouce de terrain n'était resté en leur possession et se retrouver errants comme sur la terre étrangère.

Et les cadets? — ces officiers, ces marins, ces chevaliers de Malte, dont la première jeunesse avait dévoré la mince légitime, sans qu'ils en prissent alors le moindre souci, grâce à la carrière qui devait les conduire jusqu'à la vieillesse? Hélas ! le foyer commun et la table de famille ne leur gardaient plus la place à laquelle ils avaient droit jadis, à tous les âges. Le château manquait ; ou bien le gentilhomme assez heureux pour y rentrer n'était plus ce riche *aîné* que le cadet pouvait sommer de continuer le père.

De quoi vivaient-ils donc, ces cadets de deux générations, sans feu ni lieu? On ne le savait pas positivement. Des bribes de fortune retrouvées, de modiques pensions provenant de parents moins gênés pourvoyaient sans doute aux frais indispensables d'entretien et au loyer d'une chambre dans quelque rue peu fréquentée.

Une femme de ménage balayait, rangeait et

mettait un peu d'ordre dans les demeures de ces célibataires sans argent. Souvent, des fleurs en vases égayaient la vue. Quelquefois, une cage d'oiseaux réjouissait l'oreille. Chez les *jeunes*, des livres empruntés se montraient épars : la littérature nouvelle y tenait une large place. Les vieux lisaient moins ; quelques-uns ne lisaient pas du tout. Alors, fleurs, oiseaux et chiens envahissaient sans mesure ces appartements si tristes, afin d'en chasser un peu l'ennui.

Un tailleur ignoré rajustait les habits susceptibles de restauration ou confectionnait les neufs dont on lui fournissait le drap, pas trop fin, acheté en marchandant à outrance, selon l'usage du temps, entre chalands et boutiquiers. Le cordonnier était celui du coin et son cuir se recommandait principalement par son long usage.

Cependant, ainsi vêtus et convenablement, par suite de la simplicité des costumes et des mœurs, on voyait ces revenus de l'exil se présenter sans vergogne. Car l'accueil de tous allait au-devant d'eux. Pouvait-il en être autrement entre frères d'armes plus ou moins blessés sur le champ de bataille de la fortune? Ceux qui s'étaient relevés, « encore valides », s'empressaient de tendre la main à leurs infortunés camarades.

Dans la plupart des maisons d'où la gêne avait été chassée par le recouvrement des biens non vendus, il y avait toujours quelques couverts dressés pour les amis sans pot-au-feu. Le luxe, banni de partout, s'était réfugié aux cuisines avec abondance et bonne chère.

On dînait à deux heures, là où le progrès commençait à s'introduire ; mais, dans les hôtels où se trouvaient les douairières et de l'argent, on s'en tenait encore au vieil usage de midi, suivi d'un souper où prenait place qui voulait.

Les chevaliers, vicomtes et barons (on leur rendait dans les salons ces titres abolis) savaient donc presque toujours où aller dîner, où aller souper et personne n'eût eu la pensée de voir en eux des parasites. D'ailleurs, en remontant aux mœurs d'autrefois, n'étaient-ils pas *invités-nés*, ces célibataires qui semblaient n'avoir à s'occuper que du soin de plaire en se laissant aller au courant de la vie? Hélas! l'âge et la Révolution avaient blanchi ou fait grisonner bien des têtes et une teinte sombre aurait dû s'étendre sur bien des esprits, jeunes ou vieux. Mais leur sans-souci, mélangé d'élévation de sentiment et de légèreté de caractère, cherchait à ne pas regretter, à ne pas s'inquiéter. Demeurer gais et calmes, pourvu qu'il leur restât le vivre et le couvert, tel semblait être le partage de ces *philosophes sans le savoir*. Ils étaient fils de ces Français de vieille roche, que l'on trouvait toujours prêts à jeter l'argent à pleines mains lorsqu'ils le possédaient, à le fouler aux pieds s'il eût fallu salir un peu ses doigts pour le prendre et à s'en passer fièrement quand la fortune venait à les trahir.

Les sociétés nombreuses ou restreintes accueillaient ces commensaux en se les disputant. Le chevalier était si aimable! Le baron comptait comme un si précieux partenaire au whist! Et le vicomte avait une gaieté si communicative que le cercle tout entier allait se mettre en train.

Quand venait la dispersion des salons à l'époque

de la saison de la campagne, on ne se séparait cependant pas tout à fait de ces amis, qui vous appartenaient d'autant mieux qu'ils n'avaient ni femmes, ni enfants, ni châteaux pour vous les disputer.

Chacun de ces isolés se hâtait de fuir la ville, devenue un désert. Avec les brises de l'été ou par tous les vents d'automne, on les voyait prendre leur vol et s'abattre chez le frère, chez le neveu, chez le cousin et tout autant, au moins, chez les amis. L'amitié tenait une si grande place dans les relations de gentilhomme à gentilhomme ! Les châteaux devenaient tout naturellement les hôtelleries des voyageurs, lors même qu'ils n'étaient pas le but de leur voyage. On y arrivait comme on pouvait, à une époque où les chemins vicinaux se confondaient avec les fossés qu'ils côtoyaient.

Mais le cheval rendait d'immenses services, portant tout ensemble le cavalier et son bagage. Après un trajet de plusieurs heures, le cavalier, mettant pied à terre, poussait sa monture vers les écuries, secouait ses bottes poudreuses, ou les livrait couvertes de boue à la brosse d'un palefrenier ; puis il entrait, la tête haute, soit à la cuisine, en hiver, pour se sécher, soit au salon, en été, pour y trouver de la fraîcheur. Là, un accueil plein d'empressement l'attendait quand il était aimable ; un accueil encore obligeant, lorsqu'il ne l'était « point » et qu'une exclamation peu flatteuse, retenue à temps, avait failli suivre son apparition. Mais il s'agissait d'un émigré ; sa position lui donnait bien des privilèges !... même celui d'ennuyer. Car, ils n'étaient pas tous *charmants*, ces émigrés emportés comme par une trombe de tous les coins de France et qu'un coup de vent contraire venait d'y ramener.

Il y avait de vieux officiers qui en étaient encore à raconter leurs histoires de garnison, la tête plongée dans les souvenirs de jeunesse.

Il y avait des campagnards, vieux garçons enlevés subitement du castel où ils vivotaient depuis tant d'années, et partis pour découvrir tout d'un coup, avec ahurissement, combien le monde est grand. Puis, on se heurtait à l'homme borné de tous les âges, capable de parcourir l'Europe sans sortir de lui-même. Puis, enfin, s'offrait en bloc tout ce qu'il y a d'imperfections, d'inconséquences et d'incohérence dans l'humanité. La société rassemblée par l'exil avait ainsi présenté, comme ailleurs, le mélange des êtres les plus disparates.

Mais, en opposition à ces émigrés dont on riait ou qu'on supportait par dévouement, il en existait un grand nombre en qui se rencontrait l'amabilité dans toute sa floraison. La province, rapprochée de la Cour sur cette terre étrangère, avait recueilli cette émanation légère de l'esprit, qui s'envole de la conversation, pareille à la poussière fécondante de la fleur.

Bien des gentilshommes, au retour de l'émigration, se trouvèrent en quelque sorte transformés de *fleurs simples* en *fleurs doubles*. On les comptait principalement dans une catégorie d'émigrés qui fut la plus nombreuse, celle des jeunes cadets de famille, dont les pères et mères, demeurés en France, avaient évité la confiscation des terres. L'abolition du droit d'aînesse et des substitutions attribua à ces cadets, à leur retour dans leur patrie, une part d'héritage bien supérieure aux minces légitimes d'autrefois.

Ils avaient donc bénéficié de la Révolution et ne l'aimaient pas mieux pourtant. Les filles participant aussi à ce nouveau mode de répartition de fortunes, il en était résulté des mariages, qui multiplièrent le nombre des familles.

Enfin la noblesse, dans ce nouveau rassemblement, présentait à l'observation encore une troisième catégorie, composée des chefs de famille qui n'avaient pas quitté le sol français, avec les enfants demeurés auprès d'eux. Ceux-là reflétaient les principes de leurs parents, tandis que d'autres, nés pendant la Révolution, s'apprêtaient à puiser leurs idées bien plus dans l'avenir que dans le passé.

Ces différentes classes réunies recomposèrent l'ancienne noblesse française, que les lois du régime impérial ne reconnaissaient point, tout en essayant d'en constituer une nouvelle. Il fallut les privilèges incontestables de la gloire militaire et leur consécration accomplie par la justice de la vieille royauté à son retour en France pour lui donner, à cette noblesse, droit de cité dans l'édifice aristocratique, où l'épée a toujours eu sa place.

Maintenant, je vais montrer en action la société de province qui, plus que toute autre, demeura fidèle à ses souvenirs sans cependant y parquer son intelligence. On verra ce qu'il y a eu d'instruction et ce qu'il s'est découvert de capacité dans ces gentilshommes devenus des pères de famille et retirés, durant la plus grande partie de l'année, sur des domaines dont ils surveillaient la culture, se consacrant à l'éducation des enfants, s'occupant du bien-être des paysans, sans négliger

tout ce qui peut étendre l'esprit et ses connaissances.

Ce monde du commencement du siècle — mes
premiers pas l'ont rencontré à Toulouse, à Aguts.
Je vais maintenant le chercher au château d'Hauterive ; et mes impressions, prenant avec l'âge la
forme de l'observation, me permettront peut-être
de rendre l'apparence d'un corps à cette ombre
qui se perd déjà dans l'éloignement.

Le comte Louis de Villeneuve, le charmant
émigré du clan de Constance, à son retour en
France, se trouva placé parmi les cadets ayant
femme, enfants, un château et un héritage.

Je n'ai pas encore parlé de mon autre grand'-
mère. Mais, par une triste insuffisance de la mémoire primitive, je ne l'ai retrouvée que vaguement dans les souvenirs du matin de ma vie. Désormais, elle y prendra sa large place, et pour bien
des années, c'est-à-dire jusqu'à sa fin.

Mon grand-père de Villeneuve était mort presque
subitement, peu de mois après ma naissance. Sa
fortune se trouvait confondue en partie avec celle
de sa femme, beaucoup plus considérable. Le caractère généreux de ma grand'mère se montra
dans ce partage : elle voulut distribuer aussi la
sienne à ses trois enfants, se réservant des pensions
inférieures à ses droits. Hauterive, par suite du
refus de l'aîné de la famille, devint le lot de mon
père, moyennant de fortes redevances à sa mère
et à ses frères. Ma grand'mère prit des arrangements pour vivre avec nous, soit à Toulouse, soit

dans ce château où s'étaient écoulées tant de belles années de la femme du monde.

Mais était-ce bien elle qu'on y retrouvait? Plus de paniers, plus de poudre : une simple robe de soie puce un peu gonflante qui se rapprochait ainsi, avec sa taille longue et ses manches plates, des modes d'autrefois ; *un tour de cheveux faux* sous un chapeau modeste, ou bien un bonnet avancé sur le front — telle s'offrait aux regards la femme âgée que chacun s'empressait de saluer et qui rappelait néanmoins la grande dame par la noblesse et l'aisance de ses attitudes, soit qu'elle se levât pour aller au-devant du visiteur, soit qu'elle l'attendît en s'allongeant sur son canapé défraîchi.

Pauvre salon d'Hauterive, remeublé tant bien que mal après les avaries de la Révolution ! Un papier fond blanc, orné de *cœurs verts* enguirlandés, remplaçait les riches tentures : point de pendule sur la cheminée ; des rideaux de grosse percale aux fenêtres ; et, toutefois, çà et là, quelque chose qui surgissait du passé, telles que de merveilleuses tapisseries au petit point, ouvrage de la châtelaine, montées sur des bois de fauteuils rappropriés par une peinture. Sauf l'argenterie, le linge et la batterie de cuisine que des cachettes avaient mis à l'abri du pillage, le mobilier du château avait été la proie des fermiers de la nation. Il en restait quelques débris épars, voilà tout.

Ma grand'mère ne semblait pas s'apercevoir de ces changements. Il y avait eu tant d'autres sacrifices à faire ! Elle aurait rougi d'égarer ses regrets jusqu'à des objets qui ne rappelaient qu'un luxe dont on se sentait presque fier de savoir se passer.

Ma grand'mère, d'ailleurs, avait mêlé bien des

idées graves à celles qui, jadis, papillonnaient
dans son esprit. Sous l'empire d'une piété de cœur
qui prit une large place dans ses habitudes, elle
rompit complètement avec les plaisirs bruyants,
revenus après les mauvais jours. Mais, quoique
détachée de ce que l'on nomme le *monde* et donnant
une partie de son temps à la prière, aux lectures
pieuses, aux cérémonies de l'Église, elle ne pouvait
néanmoins se sevrer de la société, de son mouvement, de son bruit, de ses conversations. Il lui
fallait, enfin, un *salon* soit chez elle, soit chez ses
amis. Une matinée lui paraissait d'une longueur
interminable, si les visites à rendre ou à recevoir
ne l'absorbaient en partie. Elle supportait péniblement une soirée sans une table de whist et les
causeries de la veillée.

Que de choses à se raconter, le matin, entre
allants et venants ! Que de menus propos à échanger durant les longues heures du soir, lorsque les
fauteuils se rapprochent du foyer ! Tels étaient
les plaisirs des réunions surnommées « sérieuses ».
Quelques femmes de la génération de ma grand'-
mère, ayant retrouvé leur fortune, en faisaient
jouir leurs contemporains en ressuscitant les salons.

Ces salons (quand ils n'avaient pas à concourir
avec des soirées organisées pour la jeunesse) rassemblaient tous les âges, malgré l'attitude imposante de leurs présidentes — les douairières. Et
c'était là que se conservait la déférence due à la
vieillesse, c'est-à-dire à la science de la vie. Mais,
dans l'esprit des hommes et des femmes de l'ancien régime, il y avait tant de réminiscences d'autrefois, toujours prêtes à revenir *sur l'eau* malgré

le passage des flots pesants des années de malheur, que cette vieillesse ne se montrait ni morose, ni rigide.

Dans ce milieu, Mme de Villeneuve se retrouvait elle-même, questionnant, racontant, s'intéressant à tout, depuis la politique, sans s'y arrêter, jusqu'aux nouvelles, aux anecdotes, aux caquets, sans s'y trop attarder, — apportant aux grandes et aux petites choses une curiosité continuellement éveillée, mais prête à fermer ses oreilles au moindre propos méchant. On peut dire qu'elle était presque toujours la dernière à savoir un scandale et surtout la dernière à y croire.

On comprend qu'avec ce caractère et ces goûts, ma grand'mère se sentît peu d'attrait pour la simple « vie de famille ». Aussi secouait-elle autant que possible le joug des nouvelles mœurs qui commençaient à s'introduire dans la plupart des intérieurs.

Néanmoins, quelquefois, par suite d'un événement qui fermait momentanément un de ses salons accoutumés, le petit cercle l'enserrait forcément. Alors, elle étouffait en quelque sorte sous la pression de l'ennui et, se tâtant le pouls, se déclarait malade. Mais son fils et sa belle-fille savaient employer le remède au mal. On venait lui proposer l'organisation d'un dîner. Une liste passait sous ses yeux, un menu était soumis à sa sanction. Elle souriait d'avance aux convives choisis parmi ses amis ; puis, gravement, elle discutait sur le choix de telle entrée, proscrivait sans appel tel hors-d'œuvre et conseillait d'un ton d'autorité un entremets du goût le plus fin. Sortant de cette séance, Mme de Villeneuve ne se souvenait plus de ses maux : le dîner en perspective l'avait ressuscitée. Charmante, le moment venu, elle demeurait bien des jours sous l'empire du bon souvenir.

La campagne plaisait moins à ma grand'mère que la ville. Cependant, grâce aux habitudes de sociabilité qui s'étaient conservées, les châteaux avaient leur animation. Dès que la belle saison repeuplait Hauterive, voisins et amis s'empressaient d'accourir. Castres et ses environs en fournissaient un grand nombre ; lorsqu'on ne venait pas de loin, on arrivait à pied ; et quand la distance ne permettait pas cette promenade, les hommes la franchissaient au trot de leur cheval ; ou bien ils allaient s'empiler, avec les femmes, dans des voitures légères qui se tiraient, cahin-caha, des cahots et des ornières.

On avait rapporté d'Allemagne des modèles de véhicules appelés *trousquis*, lesquels ont fait le bonheur de ma génération dans sa jeunesse. Celui de mon père consistait en une longue et large banquette posée sur des roues, abritée par une espèce de toiture en toile cirée, mais préservée très imparfaitement des pluies horizontales par des rideaux de coutil. On tenait, en deux rangs, huit ou dix sur cette banquette, y montant de tous côtés, devant, derrière, et prenant les enfants sur les genoux. Puis, lorsque la machine se mettait en mouvement, on tombait les uns sur les autres, se retenant au bras, à l'épaule, même au cou du voisin, au risque de l'étrangler. Et c'étaient des rires qui ne se calmaient que pour recommencer à chaque secousse ! Grâce à ce moyen de locomotion, rien ne paraissait infranchissable et si l'on venait à *verser*, c'était si doucement et de si bas, qu'on se relevait sans une meurtrissure. Je dois dire qu'au terme du voyage chacun se trouvait passablement moulu ; et j'ajouterai que les gens âgés se gardaient d'affronter cette étrange voiture. Mais la jeunesse se précipitait pour y grimper et les enfants s'y posaient comme des oiseaux sur une branche.

Ma grand'mère, quoiqu'elle fût restée en possession de sa vieille berline, sortait rarement d'Hauterive. Les femmes âgées, se souvenant encore de l'ancien régime, attendaient, comme les reines, qu'on vînt à elles.

Leur salon était la cour où elles régnaient, même lorsqu'elles ne gouvernaient pas et telle était la position de ma grand'mère. Le château d'Hauterive (on l'a dit) appartenait à son fils, et l'empire de l'intérieur avait passé aux mains de sa belle-fille. Jamais belle-mère ne fut traitée avec plus d'égards, de soins et de respect. A table, au coin de la cheminée, partout enfin, elle occupait la première place. Ma mère s'étudiait à dissimuler son omnipotence, sans lâcher néanmoins les rênes qu'elle tenait d'une main ferme, parce que sa raison lui disait que tel devait être l'ordre à établir ; mais, au point de vue « honorifique », elle se plaisait à promener la *reine mère* sur le char du ménage, entourée de feuilles et de fleurs.

Les métaphores mises de côté, on peut dire que tous les soins de la vie commune convergeaient vers cette mère, qu'il fallait amuser pour la rendre heureuse ; et puis aussi pour recueillir en échange une reconnaissance qui se traduisait en une charmante humeur et s'épanchait si facilement en bonté.

La bonté formait le fond du caractère de ma

grand'mère ; et peut-être aimait-elle le monde
parce qu'elle y trouvait mille occasions de la manifester. Quel accueil bienveillant pour tous ! Que
de mots gracieux adressés aux gens qu'il fallait
mettre à l'aise et quel désir d'être utile ! Sans
cesse elle allait au-devant d'un service à rendre,
par une provocante question. Sa curiosité avait
presque toujours pour motif l'amour de son prochain, ne fût-ce que par cette charité qui se dé-
pense en paroles : menue monnaie qui lui servait
à racheter bien des médisances dont elle n'était
pas coupable, mais effaçant de son mieux l'œuvre
d'autrui.

Aussi la recherchait-on avec empressement ; et
la mission que s'étaient donnée mon père et ma
mère de chasser l'ennui autour d'elle se trouvait
simplifiée. Dès qu'on entendait dire dans le pays :
« Mme de Villeneuve est à Hauterive !... » de loin
comme de près on accourait, confondant le plaisir
avec le devoir. Il est vrai qu'on espérait rencontrer
dans le château sa belle-fille, cette femme d'une
nature tellement exceptionnelle que chacun semblait s'enorgueillir de reconnaître sa supériorité :
hommage rendu à ce qui plane. L'envie elle-même
s'incline, lorsqu'elle comprend qu'elle ne saurait
atteindre si haut.

III

VIE DE CAMPAGNE

Les existences de campagne, après la Révolution, gardaient encore la tradition d'autrefois.
Ce n'étaient pourtant plus des seigneurs recevant

des seigneurs ; mais, dans la plupart des châteaux,
des amis attirant des amis, avec la simplicité
des fortunes médiocres. Telle était la position de
mes parents. La vie que l'on menait à Hauterive
en donnera un spécimen. On avait pu conserver
un assez grand nombre de domestiques, par suite
de la modicité des *gages* ; cependant le personnel
de la maison se voyait diminué de plus de moitié.
Le cuisinier tenait bon, la table ayant résisté
seule aux réformes, du moins quant à l'abondance.
Une servante faisait les gros ouvrages. L'emploi
de maître d'hôtel s'était éteint avec le vieux
M. Vehier. L'ancien cocher, Saint-Louis, malgré
sa perruque blanche (car il se croyait obligé d'en
porter une de la nuance assortie à son âge), avait
encore de bons bras pour tenir les rênes. Eût-il
été infirme, il aurait également gardé sa place à
vie, sans en exercer les fonctions ; tout comme la
vieille femme de chambre de ma grand'mère,
Mme Duras, qui soignait ses rhumatismes dans
une des plus vastes chambres du château. Un
jeune domestique pris au village suffisait au travail intérieur, très simplifié parce qu'il n'y avait
rien à cirer, que le soin de l'argenterie consistait
à la passer à l'eau de vaisselle, que les femmes de
la maison faisaient le service des chambres et
qu'en définitive, les maîtres (les jeunes du moins)
se passaient de bien des choses.

Ce service, quant à celui des appartements, était
très réduit : de grands coups de balai donnés sur
les carrellements, quelques cruches d'eau dans les
cabinets de toilette, les couches secouées au plus
matin... Il n'y avait même pas à brosser les fauteuils : la plupart étaient en paille, quand il y

avait des fauteuils et qu'on ne se contentait pas
de simples chaises. Les vieux lits à l'ange présentaient leurs garnitures de perse défraîchies ; les
fenêtres, pour la plupart, étaient veuves de rideaux. La chambre de ma grand'mère seule avait
hérité de la Révolution et retrouvé un beau lit
à la polonaise avec sa serge de soie jaune assez
conservée, surmonté de quatre panaches de plumes
blanches, pas trop mangées des vers. Comme
nouvelle mariée, ma mère s'était vue gratifiée d'un
lit en noyer forme Directoire, drapé de percale,
luxe du moment. On rencontrait aussi, çà et là,
quelques commodes et tables ancien régime,
retrouvées à peu près intactes.

Ma mère, ses deux enfants et mon père étaient
servis par Mlle Lefranc, à laquelle on adjoignait
une couturière qui l'aidait à entretenir le linge et
à confectionner les toilettes. Les jeunes femmes,
à la campagne, ne portaient que des robes de toile
peinte et, pour les grands jours, des robes de
mousseline qu'elles ornaient, lorsqu'elles étaient
adroites, de quelques broderies. La soie demeurait
l'*apanage* des villes et du monde.

Quant aux petites filles, telles que ma sœur et moi,
l'indienne les vêtait, de couleur sombre en hiver,
de couleur claire en été. Lorsqu'on voulait nous
faire *belles*, on nous mettait un fourreau de percale blanche unie ; la percale *à jours*, parure de
luxe, était trop sujette aux accrocs. Mais aussi,
que de jeux nous étaient permis avec ces costumes
qui demandaient si peu d'égards !

Bien débarbouillées, un coup de peigne donné
à nos cheveux coupés ras, une pèlerine ou bien
un petit fichu croisé sur la poitrine quand il faisait

froid, on nous lâchait ainsi accommodées, dès
le matin, dans la cour du château, surveillées par
notre rigoureuse obéissance ; et Mlle Lefranc
retournait à son aiguille, à son fourneau de repassage, non sans avoir pourvu à notre déjeuner composé d'une soupe... *à l'ail*, suivie d'une tartine
de raisiné ou de quelques fruits.

Durant ce temps, ma mère, après avoir inspecté
la chambre des enfants avant leur lever, se mettait à faire la *ronde* du ménage, s'assurant si les
ordres de la veille avaient été exécutés, en donnant
de nouveaux, questionnant, examinant, pensant
à tout ; puis elle allait entendre la messe, quand
il y avait une messe, car le curé n'habitait pas le
village ; et toujours elle jetait un regard, en allant
et venant, sur les enfants, jusqu'au moment où sa
voix les appelait pour leur donner quelques leçons.
Elle trouvait encore le temps de lire ou d'écrire
avant le dîner, fixé à deux heures.

Mon père, dès l'aube, était sur pieds : son premier *bonjour* s'adressait au soleil. Il réveillait son
homme d'affaires, ses valets, son village. Tous,
d'après ses ordres, couraient aux travaux des
champs, suivis ou même précédés par le maître.
Pendant quelques heures, il n'y avait en lui que
l'agriculteur, montant à cheval pour parcourir
son domaine, en descendant pour surveiller un
labour, y remontant tout friand d'aller se repaître
d'espérances (grâce à son caractère optimiste), à
l'aspect d'une récolte qui, souvent, commençait
à peine à verdoyer. Puis il regagnait le château,
conférant avec sa femme tout en dégustant une
tasse de thé et des rôties beurrées, embrassant ses
filles si elles se trouvaient sous sa main, se reposant

en prenant un livre, un journal, une plume. Après cette halte, il se remettait en mouvement, sortait de nouveau ; et, rentré définitivement vers l'heure du dîner, on le voyait s'empresser de changer de costume pour se présenter en bonne tenue au salon et à table.

Ma grand'mère de Villeneuve, de son côté, tâchait d'employer ses longues matinées et ne savait trop qu'en faire. Revenue de l'église, elle s'établissait au salon, lisait un peu, bâillait souvent en dépit du travail qui ne cessait pourtant d'occuper ses doigts ; et, plongée dans son fauteuil, elle tournait mélancoliquement ses yeux vers les fenêtres pour regarder les grandes branches des platanes ou les cimes des peupliers se balancer au gré des vents. Mais, se redressant, elle prêtait soudain une oreille attentive si le pas d'un cheval se faisait entendre : « Une visite ! » s'écriait-elle.

Et si le cavalier descendu de sa monture apparaissait suivi d'un « porte-manteau », elle se sentait sourire. C'était encore mieux qu'une visite, c'était un hôte pour la soirée ! — et peut-être pour plusieurs jours !

Les dîners qui se passaient tout simplement en famille étaient rares, surtout dans la belle saison. Au cavalier succédait le piéton. Souvent aussi un bruit de roues éveillait tout à fait la gaieté de ma grand'mère, tandis qu'il rendait la maîtresse de la maison un peu perplexe, au point de vue de son *menu*. Mais, presque toujours, selon les coutumes du temps, il y avait bon nombre de plats au dîner habituel à deux services ; et si son insuffisance était à craindre, le garde-manger renfermait des provisions qui venaient y pourvoir. Le

bon marché des denrées se prêtait à ces larges
façons hospitalières. Non seulement il permettait
avec des fortunes bornées d'héberger les amis de
passage, convives impromptus, mais aussi les
habitués de Castres ou des châteaux voisins.
Enfin on pouvait s'accorder le luxe d'appeler à
soi, de temps en temps, toute une famille de parents, ou même de simples connaissances de société qui, durant quelques semaines, venait vous
rapporter l'entrain et le mouvement que l'on
croyait avoir laissés dans les villes.

Ma grand'mère alors trouvait que la campagne
était un paradis terrestre. Il n'y avait plus de
tristes matinées, de soirées monotones ! La promenade, transformée en une réunion en plein air,
ne paraissait plus un plaisir insipide ; et quand
la pluie se mettait de la partie, on ne lui cherchait point querelle : n'avait-on pas, dans l'intérieur du château, des distractions à opposer à
son ennui?

Ma mère, au contraire, ne s'accommodait pas
toujours de cet emploi de son temps. Aussi savait-
elle s'y soustraire par intervalles, sa belle-mère
tenant sans désemparer les assises du salon. Cependant, à son retour, on l'accueillait avec cette
expression de physionomie qui va au-devant de
ceux que l'on est heureux de revoir.

Mais, la soirée venue, la société ne relevait plus
que d'elle. Et elle eût essayé vainement de repousser ce premier rôle dont elle prenait possession
sans le chercher et que chacun s'empressait de lui
octroyer comme un droit de présence.

De son côté, mon père, le soir, redevenait un
homme du monde charmant, ne disant plus un mot

de son agriculture, si ce n'est au fond du salon, lorsqu'il était saisi par un collègue trop ardent. Mais bientôt on le voyait prendre sa place dans le petit cercle qui se resserrait pour causer plus intimement, à moins qu'un appel parti de la table de whist, où s'absorbait ma grand'mère, ne vînt réclamer son concours.

*
* *

Castres et Labruguière (petite ville à quelques pas) ajoutaient à la société d'Hauterive un contingent venu de ces bourgeois nobles de cœur, dont j'ai dû parler au chapitre des prisons. Sortant de là, on était resté liés de sentiments et de relations. Je ne me suis jamais aperçue qu'il y ait eu une différence entre la manière d'accueillir les habitués de l'une ou de l'autre classe : on les confondait, au contraire, dans un pêle-mêle de politesse et d'amitié. La noblesse, remontée du fond du gouffre de la Révolution, en était sortie peut-être plus fière d'elle-même, mais y laissant ce que ses envieux appelaient sa morgue et qui n'était souvent que l'attitude prêtée naturellement par le piédestal des privilèges.

Dépouillée de ce qui la constituait, cette noblesse s'était groupée et renfermée dans le camp retranché de ses opinions politiques. Tous ceux qui venaient l'y trouver y prenaient place. La ligne de démarcation qui, jadis, existait entre elle et la bourgeoisie était posée désormais entre vainqueurs et vaincus, c'est-à-dire royalistes ou révolutionnaires.

Mais on se trompait si l'on croyait que la répulsion des vaincus pour les vainqueurs allait jusqu'à la haine... Non : gentilshommes emprisonnés, gentilshommes émigrés se retrouvaient sur le sol français avec ce caractère, qui sent vite le dégoût du fiel et qui, lorsque la main ne peut pas se servir de l'épée pour se venger, prend l'arme du mépris ou celle du dédain, se contentant souvent même de jouer avec le petit poignard à la pointe acérée, que son esprit manie si bien, « le rire ». Et c'est peut-être ce qu'on lui a le moins pardonné !

Que d'acquéreurs de biens nationaux ont été bafoués ainsi ! Les dépossédés, eux-mêmes, se consolaient un peu d'être hors de leurs châteaux, en se donnant le plaisir d'en soulever le toit, à la façon du *diable boiteux*, pour s'amuser de ce qu'ils nommaient les ridicules des spoliateurs. Et, s'ils venaient à les rencontrer sur leur chemin, ils se contentaient de se redresser à la pensée de n'être pas *eux*.

Dans l'occasion, ces gentilshommes accueillaient même avec les formes de leur politesse innée ceux qu'ils appelaient : les mal pensants, pourvu, toutefois, qu'aucune action n'eût trop *marqué* durant la République. Mais on n'allait jamais jusqu'à leur ouvrir la porte des salons ; car, avant tout, on voulait rester entre soi, bien à l'aise pour goguenarder les « hommes de la Révolution », les larder de quolibets, les cribler de traits piquants. Et si les têtes se montaient quelquefois en présence des souvenirs, les voix grossissaient pour les menacer de toutes les foudres de la réaction. Mais le flux de mots épuisé, les ressentiments s'apaisaient ; et, dans le silence, on se sentait incapables de leur faire le moindre mal.

Des historiens de bonne foi se sont étrangement trompés quand ils ont pris au sérieux les rodomontades de « grands justiciers » dont se targuaient les émigrés en exil. La frontière passée, s'ils avaient eu le pouvoir d'appliquer à leurs ennemis la peine du talion, ils auraient dit : fi ! ! A défaut de pitié, la grandeur d'âme aurait été là.

Les théâtres et les romans de notre temps ont souvent mis ces gentilshommes en scène. Et, presque toujours, on n'a réussi à crayonner que caricatures. Nous, qui les avons connus, nous secouons la tête et nous disons : « Ce ne sont pas eux. Vous essayez en vain de les représenter, parlant, se souvenant, regrettant, raillant. Ah ! comme ils auraient dit tout cela d'une façon différente ! » Expressions, délicatesse, nuances, tout y manque. Ressuscités ! ils riraient de bon cœur en se retrouvant ainsi travestis. *Mademoiselle de la Seiglière* et *le Lion amoureux* eux-mêmes ont donné contre ces écueils.

Il en est ainsi de bien des absurdités qu'on leur a prêtées bénévolement ; ou plutôt, on les a peints d'après quelques exceptions qui faisaient la joie des esprits moqueurs de nos salons et contristaient les gens sérieux.

Telle était la société « de province » au commencement du siècle ; et j'espère la faire un peu connaître en la mêlant, autant que possible, au simple récit de ma vie.

*
* *

Les hommes de la génération de mon père avaient, comme on l'a dit, ébauché seulement les études classiques. Il en était de même de ceux qui, n'ayant point émigré à cause de leur jeune âge, eurent à subir bien des lacunes dans leur vie de collégiens, par suite des événements révolutionnaires. Néanmoins, ce qu'ils avaient appris suffisait pour leur donner le goût de l'instruction ; et ils se plurent à la puiser dans les bibliothèques qui se multiplièrent ou se grossirent, au fur et à mesure des publications nouvelles. Les cabinets de lecture étaient presque inconnus, même dans les grandes villes : cependant, on voulait lire. Il fallut donc acheter des livres. Et lorsqu'on put se donner une bibliothèque, on commença par les ouvrages appelés justement *livres de fond* : histoire, voyages, mémoires, sans négliger d'y comprendre les chefs-d'œuvre du dix-septième siècle.

Le dix-huitième, malheureusement, tenait une grande place dans les collections existantes. La réaction relégua bien des volumes aux plus hauts rayons, après en avoir supprimé un certain nombre, ce qui ne se fit pas tout à fait sans réclamations. Mais les idées avaient pris un autre cours et la plupart des opposants n'osèrent protester.

La renaissance du catholicisme en France, ce grand fait du commencement du dix-neuvième siècle, fut l'œuvre de la noblesse : du moins, l'impulsion vint d'elle.

La portion de l'aristocratie demeurée dans le pays s'était déjà réformée à ce point de vue. Le malheur avait converti les femmes sans autre prédication ; et les maris et les pères, que la conviction n'avait pas gagnés, crurent devoir se donner les formes d'un respect qui se manifesta par leur présence dans les églises, dès qu'on les eut rendues au culte.

Quant aux émigrés, ce qui les avait le moins

occupés durant leur long exil, c'étaient les idées religieuses. Les hommes d'un âge mûr s'en tenaient au voltairianisme, demeuré au fond de leur entendement comme une pierre sur laquelle passaient bien des flots, qui cependant eussent dû l'emporter. Les *jeunes*, durant les péripéties d'une vie errante, ne prenaient guère souci de leur pauvre âme, qui flottait comme une épave dans un naufrage, n'ayant d'ailleurs rien où se prendre pour gagner la rive : ni l'instruction chrétienne perdue dans la vague mémoire de l'enfance, ni même, hélas ! le souvenir des bons exemples du foyer domestique, lesquels trop souvent avaient fait défaut aux vives impressions du premier âge.

Rentrés au sein de leurs familles, ils y retrouvèrent les mœurs aussi changées que les costumes. Mal à l'aise et troublés en présence de leurs modes et de leur moral, ils abattirent les *ailes de pigeon*, coupèrent les *queues*; et les têtes ne se contentèrent pas de demeurer ainsi métamorphosées au physique : elles sentirent le sérieux les gagner, amenant la réflexion avec lui.

Les *vieux* émigrés, en assez grand nombre, demeurèrent encore encroûtés dans leur incroyance ; mais ils devinrent sobres de paroles pour la manifester ; car ces adeptes de la philosophie mettaient, eux aussi, les philosophes au ban de l'opinion, comme révolutionnaires. Ils s'inclinaient, au contraire, devant le clergé décimé par la persécution, et purifié par le martyre.

Ce fut sous cette auréole que des évêques dépouillés et de pauvres prêtres apparurent aux yeux d'un peuple qui se sentit disposé à se laisser attirer par leurs vertus.

Les masses avaient été plus égarées que perver-
ties ; et puis, ces temps si rudes avaient aussi sévi
contre elles. D'ailleurs, une portion du peuple,
innocent des excès révolutionnaires, conservait un
bon souvenir du passé. Les églises rouvertes, le
culte rétabli, la parole sainte entendue de nouveau remplirent les uns d'une joie pieuse, réveil-
lèrent en d'autres des sentiments qui n'étaient
qu'assoupis ; et, chez tous, l'éclat des cérémonies
religieuses produisit l'effet accoutumé des spec-
tacles qui, parlant aux yeux, amènent la foule
et la captivent.

Mais la classe moyenne, sauf quelques débris
de saine bourgeoisie, se montra rebelle à cette
restauration du christianisme qu'elle qualifia de
retour *aux vieilles superstitions*. La secte des philosophes reprit son arme : la plume. Elle occupait
encore les sommets de la littérature par droit de
vieille renommée. Dans ce conflit, on ne pouvait
présager à qui resterait la victoire.

C'est alors que se reproduisit une *révolution* d'un
genre exceptionnel, née d'un livre.

Le *Génie du Christianisme* parut : forme et fond,
pensées et style, tout était d'une étrange nouveauté dans cette œuvre destinée à saisir les esprits
pour les enlever sur des ailes.

Avec ce livre, la poésie venait de faire irruption
dans le christianisme, revêtant de ses plus brillantes couleurs les plus austères croyances et les
imprégnant de ses parfums transformés en encens.

Les yeux crurent voir, pour la première fois, les

merveilles de la création divine et se laissèrent captiver par des tableaux magiques : les oreilles s'imaginèrent ouïr ce qui ne leur avait jamais été dit et s'ouvrirent pour écouter le cantique de louange que Dieu prête à toutes les voix de la nature, images et paroles, captivant les sens, afin d'arriver ainsi à l'âme rebelle.

Et comme complément, éveillant la curiosité, ce *missionnaire* qui frappait sur les cœurs pour y ressusciter la foi, était un simple laïque, un gentilhomme jeune encore, un émigré qui rapportait de l'exil des feuilles écrites durant ses misères, les regards fixés sur la France, enveloppée des brumes de l'incrédulité.

Mais, *lui*, rêvait une lumière électrique pour les dissiper.

Le premier jet fut un récit bizarre, espèce de roman écrit en quelque sorte dans une langue créée pour une mise en scène en Amérique, sur ces savanes à peu près inconnues aux pas de l'homme civilisé.

Il y eut un cri de surprise, aussitôt suivi d'un cri d'admiration, à la lecture d'*Atala*. Ils étouffèrent les réclamations de la littérature du dix-huitième siècle, lesquelles se transformèrent en fureurs dans le camp des philosophes. Mais les imaginations naissantes qui commencent à s'éveiller et qui cherchent aussitôt à découvrir un monde peuplé d'idées le rencontrèrent dans le *Génie du Christianisme* où, tantôt le ciel, tantôt la terre, s'offraient aux regards éblouis et charmés pour révéler des mystères adorables. Bien des esprits déjà mûrs, restés jeunes, se laissèrent entraîner, eux aussi, précisément parce qu'ils avaient à peine effleuré la question des croyances. Surpris et attaqués avec armes nouvelles, les vieux philosophes se retirèrent dans un retranchement où ils essayèrent de conserver « le feu sacré » en le couvrant de cendres.

Il faut le reconnaître, le *Génie du Christianisme*, malgré l'incontestable rang qu'il occupera toujours dans la littérature française, atteignit à ce succès immense parce qu'il répondait à des besoins intellectuels qui, sans doute, ne se reproduiront plus, au point où en est arrivée la dégénérescence effrayante des caractères et des mœurs.

Alors, au contraire, l'attrait du beau, de tout ce qui se tient dans les régions élevées, soit qu'il s'agisse des arts, soit que l'intelligence demande à la poésie de la transporter là où l'entraîne le désir de monter, l'enthousiasme enfin était prêt à saisir les esprits et les cœurs. Et, de toutes les passions qui s'emparent de la nature humaine, presque la seule qui parvienne à échapper à l'orgueil, c'est l'enthousiasme heureux de s'incliner en présence de ce qu'il va chercher au-dessus de lui.

Tel fut le modèle des conversions amenées par le *Génie du Christianisme*. Aux élans de l'imagination étaient venues se joindre ces vagues tristesses que les malheurs, même oubliés, laissent comme une lie au fond de l'âme et qui lui reviennent en rêveries mélancoliques. Le livre nouveau en présentait le reflet.

Tout parut donc conspirer en faveur d'une séduction qui ne tarda pas à devenir générale. Les *aïeuls* et *aïeules* demeurèrent cependant en arrière, ne comprenant pas trop et goûtant peu.

Parmi le clergé, il y eut aussi d'austères prêtres qui voulurent essayer de blâmer le *fond* et la *forme*. Mais la tribu des lévites se précipita vers cette nouvelle éloquence. Elle envahit les chaires, elle se reproduisit dans les écrits religieux et les vieux récalcitrants eux-mêmes durent se rendre à l'aspect des fruits produits par cette floraison.

Enfin la *vogue*, expression qui signifie *la mode* appliquée à l'esprit, vint s'imposer à la foule et l'entraîner.

Des penseurs moroses ont infligé à cette renaissance le nom de *Religiosité*, l'accusant d'avoir été pareille à ces plantes aux branches et feuillages luxuriants qui n'enfoncent point leurs racines. Ce jugement est injuste. On peut, même en présence de la France d'aujourd'hui, attribuer hardiment le respect dont la foule se plaît à entourer encore les manifestations extérieures de la foi au grand mouvement religieux qui marqua le commencement du dix-neuvième siècle.

Mais la société d'Hauterive me rappelle : et je reviens à tous ces amis de ma famille que j'ai vus passer dans notre salon. A l'époque où je me plais à faire une halte, je n'étais qu'une petite fille ; plus tard, j'ai pu les apprécier par moi-même et je vais essayer d'en faire un dénombrement. C'est une sorte d'hommage à rendre à leurs bontés pour mon enfance.

Castres et les châteaux voisins établissaient entre eux un courant perpétuel qui s'arrêtait seulement quand venait la mauvaise saison. Les céli-

bataires de tous les âges formaient l'escadron
volant, donnant toujours. Il y avait deux Viviès,
les aînés d'une famille patriarcale : l'un émigré
rentré, si aimable, mort si jeune et dont je me
souviens, pourtant, ne fût-ce que par les larmes
que j'ai vu verser ; l'autre, Joseph, cet homme
bon, franc, loyal, qui a laissé des fils dignes de lui.
Puis trois Falguerolles, protestants, qui, à cette
époque, fraternisaient avec les catholiques sur le
terrain des opinions royalistes ; Auguste de Bonne,
l'ami intime de mon père et son compagnon d'émigration, notre hôte durant des semaines entières,
que l'on trouvait toujours trop courtes ; enfin,
le chevalier de Gaïx, ce vrai chevalier de l'ancien
régime, qu'il n'avait cependant pas connu, charmant de manières, de conversation, d'entrain,
tout cela accompagné d'un beau visage dans la
fleur de l'âge.

On le verra reparaître si souvent dans mes souvenirs que je me contente à présent de le nommer.
Il était un des assidus d'Hauterive et de ceux qu'on
appelait, lorsqu'on voulait donner une opinion
avantageuse de la société du pays à des hôtes venus
de loin.

Il y avait aussi bien des *allants* que l'on voyait
arriver de partout : de Saint-Pons particulièrement, où ma grand'mère conservait d'étroites
relations de parenté et d'amitié. On avait l'habitude de plaisanter les *Saint-Ponais* sur leur ville,
ce « trou » (comme on se permettait de l'appeler)
qu'ils étaient toujours prêts à défendre en mettant
flamberge au vent, mais dont ils sortaient si volontiers ! Ma grand'mère ne livrait pas sa patrie et y
revenait avec plaisir, pourvu que les séjours ne s'y

prolongeassent pas trop. Mais à Hauterive, à Toulouse, elle choyait ses compatriotes comme ses premiers amis.

Les châteaux d'où s'échappaient les hommes inoccupés, c'est-à-dire point mariés, si nombreux à cette époque, renfermaient aussi les familles et leurs chefs. De temps en temps, ces châteaux se visitaient en masse. Je m'en souviens. C'étaient pour les enfants de véritables fêtes, quoiqu'ils eussent pour consigne de n'importuner personne.

Mais, dans l'habitude, les femmes demeuraient beaucoup chez elles, occupées de bien des soins d'intérieur. Puis, l'obligation de *tenir* leurs nobles *hôtelleries* les rendait sédentaires, sans qu'elles eussent à s'en plaindre ; car les charmes de la société leur arrivaient ainsi.

Ces femmes qui, pour la plupart, s'étaient élevées elles-mêmes, n'étaient cependant pas des ignorantes. Sans avoir eu d'institutrices, sans avoir suivi de cours ni subi d'examens, on trouvait en elles bien des ressources d'esprit. Elles ne savaient aucune langue étrangère ; mais peu de générations féminines, dans tous les pays, ont mieux étudié la littérature du leur, ni lu plus de bons livres. Les journaux étaient rares et ne donnaient point de romans-feuilletons. De substantiels articles de critique les remplaçaient. Recherchés par les hommes avec avidité, les femmes voulaient en prendre aussi leur part, ne fût-ce que pour se mêler aux conversations historiques ou littéraires auxquelles on les eût vues rougir de demeurer étrangères.

Au fond des provinces du Midi, dans les campagnes, loin des grandes villes, ce qu'on nomme de *bruyants plaisirs* et le luxe qu'ils entraînaient n'existaient presque pas. Les modes y arrivaient lentement et s'y renouvelaient de même. La toilette affriandait donc moins les femmes ; on n'en parlait guère, même entre soi, d'abord parce qu'on avait peu d'argent à lui consacrer et puis les hommes avaient établi qu'il était de bon ton de n'y pas attacher d'importance. Délivrés ainsi de bavardages fort insipides selon eux, ils se rapprochaient bien plus volontiers des groupes féminins et la conversation y gagnait des deux côtés.

Les hommes de ce temps-là ne comprenaient pas, d'ailleurs, un salon où l'usage les eût séparés des femmes, et moins encore des salons dont on les eût exclues. Personne alors ne pressentait les *clubs* et les *cercles*.

L'attrait qui portait à se réunir faisait sortir assez souvent de chez eux les pères de famille eux-mêmes.

Parmi les habitués de la société d'Hauterive, je citerai sommairement M. de Gaïx, père de charmantes jeunes filles, qui furent les amies intimes de notre jeunesse jusqu'à la dispersion par les mariages ; puis M. Justin de Bonne, notre plus proche voisin et le meilleur ami de deux générations. Ses fils ont considéré cette amitié comme entrant dans leur héritage et mon frère a reçu le même legs de son père.

M. de Bonne, du haut de sa belle taille, relevant la tête, présentait son noble et franc visage avec la simplicité qui s'ignore, ne se doutant guère qu'il attirait ainsi les regards comme pour laisser à sa physionomie le droit de dévoiler toutes les qualités de son cœur.

J'aurai beaucoup à dire des deux familles de

Bonne et de Gaïx à une autre époque de ma vie.
Je reviens à mon enfance.

Ma grand'mère accueillait d'une façon toute
particulière les de Bonne et de Gaïx par suite de
leurs accointances « saint-ponaises », sans oublier
d'y comprendre Caroline de Barre, sa compatriote,
une des jeunes compagnes de sa prison, mariée
à M. de Lastours, l'un des hommes les plus remar-
quables de Castres.

Les bourgeois d'élite dont j'ai parlé déjà ont
bien le droit d'être nommés. Il faut inscrire en
première ligne deux frères Azaïs, des héros qui
firent partie de la bande royaliste qui dépensa
tant de bravoure, hélas ! en pure perte et obscuré-
ment, durant les derniers jours du Directoire ;
lutte qui s'évanouit comme une bulle de savon au
18 Brumaire, mais en laissant dans la mémoire
populaire des souvenirs qui, racontés à demi-voix,
me faisaient l'effet d'une légende.

Le frère aîné, le président Azaïs, ancien membre
du Conseil des Cinq-Cents, royaliste autant que
ses frères, quoique moins fougueux, était un homme
d'esprit qui connaissait le monde et savait juger
les hommes, même hors d'un tribunal.

J'arrête ce dénombrement des amis et commensaux de la maison ; mais ils viendront successivement prendre leur place dans mes récits.

Ma grand'mère s'accommodait de la vie de campagne tant que duraient les beaux jours. Mais,
lorsque les feuilles tombaient, que la froide bise
soufflait, que la pluie battait contre les vitres et

que les visiteurs devenaient rares, son humeur tournait au noir. Vainement elle montait et descendait les escaliers ou parcourait les corridors et vestibules, cherchant la distraction dans tous les coins ; son appartement la revoyait découragée de tout.

L'ennui la poursuivait encore, entre son fils et sa belle-fille, le soir autour de la table où se posait une petite lampe, triste comme elle. Que se dire? pensait-elle. Pour elle, que se dire? signifiait n'avoir glané dans aucun champ où se puissent récolter les petites nouvelles et les petits propos.

Il est vrai qu'il ne lui restait pas même l'occupation d'une maison à gouverner. Elle s'était abusée en se déchargeant, devenue veuve, de ce qu'elle croyait ne plus être qu'un fardeau. Toutes les femmes, comme Christine de Suède, emploient les loisirs que leur laisse une abdication à regretter le pouvoir qu'elles ont volontairement abandonné. Ma grand'mère, malgré les égards dont elle était l'objet, se sentait déchue. Bien plus âgée, lorsqu'elle s'est retrouvée indépendante, comme un poisson remis dans l'eau, elle frétillait dans son ménage.

Du reste, ses mois de villégiature étaient peu nombreux, les séjours aux Pyrénées disputant à Hauterive une partie de son été. Mais, novembre venu, *le mal des salons* la prenait. Alors se présentait à son esprit la cure d'un départ. C'était trop tôt pour retourner à Toulouse : Saint-Pons, heureusement, se présentait en avant-coureur des distractions de la grande ville.

Ma mère, plus libre de disposer d'elle-même lorsqu'elle retombait dans son intérieur ainsi réduit, en usait largement au profit de ses goûts ;

lectures, musique, correspondances, sans négliger aucune des occupations de la maîtresse de maison et doublant celles de la mère de famille.

Ici, je fais une pause. Je voudrais essayer de définir une nature si complète.

IV

UNE MÈRE

On est tenté de taxer de « monotonie » la perfection (ou du moins ce qui s'en rapproche dans l'humanité), tandis qu'elle se compose, au contraire, d'une multitude de couleurs aux nuances variées qui se réunissent pour former un ensemble où tout est en harmonie.

Telle était ma mère, cœur, esprit et âme. L'esprit, chez elle, parcourait toutes les gammes du clavier de l'intelligence. Sa conversation en était le reflet. Les hommes demeuraient étonnés de la profondeur de ses observations comme de l'étendue de ses vues, en religion, philosophie, questions sociales, affaires à débrouiller, à expliquer, à conduire. Jamais, cependant, elle ne cherchait à entrer dans l'arène où se débattent ces questions. Il fallait que l'occasion vînt provoquer l'épanchement des pensées, qui s'exprimaient alors avec un naturel et une simplicité ne laissant prise à rien qui pût se rattacher au désir de briller.

Un instant après, sa conversation, toujours prête à replier ses ailes, se détournait dans un sentier où sa course légère effleurait mille sujets, allumant les imaginations au contact de la sienne, ou bien excitant la gaieté par des plaisanteries déliées, des railleries fines, aiguillons qui ne s'enfonçaient guère, coups d'éventail qui se sentaient à peine et qu'un mot bienveillant tempérait aussitôt ; car jamais son rire n'embarrassait ni ne blessait.

Mais quel ton original et brillant ! Quelle magie dans cet esprit à la portée de tous et les captivant tous, depuis le vieillard jusqu'à l'enfant, depuis le lettré jusqu'au paysan, et cela en suivant tout naturellement la pente où son amabilité s'engageait sans y songer.

Lisait-elle? Les livres se trouvaient immédiatement analysés par une compréhension qui savait en extraire tous les sucs. Et ses lectures, presque sans exceptions, étaient puisées aux sources graves ou instructives.

Prenait-elle une plume?... Elle passait d'un rapport d'affaires, qu'un avocat eût signé, à la lettre piquante de la femme du monde dont la main court sur le papier, semant des riens, signifiant toujours quelque chose. Mais, souvent aussi, et d'après les circonstances, ces lettres devenaient une émanation de l'excellence de son jugement, de la profondeur de ses pensées ou de la sensibilité de son cœur.

Lorsque la conversation tournait vers les questions littéraires, ses appréciations demeuraient en quelque sorte sans appel, quoiqu'elles fussent exprimées sans s'imposer et seulement avec une logique et une netteté que son regard si beau semblait illuminer. Chacun, d'ailleurs, se sentait disposé à s'incliner devant une supériorité qu'elle se refusait seule à reconnaître.

Mais, ici, commence le domaine de l'âme. Souvent, depuis mon âge mûr, j'ai osé plonger mes regards au fond de ce cristal. Je n'ai su y découvrir aucune tache.

L'orgueil, qui eût semblé presque permis à une nature tellement hors ligne, en était complètement absent : jamais la trace ne s'en est rencontrée dans une action ou même dans une parole.

La vanité et ses misères, se présentant à elle, l'eussent fait sourire avec une pitié moqueuse. L'envie l'aurait courroucée comme une des plus honteuses dégradations où puissent descendre les mauvais penchants du cœur.

Mais aussi, comme elle jouissait de tout ce qui était beau, de tout ce qui était grand dans l'humanité ! Comme elle estimait les qualités de son prochain et se plaisait à les faire en quelque sorte scintiller par ses éloges ! Que de fois on l'a vue se taire et s'effacer, non par modestie (la modestie est encore un retour vers soi-même), mais parce qu'elle trouvait du plaisir à s'oublier en échange du plaisir d'écouter !

En elle la bonté se rencontrait toujours présente. Elle ne prêtait l'oreille à un jugement téméraire que pour le combattre ; elle ne permettait une médisance que pour l'atténuer et plaçait au rang de ce qui rabaisse l'esprit, non seulement les propos méchants, mais les conjectures, les insinuations et jusqu'aux caquetages qui saisissent le prochain dans leurs griffes, même sans trop les enfoncer.

Voilà la femme, telle que le monde l'a connue. Mais, la fille, l'épouse, la mère, la sœur, l'amie !... Qui dira la place que tenaient ces sentiments dans un cœur créé pour ne ressentir que les nobles et pures affections permises à la créature ! Et cependant, aucune de ces tendresses, aux prises avec un devoir, n'eût fait ployer ce cœur vers la faiblesse.

La conscience dominait tout son être. Elle s'était éveillée au jour de sa naissance pour ne jamais l'abandonner. Cette conscience était celle de la chrétienne, illuminée par la raison, don céleste lorsqu'il ne dévie pas de sa voie, et qui fut octroyé à l'humanité pour connaître Dieu, l'aimer et le servir.

Oui, en Rosalie, un sentiment religieux inné fut la base sur laquelle cette puissante raison s'édifia, et la croissance de l'âme le développa en même temps que celle du corps ; âme pareille à la fleur qui, naturellement, tourne son calice pour recevoir la rosée venue d'en haut. Elle n'a jamais senti que l'attrait du bien. La tentation du mal n'a jamais, je crois, osé s'approcher d'elle, tant elle eût redouté les répulsions de son instinct. La foi n'a pu vaciller dans cette intelligence qui ne se permettait de monter que pour aller s'incliner aux pieds de Dieu.

Je vais maintenant examiner de quelle nature était la piété de ma mère : ce sera s'élever sur des hauteurs où l'on respire la vertu, sans perdre néanmoins de vue la terre.

Il y avait en elle peu de tendance vers le mysticisme. Devant Dieu, elle demeurait prosternée dans le respect, adorant sa bonté, mais n'osant lui offrir que de l'encens. Et confiante humblement en sa miséricorde, elle conservait toujours l'attitude de l'enfant qui craindrait de se trop familiariser avec son père, fût-ce pour lui témoigner son amour.

Dans le gouvernement de son âme, elle était plutôt *Marthe* que *Marie* : active dans l'exercice de ses devoirs, maintenant l'ordre, ne se passant pas la plus légère négligence.

Aussi s'étudiait-elle à appliquer les lois de l'Évangile, non seulement à ses pensées et aux mouvements de son cœur, mais à ses moindres actions. Son examen du soir devait rouler principalement sur les obligations de son état, en se plaçant sous l'œil de Dieu dont elle semblait interroger toujours le regard doux et sévère.

Néanmoins, elle comprenait que la religion ne pouvait se restreindre aux actes personnels, ni se contenter de l'effusion de la prière solitaire. Elle se disait qu'il fallait, pour se déclarer chrétien, y joindre l'hommage public de la créature à son Créateur.

Courbant le front et joignant les mains, elle accomplissait donc fidèlement les pratiques multipliées du culte catholique, tout comme elle s'efforçait de suivre ses préceptes, en passant par la voie étroite.

Ainsi, bien jeune encore, on la vit rompre à peu près avec les plaisirs du monde, mais sans ostentation, presque sans l'avouer, s'amusant des récits, faisant des questions, ne blâmant point. Cependant, ses goûts durent être contristés de cette retraite avant l'heure. Excellente musicienne, elle s'interdisait le spectacle ; danseuse remarquable, elle en avait fini vite avec les bals ; femme recherchée entre toutes, dès qu'elle paraissait dans un salon, elle se contentait presque toujours du petit cercle des amis.

Je ne pense pas qu'elle eût cédé à cette influence

religieuse par l'effet de scrupules exagérés : la raison chez elle tenait toujours sa balance. Mais la générosité de son âme lui disait qu'il ne faut pas « marchander » avec Dieu et c'était sous l'impulsion d'un élan intime qu'elle allait au delà du commandement.

Cependant, on le voit, sa piété ne se montrait pas surhumaine et ne portait point les stigmates éclatants de la sainteté, quoique sa mort ait été celle d'une sainte. Mais en elle se reflétait la frappante image de la *femme forte*, avec l'auréole que le christianisme a posée sur son front, forte dans l'épreuve, forte dans les larmes, forte contre les événements de la vie, forte enfin contre elle-même, dût-elle avoir à violenter ses sentiments les plus impérieux. Je l'ai déjà comparée comme capacité à la mère de saint Louis : elle aussi, pour ses enfants, eût préféré la mort au péché.

Ce caractère si ferme et si droit se retrouvait dans les qualités les plus usuelles. Jamais la vérité, ce miroir, ne fut terni par son souffle. Sa discrétion était incapable de céder à aucun entraînement. Chez elle, l'ordre et la générosité se donnaient la main sans se laisser dominer l'un par l'autre. Elle eût repoussé la fortune s'il eût fallu seulement se baisser un peu pour la prendre ; en revanche, elle aurait fait bon marché de la sienne si la délicatesse en eût conseillé le sacrifice.

Mais cette étude paraîtrait-elle absolument exacte si des ombres ne venaient s'y projeter?

Et pourquoi n'oserais-je pas me permettre de les signaler, puisqu'elles ne sont produites que par l'excès de qualités éminentes?

Son horreur pour le mal était si grande que,

souvent, elle l'exprimait avec une véhémence qui pouvait ressembler à une flagellation. Il faut dire que cette rigueur ne s'exerçait jamais contre un coupable repentant, ou même seulement humilié. A celui-là, sa pitié était acquise et s'empressait d'aller le relever, le consoler.

Ce qu'elle ne supportait point, c'était la manifestation par la parole des mauvaises pensées de l'esprit ; c'étaient ces conversations qui s'attaquent à ce qui doit être l'objet d'un profond respect. D'un mot, même d'un regard, elle essayait aussitôt d'imposer silence au sophisme antichrétien, comme à la plaisanterie irréligieuse, comme à celle qui se joue de la morale. Si la conversation continuait sur ce ton, elle y répondait alors par des mots accablants.

Peut-être ne faisait-elle pas assez la part de la légèreté ou de l'inconséquence qui, bien des fois, s'amusent à batifoler avec les idées les plus graves et dictent des propos que le rire accompagne, éphémères comme lui. En les prenant trop au sérieux, elle s'enlevait le pouvoir de ramener doucement les esprits égarés ou de redresser ceux, en assez grand nombre, qui sont à peine responsables de ce qu'ils disent.

Quelques-uns, se sentant ainsi blessés, ont donc pu la taxer d'intolérance, elle si pleine de charité pour ce prochain, en qui, du reste, elle n'a jamais rencontré un ennemi !

L'excessive rectitude de son jugement ne lui laissait pas supporter, non plus, avec assez d'indulgence les raisonnements erronés et les paradoxes qui s'emmêlent dans des paroles plus ou moins irréfléchies, folles herbes difficiles à extirper de la cervelle humaine. Quand il ne s'agissait que d'absurdités ou de petitesses et mièvreries, elle y condescendait comme à des enfantillages, ou bien en riait de ce bon rire qu'on lui connaissait. Mais *l'esprit faux*, se posant en docteur et prétendant s'imposer ainsi, provoquait son impatience et sa raison se montrait alors trop acerbe.

Ses opinions politiques, peut-être, étaient trop absolues. Son royalisme ressemblait à une croyance religieuse qui repousse la moindre concession, quoique son jugement en vînt à « protester » quelquefois. Mais elle faisait partie d'une phalange où les sentiments exaltés avaient cours et qui, ayant foi en la réaction du bien contre le mal, fourbissait ses armes, se faisant un point d'honneur de ne céder rien. Et ce camp renfermait des esprits d'élite qui ne s'apercevaient pas qu'ils ne regardaient qu'en dedans d'eux-mêmes.

Je m'arrête... Est-ce aux enfants dégénérés de cette race éteinte à juger rétrospectivement les caractères nobles et forts du commencement de ce siècle? Ces consciences, jetées comme un minerai dans la fournaise des révolutions, en ressortirent blocs de fer.

Ah! oui, elles étaient rudes, ces consciences! On ne les sentait pas faiblir sous l'impression de la tendresse, ni s'amollir dans les larmes, ni fléchir devant les intérêts matériels. Cette rigueur de principes religieux et sociaux fut la digue qui s'opposa toujours longtemps à l'envahissement des flots que nous voyons monter, monter toujours! C'était un sacerdoce laïque, un apostolat exercé dans le monde, là où le prêtre ne saurait se montrer et où cependant, plus qu'ailleurs, les paroles graves devraient se faire entendre et l'exemple chrétien se manifester hautement.

En présence de ces fronts toujours prêts à devenir austères, de ces convictions dont la voix s'élevait si ferme, l'incrédule se taisait, le vice parlait tout bas ; et s'il n'en résultait pas de nombreuses conversions, du moins les âmes qui flottent et ne sont rien par la nature se laissaient facilement entraîner à s'incliner devant le bien ; le mal lui-même semblait lui rendre hommage par son silence. Oh ! si ces antiques vertus fussent demeurées héréditaires, peut-être eussent-elles amené la régénération qui n'a été qu'un rêve.

Je vais descendre maintenant de ces hauteurs ; et, cependant, je ne quitterai pas ma mère. Continuant le récit de mes souvenirs, c'est en action que les nuances de ses qualités vont se produire dans mille détails.

On admirera l'éclat d'une imagination qui ne s'égarait jamais quoiqu'elle eût des ailes, parce qu'elle ne s'en servait que pour monter dans des régions sereines. On aimera la simplicité de goûts qui ne lui laissait désirer ni plus de fortune, ni rien de ce que l'ambition fait rêver.

Enfin on se plaira, je crois, à suivre cette femme si distinguée dans son intérieur de famille, ne cherchant le bonheur qu'autour d'elle, et pensant, avant toute chose, à rendre compte à Dieu des âmes confiées à ses leçons et à ses exemples.

Plus tard, lorsque vinrent les années de maladie que la mort a terminées et durant ces journées qui s'écoulaient presque entières en tête à tête avec la souffrance, son âme a dû vivre en commu-

nication permanente avec le ciel par la prière et
la méditation. Quelques lignes, retrouvées en des
papiers épars, ont laissé une trace des secrets
demeurés entre Dieu et elle.

C'est à l'école de la Croix qu'elle a puisé le courage et la résignation qui n'ont cessé d'accompagner son martyre si prolongé

Maintenant, je vais retourner à mon enfance,
un peu grandie.

****

Le départ de ma grand'mère de Villeneuve
laissait à ses petites-filles des regrets assez vite
effacés. Cette grand'mère, si bonne, si complai-
sante pour notre jeunesse et ses plaisirs, aimait
peu les enfants. Notre babil l'ennuyait, nos jeux la
fatiguaient, ses caresses étaient rares et ne pro-
voquaient point les nôtres.

Cependant, si nous lui eussions été livrées, elle
nous eût gâtées outrageusement d'une certaine
façon. Pourvu qu'on eût évité de faire trop de
bruit autour d'elle et que les meubles de son salon
eussent été respectés par nos pieds et nos mains,
tout nous aurait été à peu près permis hors de sa
présence. Et les domestiques, en définitive, fussent
devenus nos professeurs.

Cette manière d'entendre l'éducation de l'enfance ne provenait pas uniquement de son manque
d'attrait pour cet âge : il procédait aussi de sa
bonté. C'est ainsi qu'elle avait essayé d'élever
ma cousine Mathilde, fille aînée de mon oncle
François de Villeneuve, qu'on se hâta de lui retirer
dès qu'elle eut cinq ans. Je dois ajouter que la
grand'mère et la petite-fille ont toujours conservé

un penchant tout particulier l'une pour l'autre.

Mais ma mère, qui prétendait se réserver l'empire de l'éducation dans toute son étendue, s'accommoda très bien, je crois, de nos rapports peu recherchés par notre grand'mère, tout en ayant soin de nous inculquer un profond respect pour elle et d'exiger les plus grands égards en ce qui concernait ses habitudes.

Au reste, il entrait dans les principes de ma mère d'accoutumer les enfants à penser qu'ils comptaient pour très peu comme *personnages;* que rien, dans les arrangements d'une maison, ne se rapportait directement à eux et qu'ils devaient être contents de tout, se soumettre à tout, sans se permettre la moindre réclamation.

Une complaisance nous était octroyée comme une faveur, un sourire devenait un encouragement, un baiser une récompense.

Même les petits soins journaliers, donnés à la santé par cette mère si attentive, s'exerçaient sans bruit, presque en nous en dérobant la connaissance, de crainte de développer l'égoïsme de l'enfance, celui qui plus tard les produit tous et qui se puise si souvent dans la tendresse maternelle trop ostensible.

Croyant que rien ne nous était dû comme un droit, notre reconnaissance était toujours prête à s'éveiller. D'ailleurs, nous sentions partout la présence d'une affection dont la pensée ne nous quittait point, dont l'œil ne nous perdait jamais de vue ; et nous savions, sans que cela nous fût dit par des caresses passionnées, ce que c'était que le cœur maternel et son suprême amour.

Au chevet d'un enfant malade, ce cœur se manifestait sans contrainte avec un dévouement qui ne pouvait s'oublier. Presque mourante, je l'ai vue ressusciter pour nous soigner.

Au reste, la génération de ma mère, conservant fidèlement la tradition du respect, se faisait un devoir de la maintenair. L'autorité des chefs de famille s'exerçait encore d'une manière absolue. L'éducation qu'on nous donnait était donc, quant aux formes générales, celle de notre temps.

Mais je crois que ma mère regardait plus haut. En présence du quatrième commandement, elle se disait que ce n'est pas l'amour qu'il faut développer en première ligne dans le cœur des enfants, mais le sentiment de déférence et de gratitude qui répond à ce commandement divin : *Père et mère honoreras.*

Le respect rend la soumission facile et, par elle, amène l'obéissance passive. Nous n'avions jamais la pensée de résister à l'autorité de ma mère, soutenue par une volonté que rien ne faisait plier. Tous ceux qui dépendaient de son gouvernement savaient qu'il fallait s'y soumettre et personne ne songeait à la révolte, tant cette volonté, dans ses moindres actes, portait l'empreinte de la réflexion, sur laquelle s'était apposé le sceau de la justice. Je ne me souviens pas qu'un ordre, une défense, après un premier mouvement intérieur de dépit et de contrariété, ne se soient expliqués d'eux-mêmes à notre jugement.

Ce caractère, à la fois si ferme et si droit, obtenait les résultats les plus fructueux pour assouplir ou façonner les caractères de l'enfance, même ceux qui présentaient des difficultés accentuées, tel que le mien.

Le système d'éducation suivi par cette femme supérieure me semble mériter d'être étudié. Mais, en remontant à ce *premier âge*, il est nécessaire que, d'abord, je me présente *seule* : voici pourquoi. Ma sœur Octavie était ma cadette de trois ans, distance considérable, quatre à sept. Quant à ma seconde sœur Émilie, j'avais déjà huit ans à sa naissance.

L'obéissance me fut imposée sans restriction dès que je me trouvai en puissance maternelle, c'est-à-dire à *deux ans et demi ;* car jusque-là, je l'ai dit, la faiblesse de ma grand'mère d'Avessens avait fait de moi une enfant gâtée. Mais, livrée à ma mère, je compris instinctivement qu'une volonté qui s'exprimait avec des paroles si positives, appuyée d'un regard qui venait la compléter, ne souffrirait aucune résistance : je ne l'essayai même pas. Néanmoins, ma mère crut devoir donner un appui à cette obéissance dès que ma compréhension fut éveillée, et ce fut en me montrant une confiance entière dans l'exécution de ses ordres, même elle absente. C'était faire appel à ma loyauté : j'y répondis.

Ainsi, à quatre ans, je jouais en pleine liberté dans la grande cour du château : une pierre marquait la limite que je ne devais point dépasser et cette barrière fut toujours respectée. J'étudiais souvent mes leçons sans aucune surveillance, avec l'injonction de ne pas quitter la chaise sur laquelle j'étais assise ; et j'y restais comme attachée par des liens.

Ma mère employa le même moyen vis-à-vis du mensonge. Elle commença par m'en inculquer l'horreur au point de vue chrétien, puis la honte au point de vue humain ; et lorsqu'elle eut saisi l'impression qui se produisait en moi, elle me dit qu'elle aurait « toujours foi » en mes paroles.

Elle m'inocula également à tout jamais sa parfaite discrétion, en me reprochant par un seul mot, dans une circonstance, d'avoir divulgué un *secret* qu'elle m'avait confié.

C'est ainsi qu'elle prévenait l'éclosion des défauts de l'enfance. Je dois dire que ceux dont je viens de parler n'étaient pas en germe dans ma nature. Mais d'autres, en revanche, se montrèrent presque développés dès l'éveil de mon intelligence.

Impérieuse, hautaine, violente à l'excès, ne supportant aucun joug, et ces passions enfantines, poussées, agitées, refoulées par une imagination qui dépassait celle d'un enfant, telle était au moral la petite fille ayant nom Léontine.

Aux prises avec le caractère de ma mère, le mien rentrait sous terre. Mais il se relevait dès qu'elle n'était plus là. C'est pourquoi, bientôt, elle crut devoir adjoindre le raisonnement aux réprimandes et presque toujours mon entendement s'ouvrait devant lui.

A sept ans, j'étais domptée en partie. Plusieurs des défauts que je viens de signaler n'ont même laissé aucune trace.

Le plus long à déraciner fut la colère. Elle me prenait et me soulevait comme un tourbillon impossible à dominer, même par ma mère. Aussi le laissait-elle passer en conservant une attitude calme, ne disant pas un mot, mais fixant sur moi un regard qui ne me quittait pas. La tempête apaisée, elle se contentait de me faire honte de moi-même. Ces violences disparurent, elles aussi, bien vite : ce n'était que l'effervescence, souvent si mêlée aux développements du premier âge.

Ma mère, de sa main ferme et patiente, continua son œuvre ; car, durant le cours d'une éducation, de nouvelles mauvaises herbes percent à côté de celles qui viennent d'être extirpées.

Cependant, obéissante et soumise, le travail me devint facile sur bien des points. Il le fut d'autant plus, en ce qui concernait l'instruction, que je me passionnai pour elle sous sa première forme : « la lecture. » Je sus lire dans quelques mois presque à l'âge où l'on épelle ; et je me jetai sur les livres, qui produisirent aux jeunes yeux de mon imagination l'effet du télescope. Non seulement de nouveaux astres m'apparurent, mais mon esprit en pressentit d'autres que ma compréhension brûlait de découvrir.

Loin de favoriser cet essor, ma mère s'empressa de l'arrêter. Elle pensait que l'esprit a bien plus besoin d'une prudente direction que d'un développement hâtif. Elle prétendait, d'ailleurs, qu'un enfant n'apprend bien et ne retient que ce qui est à la mesure de l'intelligence de son âge. Elle aurait inventé le mot : *lectures graduées*, s'il n'avait été connu. Seulement, elle l'appliquait à la *chose*, ce qui se voit rarement.

Aucune page ne fut lue par ses filles sans avoir passé sous ses yeux, afin d'être examinée sous ce point de vue. Ainsi les livres donnés à mes compagnes m'étaient interdits jusqu'à cet examen.

Comme tous les enfants, je débutai par l'Histoire Sainte, qui fit trêve à ma passion pour les contes de fées dont la lecture, d'ailleurs, me fut défendue, vu l'effet qu'ils me produisaient, même racontés par le premier venu — récits auxquels aussi le *signet* fut posé.

Assise auprès de ma mère, je lisais donc la Bible, celle de Royaumont. Le chapitre achevé, ma mère reprenait le récit et lui donnait une forme qui le mettait plus encore à ma portée. Ainsi gravé dans ma mémoire, ce gros livre me rappelle une de mes plus vives jouissances intellectuelles.

Mon attention s'éveilla par l'intérêt qui se puise dans la connaissance d'événements si merveilleux. Ma mère s'en servit pour me faire arriver naturellement au catéchisme. Expliqué par elle, je mordis aussitôt à l'instruction chrétienne, non seulement quant à la lettre, mais au sens.

Cependant, comme il n'entrait pas dans ses idées de soumettre les jeunes esprits à une tension trop soutenue, elle m'accordait quelques-unes des œuvres de cette époque destinées à l'enfance. Je nommerai le *Magasin des Enfants*, si oublié maintenant, mais dont j'ai gardé un si bon souvenir, même en mettant à part l'attrait de ses « contes de fées », échappés à la proscription par droit de moralité. Puis Berquin, celui qui s'était lui-même surnommé justement *notre ami*. Et puis *Robinson*, cet événement de ma neuvième année, ce livre que je recommençais quand je l'avais fini, sans pouvoir me décider à sortir de son île !

Bientôt, la géographie, de concert avec l'histoire profane, prirent place dans le programme de mes études. L'histoire ne consiste d'abord qu'en un abrégé succinct d'histoire ancienne, dont ma mère corrigeait la sécheresse par des dissertations qui venaient élargir, au profit de l'intérêt, le cercle étroit qui l'étouffait.

La *conversation*, questions et réponses, s'est toujours mêlée aux leçons puisées dans les livres. Le livre apprenait le fait, la conversation le faisait mieux comprendre, en éveillant l'attention par l'attrait. Pas une ligne n'était apprise « par cœur », si ce n'est quelques dates. Dans un examen technique, l'enfant eût peu brillé. Mais, enseignée ainsi, l'histoire en action, l'histoire vivante plaisait à l'imagination, ouvrait des horizons nouveaux, éveillait des idées et ne s'oubliait plus.

La mémoire, développée par la récitation, s'exerçait avec des morceaux choisis, prose ou vers. D'ailleurs, tout ce qui se rapporte à l'enseignement religieux devait être retenu mot à mot.

Les leçons ainsi données n'étaient jamais un ennui ; plusieurs comptaient même parmi les plaisirs ; et ma mère, exigeant une attention soutenue, ne les prolongeait pas outre mesure.

C'est de cette manière qu'elle maîtrisait par le travail de l'esprit ma vivacité de mouvement. Les livres posés, on lui lâchait la bride.

Alors la liberté pouvait se prendre largement. Pourvu qu'on obéît à certaines injonctions (et l'on se gardait d'y contrevenir) nous nous appartenions entièrement à nous-mêmes. J'avais assez souvent mes cousins pour compagnons, l'un plus âgé que moi, l'autre un peu plus jeune ; et non seulement je partageais leurs jeux, mais j'étais peut-être la plus en train. Parcourant galetas, greniers, caves et granges, grimpant sur les poutres, descendant par les trappes, nous enfonçant dans les souterrains et ressortant de ces coins et recoins pour recommencer des évolutions de toute sorte dans les cours, bosquets et jardins, tout cela sans surveillance, du moins visible, tels étaient nos divertissements favoris. Et les heures de récréation s'écoulaient délicieusement. Jamais enfants ne se sont plus franchement amusés.

Mais nous abusions rarement de cette liberté si grande. Ma mère, lorsqu'on « lui revenait », avait une certaine façon d'interroger qui nous semblait accompagnée du don de seconde vue. Nous étions persuadés qu'elle savait tout ce qui venait de se passer. Du reste, l'exercice du libre arbitre qu'elle nous octroyait était largement entendu. Les petits méfaits, tels que robes déchirées ou tachées, mains sales et pieds crottés outre mesure, n'encouraient le plus souvent aucune autre réprimande qu'un sourire railleur ; après quoi, on nous envoyait à Mlle Lefranc, qui ne se faisait faute de *crier* bien haut tout en nous déshabillant et nous débarbouillant.

Nous n'étions même grondées qu'à demi, lorsqu'une invention trop extravagante avait frisé le danger. On n'était pas fâché d'avoir affaire à quelques écorchures ou meurtrissures, supportées sans larmes ou plaintes.

Après les récréations que je viens de décrire, après les promenades où nous allions, courant de tous cotés avec des allures de chèvres vagabondes, nous revenions nous mettre au pas et reprendre le harnais, soit à table, soit au salon.

A table, dès que l'âge nous permettait d'y prendre place, on nous dressait à demeurer en silence, nous contentant de refuser les mets que nous n'aimions point. Le menu du dîner ne se trouvait-il pas selon notre goût ? tant pis ! Personne n'avait l'air de s'en occuper. Cependant, j'ai surpris quelquefois un sourire allant d'une crème à mon assiette, lequel pouvait bien signifier que ma mère avait pensé à sa fille dans l'ordonnance de son dîner. Puis, à propos de certaines friandises, on riait, en disant que j'avais des *droits* au *sucre*, étant née avant le *blocus continental*. Mais, quant aux primeurs, aux fruits de choix, à tout ce qui paraissait sur la table en petite quantité, on ne songeait pas plus à nous en offrir que nous à en réclamer. Ah! quelles belles poires, venues de Saint-Pons, j'ai vu servir à ma grand'mère! Mais il me paraissait tout simple de n'attendre qu'un menu fretin.

Notre attitude passive à table s'explique : presque toujours, à la campagne, des étrangers y prenaient place ; et quand nous étions en famille, il était d'usage que les enfants bien élevés ne se mêlassent que sobrement à la conversation. Ma grand'mère d'Avessens, elle-même, n'aurait pas toléré cet abus.

Cependant, les salons étaient loin de nous être interdits : ma mère tenait au contraire à rapprocher notre enfance des âges qu'elle devait s'accoutumer à considérer avec respect. On nous confinait à l'extrémité de la salle, nous recommandant de jouer sans bruit et de parler tout bas. Mais les oncles, tantes, commensaux de la maison, ne nous laissaient pas ainsi en exil. Que de fois ils m'ont appelée, me tendant des bras vers lesquels je me précipitais! Alors, questionnés, plaisantés, tourmentés même, comme les jeunes chiens qui savent que ce n'est que badinages et caresses, nous nous sentions tout fiers et contents. Souvent, on poussait la bonté jusqu'à nous aller chercher dans notre coin. Et bien souvent aussi, un de nos vieux amis, prenant l'un de nous sur ses genoux, tandis que les autres petites têtes se pressaient contre lui, commençait un de ces récits que les enfants écoutent avec les yeux autant qu'avec les oreilles et qui sont suivis d'une explosion de questions ou de rires allant croissant.

Cependant, bientôt et sur un signe, le silence se faisait. C'était *assez*; il ne fallait pas que ce fût trop ; la discipline eût fini par en souffrir. Mais ma mère, ne voulant pas prolonger la compression, nous renvoyait au dehors retrouver nos libres allures.

D'ailleurs, elle eût redouté que les conversations, s'animant à l'autre bout du salon, revinssent en écho vers nous. On poussait loin, dans la bonne compagnie, le respect pour les oreilles de l'enfance ; mais, d'autre part, il eût été indiscret d'abuser de ces égards. Et puis, ce n'était pas seulement certains genres de propos qu'elle voulait soustraire à notre curiosité ; elle pensait que, tout comme dans les livres, il y a dans les conversations des gens du monde bien des sujets au-dessus de la portée de l'enfance, qui risquent de développer beaucoup trop d'idées dans les jeunes cerveaux.

J'ai déjà dit que ma mère, en l'absence de sa belle-mère, profitait de ses loisirs pour nous rapprocher d'elle plus encore. Je devenais presque chaque jour sa compagne de promenade ; et ces tête-à-tête me ravissaient. Comment définir ce qu'étaient ces conversations si amusantes et cependant toujours si instructives sans que rien en parût? Que de choses sérieuses m'ont été enseignées, entremêlées de si bons rires! Son esprit savait se baisser vers le mien, comme on prend un enfant dans ses bras pour élever sa tête et lui montrer ce qu'il ne saurait voir en son terre à terre. Et tout ce qu'elle disait avait un charme qui tenait du philtre. Durant ma longue carrière, j'ai rencontré des esprits bien distingués ; mais aimable comme le sien, aucun !

Il n'y avait pas un mot dans ce qu'elle disait qui n'eût son but et sa portée, non seulement lorsque la mère de famille causait avec ses enfants, mais encore, eux présents, lorsqu'elle s'adressait à d'autres auditeurs. J'ai pu m'en rendre compte plus tard. Jamais la surveillance qu'elle exerçait ainsi sur elle-même ne s'est relâchée. Et cela durant tant d'années, enfance et jeunesse.

Elle prétendait aussi que, dans le laisser-aller du foyer domestique, bien des petits propos, assez innocents au fond, tels que moqueries, remarques piquantes, jugements rigoureux ou plaintes, aigreurs, impatiences, même justifiées, peuvent passer à l'état de mauvais exemples vis-à-vis des jeunes natures, ne fût-ce qu'en portant atteinte à la charité de *l'esprit*, celle qui se perd, comme la poussière de la fleur, au contact le plus léger.

— Il faudrait, disait-elle, faire arriver les enfants à se persuader que les parents sont parfaits.

Tels furent les commencements de notre éducation morale. Je vais dire quelques mots de l'éducation physique. Elle était dure, peut-être un peu trop. Cependant, nos santés s'en trouvaient bien.

Nous logions dans de grandes chambres où l'on n'allumait pas de feu. Nos robes d'hiver n'étaient que de simples fourreaux d'indienne ; un schal un peu chaud et de bons gros souliers devaient nous suffire pour aller affronter neige, brouillards, vents glacés. Les petits manteaux, les vestes ouatées étaient inconnues. Rentrant frissonnantes, il nous était interdit de nous approcher du feu, si ce n'est un instant pour dégourdir nos mains.

On souffrait donc un peu en hiver, le matin à son lever, le soir à son coucher. Cependant, aguerrie ainsi contre le froid, je le sentais à peine, tandis que la plupart de mes compagnes grelottaient et quittaient, pleurantes, les jeux que je continuais avec ravissement. J'avais ainsi des jouissances champêtres par tous les temps, qui leur étaient inconnues.

Mais, à la moindre indisposition, ce régime cessait et les soins les mieux entendus nous étaient prodigués. L'enfant malade continuait, néanmoins, à demeurer sous la couleuvrine de l'éducation : nous n'avions pas même l'idée de nous en affranchir : obéissance absolue, caprices interdits. Aussi étions-nous des malades de bonne humeur, raisonnables et patients.

Une drogue, quelque abominable qu'elle fût, était avalée sans aucune hésitation. Un ordre, donné le soir, suffisait pour nous faire accepter, de la main de Mlle Lefranc, ces affreux *contre-vers* avec lesquels on nous empoisonnait chaque mois, selon les prescriptions de la médecine de cette époque.

On le voit, nous étions des enfants élevés sévèrement, même rigoureusement. Et, cependant,

nous étions des enfants gais, contents, heureux,
qui se moquaient des enfants gâtés, car il y en avait
dans ce temps-là, et de la façon la plus maussade.
Mais leurs camarades se chargeaient de leur appliquer des corrections souvent efficaces. Les quolibets produisaient la honte, « le bannissement »
imposait l'ennui et les caractères se domptaient
ainsi.

Si je n'ai rien dit de notre éducation religieuse,
c'est parce que je me réserve d'en parler à l'âge
où l'on peut la développer d'une manière complète,
soit comme fond, soit comme forme. Toutefois,
je ne me souviens pas du jour où la connaissance
de Dieu me fut révélée et où l'on joignit mes mains
pour le prier. Avec ma mère et mes grand'mères,
c'est vers le ciel que mes premiers regards ont été
guidés.

*
* *

Mon père et ma mère, heureux de leur intimité,
plus resserrée par la solitude qui se faisait autour
d'eux en hiver, après le départ de ma grand'mère,
ne quittaient guère Hauterive avant la mi-
décembre. Ces premiers mois sombres ne nous
paraissaient pas une triste saison. Le château
nous étant livré, son étendue favorisait toute
espèce d'exercices et de jeux et l'on sait à quel
point nous étions libres d'en user ! Mais il y avait
une personne qui ne prenait pas son parti de ces
ébats, ni même de notre existence : c'était Mme Duras, l'ancienne femme de chambre de ma grand'-
mère.

Mme Duras avait été jadis ramenée de Paris,
en souvenir de la vie élégante du grand monde

et pour aider à la continuer en province comme gouvernante des atours. Mais la Révolution survint, les années la suivirent et se succédèrent ; il n'y avait plus de cheveux à poudrer, de corset à lacer ; ma grand'mère portait *un tour de boucles fausses* et sa taille, tout en étant demeurée belle, s'était mise à son aise dans une veste de basin crochetée. De plus, *la chambrière*, saisie et garrottée par des rhumatismes, avait été forcée de résilier ses fonctions et de passer son service à des bras et des jambes d'un autre âge. Elle avait donc pris sa retraite dans le château, selon l'usage ordinaire en ce qui concernait les anciens serviteurs.

Je suppose qu'elle devait avoir eu des qualités dans sa jeunesse ; mais, la vieillesse venue, on ne lui en reconnaissait aucune. Toujours murmurant dans son antre, elle accueillait par les paroles les plus aigres les infortunés qui se voyaient forcés d'aller l'y trouver. Malheureusement, elle en sortait dès que ses douleurs lâchaient prise et s'en allait, appuyée sur sa canne, ruminant des gronderies qui s'échappaient en apostrophes dès qu'un domestique, homme ou femme, se rencontrait sur son chemin. Quant aux enfants, elle les détestait et semblait toujours prête à prendre sa béquille pour les assommer. Aussi, dès que nous entendions son pas clopin-clopant, nous nous hâtions de fuir en poussant le cri : La voilà !

Je me suis rendu compte de cette répulsion bizarre dont nous étions l'objet : nous avions dérangé ses habitudes. Et c'est un crime aux yeux de beaucoup de vieilles gens. Avant le mariage de mon père, Mme Duras habitait une certaine grande chambre, dont on ne pensa pas d'abord à la déloger, quoiqu'elle fît partie de l'appartement de mes parents. Ma mère poussa même cet égard jusqu'à placer mon berceau dans une espèce de recoin sans cheminée, à peine éclairé, lequel servait trop souvent de passage. C'est là que Mlle Lefranc réchauffait mes pieds avec sa *pièce d'estomac*.

Cette situation ne pouvait durer. On décida que la grande chambre, naturellement désignée pour devenir celle des enfants, aurait désormais cette destination et Mme Duras dut se transporter à l'autre extrémité du château, dans une chambre, grande aussi, mais qui lui déplut immédiatement et à tout jamais. Elle prit donc en grippe non seulement les enfants, mais leur mère. Cependant, comme, en définitive, elle n'avait au fond qu'à se louer de tous les soins que ma mère exigeait qu'on lui rendît, elle rengainait sa mauvaise humeur en sa présence. D'ailleurs, elle subissait, comme les autres subalternes, l'empire de ce caractère si juste, mais si ferme, devant lequel tous pliaient.

Un tableau qui m'amuse rétrospectivement, c'est de revoir en présence, dans ma mémoire, Mlle Lefranc et Mme Duras.

Mlle Lefranc, tombée de Paris en Languedoc comme dans la lune, se raccrocha soudain à Mme Duras. Mêmes souvenirs du nord de la France, même langage parisien, même amour pour le *café au lait*. Leurs costumes aussi, sans se ressembler, paraissaient néanmoins les placer l'une et l'autre dans une classe supérieure à celle des domestiques, leurs camarades. Mlle Lefranc, avec ses chapeaux, ses mitaines et ses robes à la grecque taillées d'après celles de ma mère, regardait d'un

air de considération (qui se retournait vers elle-
même) la frisure poudrée, le caraco, les manches
à engageantes et le jupon de camaïeu de Mme Duras, qui rappelaient la femme de chambre de l'ancien régime, reflétant l'ombre de la grande dame
sa maîtresse. La même impression, le même effet
sympathique s'étaient produits chez Mme Duras.

Cette bonne entente ne devait point continuer.
La spoliation de la chambre y mit fin. Mlle Lefranc, couchant dans le lit à l'ange où Mme Duras
avait dormi si longtemps pendant tant d'années,
devint à ses yeux une usurpatrice. Et Mlle Lefranc,
à son tour, ne put supporter les maussaderies,
toujours croissantes, de Mme Duras à l'endroit des
enfants qu'elle adorait. Le café au lait, de temps
en temps, rapprochait les ennemies, surtout quand
vint le blocus continental et qu'il s'agit de mettre
au compte des plus grands griefs à reprocher à
l'Empereur Napoléon le prix exorbitant des denrées coloniales. (Elles achetaient leur sucre et leur
café.)

J'avais à peu près neuf ans lorsque la vieille
infirme mourut. Ma grand'mère seule la pleura
un peu. En résumé, Mme Duras n'était aimée de
personne, parce qu'elle n'aimait personne. C'était
le *chat* de la maison.

Les autres domestiques, au contraire, se montraient pleins de complaisances pour nous, presque
trop : car la cuisine, petit empire où nous trouvions
des sujets, nous attirait sous bien des prétextes.
Sa situation favorisait si commodément ces relations ! Ma mère, en cela, n'avait rien défendu, ni
rien permis positivement, se réservant, selon l'abus,
de retirer la tolérance. Aussi demeurions-nous tou-

jours un peu sur la frontière de la crainte, quand
nous nous attardions auprès de la grande cheminée,
où nous nous réchauffions en y jetant à pleines
mains ces sortes « de rubans » que le rabot du me-
nuisier déroule et qui font une si brillante flamme.
Puis, dans la saison, nous nous accordions le plaisir de faire cuire sous la braise des châtaignes
pétillantes, toujours prêtes à nous sauter au visage... ce qui provoquait les rires de tous. Mais,
s'ils se prolongeaient, nous entendions une voix
qui nous rappelait à l'ordre et au salon.

Dans ce salon, durant les longues soirées d'automne, après le départ de ma grand'mère, lorsque
nos parents se retrouvaient seuls, au coin du feu,
nous accourions, fières de jouer un rôle. Ma mère,
alors, écoutait nos récits incohérents et répondait
à nos questions réitérées, prenant *le plus vif intérêt*
à tous ces riens qui préoccupent si sérieusement les
enfants.

Mon père se mêlait à la conversation par des
mots charmants, tout en lisant, écrivant, allant
et venant pour donner des ordres à un métayer,
à un charpentier, à son homme d'affaires. Tout
cela avec cette promptitude de mouvement et
d'imagination qui semblait faire d'une même personne plusieurs individus.

A l'heure accoutumée, Mlle Lefranc apparaissait, emmenant d'abord ma sœur, puis venait mon
tour, après un autre petit bout de veillée, où je
croyais devoir me poser en *grande personne*, c'est-
à-dire grave et calme. Le bonsoir maternel était
accompagné d'un baiser et suivi d'une recomman-
dation relative à ma prière. Mlle Lefranc se gardait de me laisser l'oublier et me faisait toujours

répéter le *Pater* deux fois, dont une en latin, se persuadant que c'était une autre prière. Pauvre âme ignorante, à qui j'en remontrais en fait de catéchisme, mais qui savait prier Dieu et faire l'aumône !

L'hiver que je décris se rapporte dans mon souvenir à la fin de ma huitième année, celle où je vois poindre « l'union intime » qui s'établit entre ma chère sœur Octavie et moi. Grandissant comme nous, elle développa l'amitié passionnée qui souda nos deux cœurs pour partager entre eux les mêmes battements. Si je continue à retracer mes souvenirs, on verra la place exceptionnelle que cette sœur a tenue dans ma vie, jusqu'au jour où elle me fut enlevée... à vingt et un ans !

Charmante créature ! qui prodiguait les trésors de son esprit et de son âme sans que son amour-propre en sût rien.

*
* *

Malgré les charmes de la campagne où chacun de nous trouvait des plaisirs à sa portée, le retour à la ville était accueilli avec joie. Ma mère pensait à son père, à ses sœurs, à ses amis et, d'ailleurs, en cette année (1812), elle allait se rapprocher de sa troisième fille, Émilie, demeurée en nourrice à Toulouse. Moi, j'avais à revoir mes cousins et les compagnes de mon âge. Octavie, se modelant sur sa sœur aînée, se croyait aussi très contente. Et Mlle Lefranc se rengorgeait à l'idée de retrouver deux ou trois femmes de chambre parisiennes, en chapeaux comme elle.

Mon père, seul, soupirait lorsqu'il promenait son regard d'agriculteur sur ses champs ; et quoique

la pointe des blés eût commencé à peine à percer
la terre, il lui semblait que son absence allait
compromettre sa récolte. Mais bientôt l'homme du
monde se redressait en songeant aux salons où l'on
causait si bien ! Et, vite, il allait organiser le départ.

Sait-on ce que c'était qu'un voyage d'Hauterive
à Toulouse à cette époque? Les courtes journées
de décembre étaient venues ; on quittait le château dans l'après-midi et la berline, traînée par
des bœufs, suivie d'une charrette qui portait les
bagages, s'acheminait vers Castres où l'on allait
coucher à l'hôtel du *Petit Saint-Jean*, aux appartements nus comme lui.

Dès le point du jour un voiturier, avec ses
grandes voitures de louage, se présentait pour
emporter voyageurs et malles. On tenait six dans
l'intérieur : mon père, ma mère, ma sœur et moi,
plus deux femmes, dont Mlle Lefranc. Les autres
domestiques se hissaient auprès du conducteur
dans ce qui se nommait le *cabriolet*, espèce d'au-
vent recouvert de toile cirée. Alors l'équipage
se mettait en marche au pas lent de trois ou quatre
chevaux qui semblaient d'avance exténués de
fatigue. Il est vrai qu'on exigeait d'eux journellement un rude métier ! A peine hors de la banlieue,
le véhicule s'engageait dans des routes où les
ornières faisaient concurrence aux fossés et où les
roues s'enfonçaient dans des sillons dignes de
champs labourés. Le régime vicinal de l'Empire
était la continuation de celui de la République :
charrois continuels de canons et munitions et
point d'argent à consacrer à la réparation des fon-
drières.

Aussi, tout ce qu'on pouvait obtenir de trois ou

quatre chevaux efflanqués, c'était que, toujours prêts à s'arrêter, ils conduisissent la lourde voiture en une journée de Castres à Lavaur, où l'on arrivait à la nuit tombante, non sans avoir eu recours à des bœufs de louage pour monter certaines côtes. Après ces quelques lieues, si péniblement franchies, les coursiers, tout en sueur malgré la saison, se donnaient eux-mêmes un coup de fouet et s'empressaient de gagner l'écurie en trottant. Les voyageurs, moulus, gelés, se précipitaient dans la grande salle de l'auberge, où le *maître queux*, M. Viménet, avec son immense bonnet de coton et son tablier blanc, nous accueillait comme une rente annuelle.

La flamme d'une bourrée de fagots, jetée dans la haute cheminée, faisait sourire aussitôt tous les grelottants, même les enfants encore en proie au mal de *voiture*. Tandis que pieds et mains se réchauffaient, la servante, après avoir quitté ses sabots et marchant sur ses bas, dressait une table, la couvrait d'une nappe de gros linge roux, y déposait une bouteille noire et puis apportait fièrement des assiettes de faïence à peintures grisailles qui représentaient Cendrillon et toutes ses aventures, lesquelles absorbaient assez notre attention pour nous empêcher de réclamer trop souvent le souper qui n'arrivait point. Enfin, il apparaissait, distribué en je ne sais combien de plats, tous excellents, et dont mon père, fin gourmet, ne manquait jamais de complimenter M. Viménet, qui se redressait plein d'orgueil après avoir salué jusqu'à terre.

Le couvert enlevé, Mlle Lefranc emmenait les enfants et nous plongeait chacune dans un immense lit bien bassiné, sybaritisme très inaccoutumé, qui nous faisait pousser de petits cris de joie.

Le lendemain matin, les yeux à peine ouverts, nous nous acheminions vers la voiture, éclairés par une lampe qui luttait avantageusement contre les premières lueurs de l'aube ; et la machine roulante recommençait un trajet en tout semblable à celui de la veille.

Mais, cette fois, c'était à Toulouse qu'elle s'arrêtait définitivement pour nous laisser sous la voûte de la maison que nous habitions et où nous retrouvions ma grand'mère, nous attendant joyeuse, avec un souper aussi bon que celui de M. Viménet.

V

TOULOUSE EN 1812

Nous voici à Toulouse, la vieille ville que je revois distinctement avec les yeux de ma neuvième année.

De toutes les anciennes cités, Toulouse est peut-être une de celles qu'on a vu conserver le plus longtemps sa physionomie d'un autre âge ; et quelques-unes de ces traces peuvent s'y retrouver encore, tant est profonde l'empreinte.

Mais, en 1812, la capitale du Languedoc semblait craindre d'attenter aux grandeurs de son passé en se permettant de s'embellir. Son instinct lui disait-il que ces restes surannés lui seyaient mieux que les modernes atours qui, maintenant, dissimulent assez mal ses rides et lui enlèvent son cachet particulier ?

En 1812, on n'y trouvait pas une seule rue large et droite, y comprenant celles qui passaient pour *belles*. Les maisons ne suivaient aucun alignement, ne présentaient aucune uniformité, avançant, reculant de la façon la plus indisciplinée. Ainsi se formaient des *recoins* dont s'emparaient le savetier et son échoppe, le mendiant éclopé et son petit chariot, indisciplinés eux aussi.

Ces maisons, les unes basses, les autres hautes, percées de fenêtres inégales à tous les étages, avec des petites boutiques au rez-de-chaussée qui semblaient rentrer sous terre, avec des portes étroites donnant dans des couloirs humides, où l'escalier se rencontrait dans l'obscurité, à moins qu'il ne se présentât ouvert à tous les vents, toutes ces maisons bourgeoises aux murs noirâtres coudoyaient de beaux hôtels dont quelques-uns remontaient à l'époque de la Renaissance, mais dont la plupart dataient des règnes de Louis XIV et de Louis XV.

Presque tous s'ouvraient sur des rues qualifiées justement de ruelles. Mais, dès que le grand portail avait poussé ses lourds battants, les pas rencontraient une vaste cour où l'on distinguait aussitôt le corps de logis principal ; un perron conduisait au pied d'un escalier grandiose. Antichambres et salons s'éclairaient assez ordinairement sur un jardin attenant à d'autres jardins. L'hiver, le soleil entrait à flots par les fenêtres ; l'été, l'air y arrivait chargé des émanations de la verdure et des fleurs.

Dans ces hôtels, après la Révolution, l'air et le soleil étaient ce que l'on avait retrouvé de plus intact. Les salons à peine meublés, les antichambres veuves de laquais, le grand vestibule dépeuplé de porteurs de chaises, les écuries et remises vides les cuisines et offices ne retentissant plus du va-et-vient de nombreux domestiques, tout, entre ces murs dépouillés, eût semblé proclamer la déchéance de la noblesse si son empreinte ne se fût conservée dans l'attitude si digne de ces « ruinés ». Aussi, lorsque, modestement vétus, ils passaient à pied dans ces rues où jadis leurs carrosses et leurs chaises refoulaient le peuple contre les murs, ce même peuple s'effaçait encore pour ne pas les heurter. J'ai vu les restes de ce respect dont bénéficiaient même leurs enfants.

Les porteurs, cette tribu que la Révolution avait laissée sans emploi, s'étaient cependant retrouvés sur les places publiques avec leurs chaises, au retour des proscrits ; et les douairières, qui ne pouvaient s'accoutumer à affronter les pavés, consacraient encore quelques écus au genre de locomotion du temps jadis. Les femmes de tous les âges s'en servaient le soir pour aller dans le monde, les voitures publiques n'existant pas et les voitures particulières étant encore fort peu multipliées.

Veut-on connaître le Toulouse qu'hommes et femmes de cette époque parcouraient à pied, matin et soir, avec ou sans parapluie, selon le temps?

Je me plais à supposer un étranger sortant de l'hôtel d'Avessens, l'hôtel Riquet. A peine hors de sa vaste cour, on se trouve dans une de ces rues étroites où le soleil pénètre à peine, où l'herbe cherche à croître sous les pas trop peu nombreux pour la mater, et où se montre, à demi sec, un ruisseau noir alimenté seulement par l'eau des toits. On aboutit ainsi à une artère qui s'en va comme

en zigzag, avec des prétentions très mal justifiées
de grande rue. Il en est de même de bien d'autres,
rencontrées chemin faisant. Des places viennent
parfois les couper : c'est le nom que la population
toulousaine donne effrontément à des espèces de
carrefours en triangle, où débouchent et d'où
ressortent trois ou quatre de ces ruelles, toujours
prêtes à se produire par vieux droit de cité. La
place Saint-Étienne, malgré la cathédrale dont elle
s'enorgueillit, n'a garde de se présenter sous un
autre aspect. La place Royale elle-même, tout en
conservant ce titre, n'a pu parvenir encore à s'ali-
gner ; et les plus humbles maisons, faisant face au
Capitole, le regardent sans honte d'elles-mêmes.
La place des Carmes n'existe pas : les débris d'un
magnifique couvent détruit par la Révolution
occupent son vaste emplacement devenu une
espèce de cloaque.

Le commerce, pas plus que l'aristocratie, n'a
songé à l'élargissement des rues. Il y en a cependant qui portent la qualification d'un métier ou
d'une industrie. La rue des Marchands en offre
un spécimen au voyageur qu'elle attire nécessai-
rement. Les boutiques, rangées des deux côtés,
sont si rapprochées qu'elles ont l'air de se toucher
la main malgré les rivalités. Le chaland entre dans
une petite pièce située au rez-de-chaussée, basse,
étroite, éclairée seulement par la porte, largement
ouverte il est vrai, et soufflant dans ses doigts, si
c'est en hiver, malgré le *brasero* qui se pavane au
milieu du magasin. Il débat le prix qu'on lui énu-
mère en livres, sous et deniers, reçoit la marchan-
dise qu'on lui mesure à la *canne* ou au *pan* et sort
de la boutique obscure sans espérer retrouver le

jour au dehors. Mais, au bout de cette rue, l'horizon s'ouvre, le *Pont-Neuf* se présente, la Garonne s'offre aux regards, ses rives se dessinent ; et au loin, bien loin, quelque chose qui ressemble à des ombres vous désigne la cime des Pyrénées. Puis, l'œil retombe et va chercher à l'extrémité du pont l'arc de triomphe de Louis XIII qui, plus tard, devait être abattu pour faire arriver jusque dans la ville la grande route et ses charrettes avec son égalité et son sans-gêne populaire.

A quelques pas, longeant le fleuve, on rencontre, comme perdu, l'ancien quartier aristocratique, le plus beau de tous encore, celui qui garde les traces des splendeurs nobiliaires évanouies. Comme le Marais à Paris, il a cédé le pas au *Faubourg Saint-Germain toulousain*, non sans protester, car l'aigreur subsiste encore un peu entre les deux paroisses, la Dalbade et Saint-Étienne.

En 1812, dans la partie de la ville bornée par le cours de la Garonne, la vue, comme à présent, s'étendait au loin. Mais, à l'opposé, vers le levant, ses murailles féodales l'enserraient encore malgré d'assez nombreuses brèches ; et les vieilles portes se dressaient, sourcilleuses, quoique dépourvues de leurs battants.

S'engouffrant sous leurs cintres massifs, les promeneurs s'y pressaient pour aller jouir de l'air et du soleil, mesurés si parcimonieusement dans les rues.

La promenade à la mode était le *Grand Rond,* ainsi nommé à cause de sa forme bizarre, image d'un soleil étendant ses rayons en allées droites qui s'en allaient dans toutes les directions. Le centre, c'est-à-dire le *rond*, planté de plusieurs rangées de magnifiques ormeaux, devenait, le dimanche, le rendez-vous de toutes les classes.

C'est là que venaient se produire, à l'époque où est placé ce tableau, les toilettes des dames de l'aristocratie, que ne se permettait pas d'adopter la petite bourgeoise et que la femme du peuple admirait sans les envier.

Mais la femme du peuple n'avait-elle pas aussi sa parure? Et n'était-elle pas fière de son costume si particulier, si seyant et quelquefois si riche?

La voyez-vous, la fille de l'artisan, la grisette (1), sortant de la petite boutique paternelle, ou même de l'échoppe dressée le matin sur la place publique, vendant à tous venants légumes, fruits, denrées de toutes sortes? Le dimanche, elle a fait peau neuve de ses vêtements afin de mieux accompagner son joli *minois*, qualification qui semble avoir été créée pour son charme piquant. Petit nez, ordinairement retroussé, grands yeux noirs tour à tour malins ou tendres, bouche bien dessinée sur laquelle des lèvres rouges et des dents blanches semblent appeler sans cesse le rire moqueur. Ces traits se voient encadrés dans un visage ovale, au teint mat, rehaussé de vives couleurs; le front large est orné de sourcils bruns et les cheveux, bruns aussi, peuvent contenir à peine dans la haute coiffure sous laquelle ils se cachent. La magnifique chevelure de la grisette n'est connue que de sa mère et de ses sœurs, lorsqu'elle la démêle traînant jusqu'à terre ou la roule pour l'enfermer.

---

(1) La grisette toulousaine présentait un type si particulier que je lui consacre presque un chapitre. Elle a disparu complètement, avec les anciennes mœurs.

Cela fait, il n'en paraît plus qu'un bandeau accompagné de deux grosses boucles, sur lesquelles s'abat une large dentelle froncée, qui suit les mouvements de la physionomie mobile qu'elle semble caresser. N'allez pas croire que cette sorte de demi-voile soit un chiffon de tulle de quelques sous. Non : c'est une fine valenciennes, une belle malines qui a coûté deux ou trois louis d'or. Quelquefois elle est venue de l'héritage d'une grand'mère. Plus souvent, elle est achetée en beaux deniers comptants, amassés jour par jour sur les minces profits abandonnés à la jeune ouvrière.

C'est une fille à marier ; ne faut-il pas la parer pour l'embellir ? D'ailleurs, elle travaille ferme pour la communauté, pour la famille : ne doit-on pas lui laisser quelques écus à consacrer à ses atours ?

La voici maintenant dans sa chambrette, devant son miroir, grand comme la main. Coquettement elle accroche à ses oreilles des *pendants d'or* aussi gros que la moitié d'un œuf, tourne autour de son cou plusieurs rangs de chaîne où se suspend une belle croix, ou mieux encore un *Saint-Esprit*, colombe aux ailes étendues. Tout cela en bel et bon or, comme les pendants. Alors, elle s'arrête pour se mirer et sourire à son visage ; puis elle laisse couler jusqu'à terre la bure du matin et se revêt d'un *déshabillé de Castres*, étoffe de laine fine à mille raies violettes et rouges. Il est aussitôt accompagné par un tablier où se déploie le luxe : un tablier de cotonnade rouge sur laquelle on a brodé en soie une guirlande de fleurs de toutes nuances. Et puis, enfin, renchérissant en élégance, un grand schal est déployé, un schal en mérinos à franges ou mérinos à palmes, en mousseline brodée ou mousseline garnie de dentelle, selon la saison. Et rien n'a été épargné pour cet objet de toilette suprême : le schal ! Contemplé un instant avec un regard d'amour, les doigts s'empressent de former les gros plis qui doivent le raccourcir sur les épaules, de disposer gracieusement les petits plis destinés à le fixer sur la poitrine par des épingles ; et l'œil glisse avec lui jusqu'aux pieds que vont effleurer ses deux pointes. Ces petits pieds, chaussés de fins souliers de *castor*, frétillent, prêts à s'appuyer à peine sur la pointe des pavés, trottant menu si gentiment.

— Allons ! allons ! crie la mère !

La famille se met en marche. On débute par l'église : c'est l'heure des vêpres. La grisette s'y tient dévotement, tout en tournant un peu la tête et sort des premières, tiraillant la mère de famille qui voudrait bien dire encore une oraison. Mais le soleil baisse, l'heure de la promenade s'en va !

— Allons ! allons ! dit la fille à son tour.

Ah ! déjà que de monde autour du Rond ! On se rencontre, on se reconnaît, on se joint : les pères et mères, rangés en ligne, marchent gravement. Une autre ligne se forme en avant. Celle-là ressemble à une volée de moineaux qui vient de s'abattre sur un buisson, battant des ailes et gazouillant à plein gosier. Que de choses à se dire ! Car c'est la jeunesse qui s'est réunie et, malgré la surveillance des matrones, les œillades vont et viennent et les petits propos aussi. Mais les matrones n'en sont-elles pas un peu complices? Ne faut-il pas se *parler* quand il est question de s'épouser? Dans la classe du peuple, on ne comprend pas un mariage sans ce préliminaire.

Se parler !... c'est se dire ce qui se dit dans toutes les langues, de jeunes hommes à jeunes filles. Mais la grisette, avec son patois, y met un accent tout particulier. C'est la hardiesse qui s'avance et puis qui fuit avec un sourire. Ce sont des griffes de jeune chatte qui se montrent sans égratigner. Ce sont aussi de petits mots dédaigneux ou ironiques, démentis par un coup d'œil provocant ou tendre, lequel se convertit bien vite en regard sévère, si le regard y répond avec trop de confiance ou si la parole ose s'émanciper. Car la grisette est une honnête fille qui mêle la grave pensée du mariage à son rire le plus accentué : cette intention finale est toujours sous-entendue par sa coquetterie.

Le crépuscule vient : il faut se séparer. On rentre chez soi, on soupe ; mais, en été, les soirées sont longues et les maisons brûlantes. Vite, on ira s'établir devant une porte, à l'endroit le plus large de la rue. Les voisins se groupent. Quelques-uns des jeunes promeneurs se retrouvent là aussi et la conversation reprend et s'anime plus encore. Mais des chants viennent l'interrompre. Ce sont les frères, les cousins, les fiancés quelquefois, qui reviennent du spectacle. Le spectacle ! seul luxe que s'accorde cette population mélomane. L'opéra recommence en plein vent. Des voix de ténors, barytons ou basses font entendre de mémoire les partitions des plus grands maîtres. De délicieuses voix de femmes s'y joignent aussitôt : c'est ainsi qu'elles prennent leurs leçons de chant, et quelquefois les acteurs et actrices des théâtres seraient réduits à se taire dans cette lutte de rossignols,

tant l'instrument est admirable, chez ce peuple
créé musicien, et tant il sait s'assimiler vite ce
que l'art vient ajouter à la nature : il lui a suffi
d'écouter.

Minuit sonne. Le père s'est déjà retiré. La mère,
ayant compté les douze coups, se lève précipitamment. On se sépare pour se retrouver le dimanche
suivant.

Mais les beaux jours de la saison s'écoulent :
ceux de la vie également. Il faut en finir avec les
gaietés insouciantes de la jeunesse et se marier.
La grisette, parée de ses plus beaux atours, auxquels viennent s'adjoindre les riches cadeaux de
son fiancé, désire encore une fois attirer les regards
de la foule. Puis, dès le lendemain des noces, ses
habits repliés, elle devient, et pour le reste de son
existence, l'épouse fidèle d'un mari économe : un
boutiquier, un chef d'atelier, souvent même un
ouvrier en journée dont elle prépare les repas,
raccommode les vêtements, blanchit le linge, tout
en allaitant les enfants et leur enseignant à prier
Dieu dès qu'ils commencent à balbutier.

Telles étaient les mœurs de ces familles d'arti-
sans qui, de père en fils, exerçaient, dans les mêmes
maisons, les mêmes métiers, fières d'une généalogie d'honnêtes aïeux. C'était là qu'on retrouvait
le citadin de la vieille capitale de l'Occitanie, avec
son esprit si fin, ses paroles railleuses et son intelligence rapide, toujours prête à tout comprendre,
ou même à tout deviner.

Où sont ces indigènes? Ils ont disparu peu à
peu, submergés par les flots d'étrangers venus de
la banlieue, de la province, de bien plus loin encore.
Cette population, doublée en moins d'un demi-

siècle, n'a pas de *nationalité;* il y a des habitants de Toulouse, il n'y a plus de Toulousains.

VI

L'ABBÉ ET LE VICOMTE

Après avoir essayé de décrire un peu l'ensemble du Toulouse de mon enfance, je vais y chercher la maison que nous habitions à cette époque.

Elle existe rue du Vieux Raisin, avec sa façade et son grand escalier. Mais l'intérieur a subi bien des bouleversements. N'importe : mon souvenir y va revoir mes vieux parents disparus.

J'avais deux grands-oncles, les oncles de mon père : l'abbé et le vicomte de Villeneuve. Tous deux, presque chaque soir, venaient passer quelques heures dans le salon de ma grand'mère et les soirées commençaient dès la fin du jour ; car, alors, on dînait à quatre heures.

L'abbé, avec sa grande taille, sa longue soutane et sa canne à pomme d'ivoire presque aussi haute que lui, arrivait le premier afin de ne pas rencontrer dans ce salon, très sérieux pourtant, ce qu'il appelait *le monde.*

Tous ceux qui le connaissaient, même intimement, affirmaient qu'il était dépourvu de tout esprit. De sa propre initiative, il ne disait rien et il répondait aux questions par des monosyllabes qui n'en disaient pas davantage. Sa belle-sœur, ma grand'mère, sortait de son caractère lorsqu'elle parlait de leurs tête-à-tête à Hauterive, où parfois elle ne résistait pas à la tentation de lui chercher querelle sans motif, pour essayer de faire naître en lui une idée, fût-ce celle de se fâcher. Point : rien ne l'émouvait, rien ne se montrait sur cette physionomie, immobile comme la surface d'un glacier éternel où les pierres rebondissent sans laisser aucune empreinte. Mais, sous cette enveloppe, il y avait une de ces âmes simples, marquées, peut-être, du sceau de la sainteté et connues de Dieu seul.

Ce prêtre, dépouillé de ses bénéfices et qui, durant de longues années, avait mené la vie d'un proscrit, ne parlait jamais de ses souffrances passées, ne se plaignait jamais de sa gêne présente. Sa légitime, une toute petite métairie avec ses récoltes précaires, suffisait-elle à ses besoins? Il ne disait à personne de quoi et comment il vivait au fond d'une chambre, au dernier étage, dans laquelle il avait installé une grande cage remplie d'oiseaux, à côté de sa bibliothèque dans laquelle ne se trouvaient que des livres de la plus haute piété, accolés à l'*Histoire du Languedoc*, par dom Vaissette. Le saint prêtre ne faisait trêve à la prière à genoux, ou continuée un livre à la main, que pour soigner lui-même ses nombreux petits captifs, ou pour chercher dans l'œuvre du bénédictin ce qui se rapportait à ses ancêtres de Villeneuve ; lecture dont il ne se lassait point. Mais ce n'était pas pour faire parade de leur antique race : il ne parlait pas plus des morts que des vivants. Cependant, il se pouvait qu'à cet endroit une petite pointe d'orgueil donnât naissance quelquefois à des pensées dont le prêtre devait se frapper la poitrine en disant sa messe.

Cette messe était la terreur de bien des fidèles :

on évitait son heure à l'oratoire de Nazareth : elle durait comme deux messes. Je suis persuadée que le clerc exigeait une rétribution double. Le bon abbé ne s'en inquiétait guère, pas plus que de l'auditoire absent ; ses yeux semblaient regarder toujours en haut. Une extase venait-elle lui montrer les anges, qui ne manquent jamais d'assister au sacrifice que le ciel envie peut-être à la terre, tant il vient rapprocher l'homme de la Divinité. Le prêtre se voyait sans doute enlevé là où les minutes versent des torrents de félicité. Il ne les comptait donc pas.

Descendu de l'autel et après une oraison presque aussi prolongée que sa messe, on revoyait le même grand abbé au visage impassible, qui reprenait sa longue canne et retournait à pas compassés à son domicile, où l'attendait, en bouillottant outre mesure, l'unique ragoût dont se composait le menu de son dîner.

Les deux frères, selon l'usage de l'ancien régime, dès leur enfance avaient été dirigés vers une carrière déterminée d'avance, mais dans des voies différentes, dont leurs natures dissemblables s'étaient d'ailleurs accommodées.

L'épée fut posée sur le berceau du vicomte. Après avoir appris à lire, à écrire je ne sais où, il partit dès sa quatorzième année pour son régiment, avec un très léger bagage de science. Il y ajouta peu à peu quelques bribes, puisées çà et là, dans des romans en vogue assez lestes, ou bien dans *le Mercure*, journal littéraire du dix-huitième siècle. Et puis, enfin, durant les mois de garnison, la fréquentation du théâtre, grâce aux opéras et comédies, meubla tout particulièrement sa mémoire d'une quantité de petits couplets et refrains, qui venaient, en réminiscences, le ragaillardir encore dans ses vieux jours.

Pas plus ignorant que bien d'autres gentils-hommes de sa génération, il avait de l'esprit sans l'appuyer sur aucune prétention ; et, par suite, il s'abandonnait en toute liberté à son entrain, s'efforçant d'écarter ce qui pouvait y porter atteinte ; car souvent des nuages noirs passaient dans son horizon. Comme la plupart des cadets, il vivait de sa paye d'officier et la pension paternelle n'y ajoutait pas grand'chose. Après la mort de son père, sa légitime (une quinzaine de mille francs) lui parut une mine. Elle s'épuisa vite. Son frère aîné, le seigneur du Crozillat, la recomposa, non sans admonition. Le grignotage, cette fois, dura longtemps ; mais arriva pourtant le dernier morceau. Le seigneur d'Hauterive prit à sa charge la troisième légitime, en signifiant vertement que ce serait la dernière.

Le sans-souci du vicomte s'alliait cependant à une grande impétuosité de caractère. Il entrait dans des colères subites qui s'exhalaient en expressions si furibondes, accompagnées de gestes si multipliés, qu'on se sentait plutôt porté à en rire qu'à s'en effrayer : c'était si souvent à propos de rien ! Toutefois, après ce grand feu de fusées, la pluie d'étincelles cessant, il reprenait sa nature de bon garçon, n'ayant pas le sens commun dans le gouvernement de la vie et cependant se donnant carrière pour fronder celui du roi, la cour, les ministres, à grand renfort de chansons demi-séditieuses dont il possédait un répertoire complet ; ce qui ne l'empêchait pas de mettre flam-

berge au vent si l'on s'attaquait à la reine. Mais,
bien vite, il signait une trêve avec les questions
politiques même ainsi traitées et se rabattait sur
un *pont-neuf* mimé avec une verve qui mettait en
train tous ses camarades, autour de la table de
pension. Puis il s'en allait passer sa soirée dans le
grand monde de ce temps-là, fort accueillant pour
les cadets-gentilshommes, ces bons vivants qui
savaient si bien s'amuser et amuser !

Là, un souper fin l'attendait, précédé par une
partie quelconque. Et si, par suite d'habiles combinaisons (il ne jouait que des jeux de calcul), les
cartes ou les dés avaient fait entrer quelques louis
dans sa poche, revenant tout joyeux à son gîte où
l'attendait son lit de camp, les songes lui arrivaient par la *porte d'ivoire*. Il rêvait peut-être
que ses trois légitimes repoussaient !

Tel était au moral le vicomte de Villeneuve.
Quant à son portrait physique, le regard était
aussitôt attiré par un immense nez, destiné à
fixer l'attention successive de plusieurs générations. Il ne ressemblait à aucun autre nez classé
dans une catégorie quelconque : c'était le nez du
vicomte de Villeneuve. Mais ce nez avait une attitude si fière et si martiale qu'on n'osait pas en
rire : il étonnait plus qu'il ne déplaisait. On aurait
pu dire qu'il faisait le visage à lui tout seul, tant
les autres traits se prêtaient à tous ses mouvements
comme des subordonnés. Ceux-là ne se remar-
quaient pas d'une façon particulière : front avancé,
petits yeux gris, large bouche, menton carré. Tel
eût été le signalement du vicomte dans son passeport, s'il y avait eu des passeports au temps des
capitaines d'infanterie de l'ancien régime.

On le voit, ce capitaine n'était pas beau. Cependant, il prenait une revanche, grâce à ses cheveux. Aucun roi mérovingien n'en eût étalé de plus magnifiques. Réunis en *queue* d'une épaisseur et d'une longueur phénoménales, ils faisaient le désespoir de son perruquier et l'admiration du régiment. Mon oncle en parlait à quatre-vingts ans ! « Et maintenant, ajoutait-il, en relevant fièrement la tête, il n'y en a pas un blanc ! » Mais il n'en restait plus qu'une mèche, *blonde*, il est vrai.

Revenons au beau temps de la chevelure. Ne voilà-t-il pas qu'à l'âge de quarante ans bien passés, ce cadet veuf de trois légitimes eut tout à coup la fantaisie d'épouser une femme ! Et cette idée lui vint lorsque la grande Révolution était en train déjà.

La nouvelle de ce mariage, arrivée de Dunkerque à Saint-Pons, y causa une surprise générale. Les frères aînés auraient bien essayé d'opposer leur *veto* : mais il n'était plus temps : *les nœuds d'hymen étaient serrés*, comme on disait en ce temps-là ; le vicomte, très majeur, n'avait eu besoin du consentement de personne. La famille, interloquée, en était réduite à se demander ce que pouvait être cette vicomtesse.

« Charmante, distinguée entre toutes les femmes ! » disait la lettre de l'époux ravi... Veuve, il est vrai, et pas trop jeune, puisqu'elle avait deux filles de dix-sept et seize ans. Mais quelles filles !... Et puis, et puis des enthousiasmes ! des admirations !... Enfin, on la verrait !

En ce qui concernait la fortune, les détails manquaient. Cependant, on parlait d'un établissement à Saint-Pons, d'une maison à acheter, à meubler.

Cela donnait quelque espérance. Une alliance, un titre étaient venus séduire, sans doute, cette veuve, roturière? La belle queue avait peut-être aussi joué son rôle. Ma grand'mère s'empressa de faire des préparatifs pour recevoir chez elle sa nouvelle belle-sœur, en attendant l'acquisition de la maison.

Oh! stupéfaction! On vit paraître une créature moitié femme, moitié homme, c'est-à-dire vêtue d'une robe blanche sur laquelle s'étalait un *habit de capitaine* avec deux épaulettes, le tout surmonté d'un visage d'une date problématique : telle devait se présenter la femme d'un officier du roi, disait la vicomtesse. Tout était à l'avenant de ce costume étrange. Mais les filles étaient réellement jolies.

La maison coûta quatre ou cinq mille francs dont l'époux fournit la moitié (le trictrac et le piquet avaient *donné* cette année-là). Ce genre d'immeuble n'était pas cher à Saint-Pons. Avant qu'il fût réparé, meublé, agencé de façon à recevoir le nouveau ménage, on continua à loger chez ma grand'mère, sans compter les mois. La vicomtesse s'arrangeait si bien de cette hôtellerie gratis, et dans laquelle il y avait un salon où la dame se pavanait, aussi ridicule dans sa conversation que par ses atours, même lorsqu'ils redevenaient entièrement féminins. Je ne sais si elle ne s'arrogeait pas comme siens les succès de ses charmantes filles qui émoustillaient les yeux des jeunes gens, lesquels se tenaient pourtant sur la réserve ; car on s'adressait la même question sans trouver personne qui pût y répondre : « D'où viennent toutes ces femmes? »

On ne l'a jamais su positivement ; et mon oncle, je le crois, ne le savait pas davantage.

Enfin, la maison se trouva prête. La vicomtesse, en larmes, quitta celle de sa belle-sœur, emportant, dit-on, comme consolation, des provisions de sucre, café, etc., qu'en fourmi laborieuse elle avait secrètement amassées, tandis que ma grand'-mère fermait volontairement les yeux, malgré l'indignation de M. Vehier, le maître d'hôtel. Quant au vicomte, il passait son temps enfoncé dans des armoires dont les planches ployaient sous le poids de sa volumineuse garde-robe, habits, vestes et culottes et linge en quantité ; manie qui avait soutiré bien des écus aux trois légitimes !

Mais je vais hâter le récit pour me mettre au pas des événements qui se précipitaient avec une vitesse effrayante.

L'année de miel à peine écoulée, le vicomte dressa l'oreille : le cliquetis des armes se faisait entendre de l'autre côté de la frontière. Déjà, quelques officiers de son régiment l'avaient franchie pour aller joindre les princes. L'émigration devenait un torrent. Le vicomte saisit son épée, quitta la vicomtesse en héros et s'élança, bouillant comme Achille, mais croyant laisser comme Ulysse une Pénélope dans son Ithaque. Les adieux furent déchirants : Saint-Pons en fut presque ému. « Cependant, disait le vicomte, nous allons nous retrouver dans quelques mois. »

Mais la Révolution se montra sourde aux vœux des vieilles comme des jeunes amours : 1791 avait amené 1792 et produit la République avec ses proscriptions et ses crimes.

Les titres supprimés, la noblesse emprisonnée,

l'ex-vicomtesse en vint à se dire qu'il valait mieux se placer du côté des battants que des battus.

— Vive la nation ! s'écria-t-elle !

Puis, foulant aux pieds ce contrat de mariage aristocratique dont elle avait été si fière, elle divorça, reprit son nom roturier et s'enrôla, elle et ses jeunes filles, dans les farandoles qui s'en allaient vociférer des chants patriotiques sous les fenêtres de la prison où sa belle-sœur était enfermée, ainsi que toute la société de Saint-Pons.

Cependant, voyant ses filles baisser la tête, la honte finit, peut-être, par la saisir, elle aussi. Tout à coup elle vendit sa maison, en emporta le prix après l'avoir dévalisée et partit, on n'a su pour quel pays.

— Ma chère enfant, me disait mon oncle le vicomte, plus de vingt ans après, avec un mélange d'attendrissement et de colère rétrospective, « *on* m'a tout pris ! » (*On*, c'était la vicomtesse.) Oui, ma chère, deux cents paires de bas ! et quatre cents chemises qui auraient passé par le trou d'une aiguille !...

Il paraît que le pauvre homme, à son retour de l'émigration, avait d'abord essayé de s'en prendre à tout le monde avant d'en arriver à sa femme. Mais le divorce ! mais les quatre cents chemises ! Au reste, il cessa si complètement de parler de son mariage que je l'ai ignoré longtemps. On croit cependant qu'il y pensait quelquefois, pour revoir dans ce lointain les charmes de la vicomtesse.

***

De mes deux grands-oncles, celui que je préférais et qui m'aimait aussi de préférence entre ses petites-nièces, c'était mon oncle le vicomte. Mais je retrouvais dans le salon de ma grand'mère d'autres oncles et tantes, sans oublier des amis tenant à deux générations. Je vais rappeler la plupart d'entre eux, afin qu'ils ne se présentent pas en étrangers lorsqu'ils se mêleront à mes récits.

Il y avait, d'abord, les deux frères de mon père, mon oncle Maurice, mon oncle François et leurs femmes ; mes tantes de Palarin et de Léaumont ainsi que leurs maris ; mes cousines de Saint-Germier, — l'une Mme d'Omezon, l'autre prête à devenir Mme de Pouy. Tous ceux que je viens de nommer l'ont été déjà dans mes premiers souvenirs.

Puis, sortant du cercle de la famille, la personne qui doit en première ligne appeler le souvenir, comme elle attirait jadis les regards, c'est Mme d'Hargicourt, aussi belle au moral qu'au physique, aussi remarquable par la supériorité de son esprit que par l'élévation de son âme. Créature accomplie ! et de celles qui semblent ne devoir apparaître sur la scène du monde qu'aux époques où peuvent se grouper autour d'elles d'autres esprits, d'autres âmes dignes de les comprendre.

Sa fille Albanie fut l'amie de mon enfance ; plus tard, cette amitié remonta vers sa mère ; et je vins me mêler à mon tour aux enthousiasmes qui se sont succédé, tenus toujours sous le charme de cette nature d'élite, comme si les générations se léguaient les mêmes impressions et presque aussi les mêmes yeux pour retrouver sa beauté dans ce qui la rappelait encore d'une manière frappante.

Enfin, je vais nommer avec tout l'élan de la tendresse Mme de Mac-Mahon, nature d'élite elle aussi et dont l'esprit charmant n'avait pour rival que son cœur, dispensant des trésors pareils à ces sources qui s'épanchent, toujours plus abondantes, sous les mains qui viennent y puiser. Parmi les affections dominantes de ma vie, il en est peu que je puisse comparer au sentiment passionné, ressenti, dès mon plus bas âge, pour cette intime amie de ma mère qu'elle aimait comme une sœur et que j'ai toujours appelée : *ma tante.*

Je pourrais beaucoup ajouter à cette liste. Je n'y manquerai pas si je continue à suivre le cours de ma vie. Mais, aujourd'hui, je cède à un de ces désirs capricieux de l'imagination qui tout à coup se précipite vers de nouveaux objets, comme les yeux qui, dans une galerie de tableaux, se détournent subitement d'un portrait et vont se fixer sur un paysage.

Je quitte donc les salons de Toulouse pour aller revoir Hauterive et me promener dans ses jardins, tels que me les présente *mon enfance.*

VII

HAUTERIVE EN 1813

Voici mon Hauterive à la date de 1813 ! Déjà ce n'est plus tout à fait le château de ma première enfance : des réparations l'ont envahi. Mais c'est celui qui fut *le mien*, là où les années de ma jeunesse se sont épanouies feuille à feuille sous l'influence de cette atmosphère bénie qu'on appelle la famille. A présent encore (en 1872), malgré les changements apportés par plus d'un demi-siècle de progrès, on retrouve sa physionomie primitive. Il est embelli sans être transformé. On peut y ramener dans un rêve tous ceux qui l'habitaient jadis : ils n'y chercheraient pas vainement leurs places, qui semblent prêtes à les recevoir comme s'ils devaient y revenir.

J'ai dit autre part comment Hauterive était entré dans la famille de Villeneuve vers la fin du siècle dernier, après avoir appartenu successivement à plusieurs grandes familles languedociennes. Durant ces mutations, le château subit les atteintes de bien des guerres, en commençant par la croisade contre les Albigeois, qui l'a marqué d'un sceau particulier, puisqu'il devint une des proies de Simon de Montfort. La plus vieille de ses tours date de cette époque. Il existait alors sans doute un château très ancien, détruit je ne sais quand et dont on retrouverait les fondements sous terre. Les trois autres tours (car il y en a quatre) sont d'une autre date. Le château actuel consiste en un corps de logis du commencement du dix-septième siècle, sans caractère distinctif, attenant à deux tours et puis à une grande aile que l'on venait de bâtir lorsque mon grand-père acheta Hauterive ; laide construction où se voit cependant une tourelle indiquant un débris du passé.

Mais je ne veux pas m'engager dans l'histoire du château. Je reviens à 1813 et à mes dix ans, Me voici arrivant à Hauterive au retour de Toulouse, en pleine floraison de mai. La berline, cette fois, a vu les bœufs du mois de décembre remplacés par des mules presque fringantes, qui l'ont rudement secouée d'ornières en ornières, sur un chemin où le soleil de printemps a durci les fanges d'hiver.

Le village se présente le premier ; il serre le château d'un peu trop près. Ce n'est pas qu'il ait des allures orgueilleuses ; les pauvres maisons de ce temps-là, faisant face au grand portail en fer, semblent prêtes à rentrer sous terre avec leurs toits si bas et leur unique fenêtre. Elles n'en vivent pas moins, tout comme la demeure nobiliaire, sous l'ombrage de platanes magnifiques, rangés devant le château et qui semblaient se plaire à prolonger vers les chaumières l'extrémité de leurs branches rameuses, après avoir formé une voûte sur le chemin appartenant à tous : au seigneur comme au vassal, façon de s'exprimer qui ne se dit plus, mais dont se souvient le paysan d'Hauterive sans le moindre ressentiment, toujours en 1813 !

Ces platanes ont bien grandi, bien grossi depuis cette époque. Cependant, alors, ils paraissaient déjà très beaux. Ils sont séparés de la grille qui ferme la grande cour par de larges fossés d'eaux vives que l'on franchit sur un pont. Mais la cour, en 1813, n'est pas ce bouquet d'arbustes et de fleurs qui, maintenant, se montre au premier abord.

Celle où nous entrons au pas redoublé des mules est usurpée par l'agriculture : c'est une cour de ferme. Des poutres à peine équarries sont rangées contre la grille, quelques instruments aratoires traînent dans un coin ; ici, du fil de chanvre est à sécher sur des barres ; là, des cendres entassées rappellent la lessive, dont un cuvier, sur le pas d'une porte, indique le souvenir récent. Enfin, de hauts bûchers de bois se dressent, capables d'obstruer les fenêtres, s'ils n'avaient été judicieusement relégués du côté des écuries et granges, affreux bâtiments condamnés déjà et dont plus tard on se vit débarrassé par un écroulement subit, où nos battements de mains eurent l'air de jouer le rôle des trompettes de Jéricho. Alors apparut, comme par un changement de décoration, d'autres larges fossés, un pont encore et le parc précédé d'un quinconce de tilleuls, charmant aspect dont plusieurs générations s'étaient privées.

Le coup de théâtre n'avait pas eu lieu (et ce n'est pas nous qui songions à l'appeler) à l'époque où nous nous élancions de la vieille berline, ma sœur et moi. Les granges offraient un si vaste champ à nos jeux et le pêle-mêle que nous retrouvions dans la grande cour les favorisaient si bien ! Nous attardant à tout revoir, de joyeux cris accueillaient chaque découverte nouvelle : un vieux bateau oublié par la hache qui doit le dépecer. Ah ! quel rôle il va prendre, dans une représentation de l'île de Robinson ! Et tandis que nous restons là, flânant, un chien accourt, un tourne-broche bien sale, à jambes torses, à poil roussâtre, lequel nous saute au cou ; et ses caresses sont accueillies comme s'il s'agissait d'un épagneul bien savonné. Voilà le tableau du retour en 1813.

Nos parents, nous ayant laissés jouir en toute liberté de nos ravissements d'enfants, entrèrent les premiers dans le château, avides de détailler divers embellissements qui dataient de l'année précédente et dont ils étaient tout fiers ! Chaque génération n'est-elle pas glorieuse de son œuvre, que détruira sans doute la génération suivante en l'accablant de cette imprécation : « Goût détestable ! »

Mon père et ma mère n'avaient cependant rien changé aux distributions intérieures ; on les avait seulement *décorées* et je dois dire que mon père, en cela, s'était livré à des idées excentriques, lesquelles ont pu traverser les modes successives sans se confondre avec aucune autre.

On trouvait d'abord le grand vestibule et l'ancien escalier grandiose, qui s'en allait joindre le vestibule supérieur à six grandes fenêtres. Celui d'en bas venait d'être restauré par un barbouilleur italien, avec une peinture à fresques simulant un marbre dont aucune carrière n'a jamais fourni le spécimen. Des dalles de pierre formaient le pavé. On avait placé là un billard, en lui faisant une espèce de compartiment particulier à l'aide d'une balustrade d'un beau marbre, réel cette fois, dont l'effet bizarre venait attirer aussitôt le regard et lui plaire, tout en l'étonnant. On l'y retrouve encore, sans être trop tenté de l'enlever.

Quant au salon, il ne ressemblait en rien à aucun salon existant alors, ni plus tard. C'étaient aussi des panneaux peints sur lesquels se détachaient des figures de vases étrusques d'un dessin très pur, dont les modèles avaient été retrouvés dans les fouilles de Pompéi, panneaux entourés d'encadrements de marbre en peinture, toujours selon le genre italien, et puis, un plafond peint ; et puis, des lambris et des portes, peints aussi, imitation de bois des îles, en mémoire, je crois, du long séjour de mon père aux Antilles.

Tel que je le décris, ce salon se présentait, sautant aux yeux, brillant, orgueilleux et prêt à recevoir, quand on le voudrait, sans en être écrasé, des meubles élégants, des dorures, des glaces, comme cela s'est vu plus tard. En 1813, il avait à se contenter de fauteuils très simples et de chaises de paille. Mais on se glorifiait d'un *divan turc* recouvert d'une belle brocatelle rouge, excellent meuble, souvenir de Constantinople, sur lequel mon père, s'étendant au retour de ses courses agricoles, se croyait transporté dans le *Levant*.

Pourquoi ne dirais-je pas tout de suite que ce vestibule, que ce salon existent encore? Oui, l'ameublement est renouvelé : c'est celui de l'époque actuelle avec son confortable et son luxe : velours, guipures, dorures, fauteuils, chaises et poufs de toutes formes. N'importe : il n'en est pas moins demeuré le salon de 1813. Combien de temps vivra-t-il ainsi? Je n'en sais rien. Transformé complètement, sera-t-il mieux? Je n'en sais rien non plus.

Mais, quoi qu'il advienne, ce château gardera toujours la physionomie particulière qu'il tient d'une position exceptionnelle que je vais essayer de décrire.

Du côté de la cour, il est élevé seulement de deux marches ; à l'opposé, il plonge ses pieds, de la hauteur d'un étage, dans une large rivière (le Thoré) dont il se rit depuis des siècles, opposant sa masse indestructible aux flots qui, bien des fois, sont venus battre ses murs et s'y briser. Mais l'onde calmée ou domptée semble se plaire à se montrer coquettement aux regards, en passant claire et fringante sous le balcon qui s'avance d'une des fenêtres du salon ; et l'œil à son tour se plaît à la suivre entre les arbres de ses deux rives, saules, platanes, hauts peupliers, pressés les uns contre les autres.

L'horizon serait entièrement absorbé par ces deux lignes si, dans un détour, elles ne laissaient apercevoir un point de vue sur la montagne, qui monte comme pour aller se perdre dans le ciel. Et tandis que le regard demeure en contemplation, les branches se frôlent, l'onde clapote, les petits poissons se disputent quelques miettes tombées sous les fenêtres. Aux légers bruits de la nature se mêlent des cris d'animaux, oies et canards qui s'ébattent dans la rivière, bœufs qui s'abreuvent en mugissant sous l'aiguillon du bouvier, moutons qui paissent sur l'autre rive et dont on entend tinter les clochettes, agitées par leurs capricieux mouvements.

La nuit venue, tout se tait : la lune prend possession du paysage, les lignes vertes deviennent noires, l'horizon se ferme et, si les yeux se lèvent, on ne voit plus que le firmament — encore le firmament ! S'ils se baissent et que les flots reluisent au rayonnement des astres, dont ils brisent et reforment l'image à chaque instant, le silence est partout, à moins que l'autan n'entre en scène, faisant entendre ses mille voix. Et voilà le tableau que l'on contemple, assis sur le balcon.

Cependant, ce n'est pas ce tableau qui attire nos regards d'enfants. Après avoir joui des plaisirs que la cour nous a rendus, nous avons beaucoup à revoir dans le château. La cuisine est honorée de notre visite : on la trouve au rez-de-chaussée, dans l'aile gauche, où elle se déploie à l'aise avec sa voûte élevée, sa cheminée immense et sa profusion d'ustensiles de toute espèce. Là, tous nous font fête, car ce sont des domestiques attachés à leurs maîtres, et peut-être de préférence aux enfants. L'accueil est un peu bruyant, la cuisine étant trop près de la salle à manger, laquelle communique avec le salon. Une voix sévère nous appelle. Les autres voix se taisent : cuisiniers et servantes retournent aux fourneaux ou à la broche, que le chien remet aussitôt en mouvement.

Le souper terminé, nous montons dans notre chambre, la chambre de la tour, celle dont fut évincée jadis Mme Duras. Hélas! Mlle Lefranc en est absente aussi! Elle a quitté la maison l'année d'auparavant et je me sens prête à pleurer à ce souvenir rappelé par le grand lit à l'ange, autour duquel sont groupés nos petits lits.

Pauvre Mlle Lefranc, qui n'a jamais cessé de m'aimer et qui est morte si vieille! Je comprends que les défauts de son caractère aient lassé la patience de ma mère : mais je ne peux oublier son affection qui lui faisait rêver et croire à un fantastique héritage de quatre ou cinq cent mille francs qu'elle m'abandonnerait tout entier, me disait-elle, ajoutant : « Mais vous me donnerez, n'est-ce pas, un petit coin chez vous pour y passer ma vie? »

Ah! comme on s'endormait joyeusement dans cette grande chambre de la tour, après deux journées de voyage et pensant aux jouissances du lendemain.

Le lendemain, c'était le parc à qui s'adressaient nos hommages. Je vais m'attarder à le revoir selon son « passé »; on y trouve maintenant les remaniements du progrès et je dois avouer qu'il y a beaucoup gagné. Il ne reste à peu près rien d'autrefois, sauf le quinconce de tilleuls et les grands buis. Revenons donc au parc de mon enfance.

Après avoir passé sous la sombre voûte du bâtiment des écuries encore debout, l'œil s'égayait immédiatement sous celle des tilleuls, dans toute leur majesté de vieux arbres : pas un, en ce temps-là, ne manquait à l'alignement ! Là, comme d'une terrasse, on dominait sur la rivière, que l'on apercevait en miroir. Que de jeux d'enfants sous ce dôme touffu et, plus tard, que de rêveries !

Mais, à douze ans, on ne rêve pas ; on jouit. Nous devançant l'une l'autre dans ce parc, ma sœur et moi, avec quelle hâte nous allions tout revoir !

Il avait subi, l'année précédente, son commencement de métamorphose. À la fin du siècle dernier, c'était un jardin à la française avec de grandes charmilles, de hauts buis, des allées droites et un parterre orné de fleurs. Mais ce parterre s'arrêtait brusquement, borné par une rangée de grands arbres, après laquelle venait un rustique potager, lequel à son tour rencontrait, comme un mur, une allée de buis qui semblait interdire le passage et supprimer toute vue. Cependant, l'allée traversée, on se trouvait dans une châtaigneraie inclinée en pente douce jusqu'à la rivière qui revendiquait alors son droit de présence, non sans avoir eu à subir un peu la loi rigoureuse qui l'avait déjà condamnée à disparaître sous un épais rideau de buis.

Cette exigence antipaysagiste avait sa raison d'être. Le vent d'autan, s'ébattant de ce côté dans toute sa furie, n'eût laissé rien croître, rien fleurir, sur ce terrain élevé. On ne pouvait le braver qu'à l'aide de charmilles ou de buis dressés en murailles. Ces humbles arbrisseaux protégeaient aussi plus bas, à leur pied, les peupliers, saules et aulnes, qui s'étaient empressés de s'emparer de l'étroit rivage déposé par le limon des eaux et faisaient assez bon ménage avec le vent dévastateur, ployant sans rompre.

La Révolution ayant proscrit les jardins à la française, mes parents durent suivre le courant capricieux du goût. En conséquence, ils essayèrent de transformer celui d'Hauterive en parc à l'anglaise. Un plan fut dressé : la hache, les pioches, les pelles se mirent à l'œuvre. Le potager disparut le premier ; une prairie le remplaça. Le parterre à son tour, avec ses tulipes, ses jonquilles et ses lauriers taillés, devint la victime des idées nouvelles. La prairie s'avança plus encore, dessinée par les contours d'allées sinueuses, que vint ombrager parcimonieusement le feuillage grêle d'arbres et arbustes en vogue, tels que cytises, acacias, lilas et baguenaudiers.

Le crayon avait tracé sur le papier des mouvements de terrain, indiqué des points de vue où la rivière apparaissait. Le vent d'autan, on l'a dit, opposa son *veto* à l'accomplissement de ce plan. Il fallut laisser exister les buis centenaires qui protégeaient le parc du côté où le Thoré coule. On les retrouve encore debout, ces buis immuables qui semblent défier la mort, tandis qu'elle frappe les arbres qu'ils ont vus grandir et les hommes, devenus vieillards, dont ils ont abrité l'enfance. Quant au vent d'autan, il est immortel ! Aujourd'hui, comme jadis, il a fallu compter avec lui et se réduire à empiéter un peu sur son domaine en luttant, pour le repousser, à l'aide de massifs touffus d'arbres verts.

Malheureusement, en 1813, sauf quelques cyprès, bien peu d'arbres de cette espèce avaient été naturalisés dans ce coin de France et, pour opposer un rempart aux violences du fléau, une allée de charmille dut être épargnée. Quant à l'allée transversale qui masquait toute vue, elle était justement condamnée dans les décrets de l'avenir. Mais la restauration de notre parc, comme bien d'autres, devait rester incomplète. L'état de santé de ma mère, cette maladie de tant d'années qui jamais ne lâcha prise, laissa inachevé ce jardin anglais à peine échappé des flancs d'un jardin français.

La châtaigneraie (ou plutôt « les châtaigniers », comme nous disions) demeure intacte. Bien des années auparavant on avait coupé de grands vieux châtaigniers qui repoussèrent en quatre branches, lesquelles devinrent quatre beaux arbres réunis sur la même souche ; et rien n'était plus pittoresque que ces têtes jumelles entremêlant fraternellement leurs rameaux.

Ces châtaigniers, en compagnie de quelques chênes et ormeaux, descendaient par une pente douce jusqu'à la rivière. Une allée droite partageait ce petit bois à haute futaie.

Ces *deux parts* devinrent deux *royaumes*. Sous ce nom, nous nous étions octroyé, ma sœur et moi, quelques toises de terrain et quelques douzaines d'arbres. Chacun de nous eut un « palais », consistant en un de ces châtaigniers dont les quatre branches réunies nous permettaient à peine de nous glisser entre elles ; mais leurs dômes orgueilleux s'écartaient et projetaient au loin leur ombrage. Quelquefois, les *reines* oubliant les liens du sang, des guerres s'allumèrent. Les petits camarades, garçons et filles, prirent parti. On s'attaquait avec des projectiles trouvés sous la main : on se jetait des châtaignes à la tête. Mais les traités de paix se signaient vite.

Les bords de la rivière étaient un pays neutre. Délicieux rivage, alors comme aujourd'hui, quoique les mêmes arbres n'y soient plus ! Une révolution radicale se produisit dans ce ramier quelques années plus tard. Une usine ayant été construite, une chaussée refoula les eaux vis-à-vis du château, le dotant de la belle nappe liquide étendue devant lui comme pour lui servir de miroir. Les magnifiques peupliers dont les cimes dépassaient les tours succombèrent, submergés.

Un peu plus loin, le ramier se reforma : de petits embryons de saules et d'aulnes se montrèrent : la nature les avait semés : la nature les fit croître. Ils s'élèvent maintenant plus haut que leurs devanciers.

Et la jolie rivière? qu'en dirai-je? Regardez ! Vous la verrez aujourd'hui comme la voyaient nos yeux d'enfants ; elle est seulement un peu plus large, grâce à la chaussée. La *haute rive* qui a donné son nom au village se dresse en une falaise blanchâtre qui surplombe sur l'eau, falaise sans un buisson, sans un brin d'herbe. Même le pied téméraire d'un enfant n'ose gravir ce mur inaccessible. Les pluies d'orage qui s'abattent sur sa cime et découlent le long de ses flancs y creusent à peine la trace de leur passage. Du balcon du château on la voit et l'on ne sait si la rivière commence ou finit là. Vis-à-vis de ce haut sommet, un rivage aplati s'avance, prosterné à ses pieds, et dissimule ainsi le cours de l'eau qui vient se déroulant dans un tournant. Un batelet, conduit par la rame, arrive devant cette roche, s'arrête subitement comme s'il craignait d'aller s'y briser ; mais l'onde est calme comme si ses flots comprenaient que la falaise se rirait de leurs efforts. Dédaigneuse, elle se contente de secouer sur eux sa poussière, tandis que le bateau reprend sa course, glisse et s'efface dans la grande ombre qu'elle projette sur lui.

Par un long circuit, on peut tourner cette falaise (appelée en patois *la Roque*) et parvenir ainsi jusqu'à sa cime. Alors, le pied recule, effrayé, car c'est l'espace qui s'ouvre brusquement, vu d'une hauteur qui donne le vertige. Jeune fille, je me suis assise là, bien souvent, battue par le vent furieux qui vient des montagnes et mon esprit, prenant des ailes, aurait voulu se laisser emporter avec lui dans l'inconnu.

Mais, en 1813, enfants, qu'allions-nous chercher si haut, nous si petits? Ah ! des riens, des brins de mousse, de tristes fleurs poussées par miracle sur cette roche aride et le plaisir de nous ébattre étourdiment au bord d'un abîme !

Quels étaient, à Hauterive, nos amis? Nous étions encore à cet âge où garçons et filles se donnent mutuellement ce nom. Il en venait des châteaux voisins quand les parents se visitaient ; car c'était assez l'usage de se faire suivre de ses enfants. L'arrivée d'une voiture était un événement pour les générations réunies.

Mais la véritable compagne des années de notre enfance, c'est Justine de Bonne et voici le premier souvenir qui me la rappelle, enfantin comme nous.

Ce fut le jour de la Fête-Dieu, une année dont je ne sais plus la date ! On avait dressé un reposoir sous les tilleuls.

Nous nous apprêtions à suivre la procession, ma sœur et moi, en jetant des fleurs devant le Saint-Sacrement, orgueilleuses de nos corbeilles de satin rose avec paillettes et franges d'or, choisies par mon père et dont la simplicité de ma mère ne s'était pas accommodée. Mais, le cadeau reçu, comment nous priver de ce clinquant qui nous sautait aux yeux?

Justine parut : sa robe était blanche, sa corbeille blanche, remplie de roses effeuillées. Justine avec son front, si blanc aussi, son air si doux, ressemblait à un agneau offert en présent au bon Dieu. Je me suis sentie honteuse des oripeaux dont j'avais été si fière !

Notre chère Justine appartenait à ma sœur autant qu'à moi : nous avons toujours mis en commun cette amitié. Justine, de son côté, nous aimait l'une et l'autre également. Les années développèrent cette intimité *à trois*, qui se voit si rarement, parce qu'il faut faire abstraction du *moi* personnel pour entrer ainsi en partage. Mais ces associations de plusieurs cœurs bénéficient de tout ce qu'elles enlèvent à l'égoïsme. Notre liaison s'est maintenue au même degré jusqu'aux séparations qu'amènent soit la mort, soit, presque autant, les inflexibles exigences de la vie.

Je ne me contenterai pas de cette esquisse pour peindre Justine ; on la reverra jeune fille. L'enfance ne mérite que quelques coups de crayon. Cependant, ces ébauches peuvent se retrouver encore sous le profond burin du temps. Justine est demeurée la bonne, la douce Justine ! et l'empreinte des ans n'a pas effacé son aimable physionomie.

De si grands événements s'accomplirent en Europe, durant l'année qui s'apprêtait à s'ouvrir, que je vais me hâter de revenir à 1813. Ce fut aussi pour moi l'initiation à des idées d'un ordre nouveau.

VIII

L'EMPIRE ET L'EMPEREUR

L'Empereur Napoléon, grâce au prestige de sa gloire et par la force de sa puissance, était parvenu à comprimer les anciens partis. Sauf quelques Jacobins encroûtés ou trop compromis par leurs actes, les principaux républicains se prirent à la glu de l'ambition et s'enrôlèrent un à un sous la bannière de l'Empire. Les masses populaires, se trouvant sans excitation, l'apaisement se fit naturellement.

Mais la Révolution, dans la classe moyenne dont elle fut l'œuvre, avait déposé un levain toujours prêt à fermenter. Ainsi, tout en acceptant le despotisme le plus absolu, ses principes se conservèrent comme une lie au fond des mémoires.

Quant aux royalistes, ils continuaient à former une caste qui suppléait au nombre par le culte religieux voué à sa foi politique et par sa rigueur impitoyable à l'endroit des apostasies ou même vis-à-vis des moindres défaillances. Tel était le royalisme de province sous l'Empire, et tout particulièrement celui du midi de la France. C'est dans ce milieu que j'ai vécu durant les années de ma première jeunesse.

Ce parti ressemblait donc plutôt à une secte et se composait de la noblesse presque tout entière, à laquelle se joignait encore à cette époque une portion minime de la bourgeoisie restée fidèle aux souvenirs monarchiques.

Napoléon ne s'inquiétait guère de ces opposants et se fiait au froncement de ses sourcils de Jupiter Olympien pour arrêter toute manifestation ostensible. Mais il s'en occupait par petitesse d'amour-propre et par agacement de puissance. Et puis, aussi, ressentait-il peut-être le regret de n'avoir pu rallier à son naissant empire ces gentilshommes dont les ancêtres faisaient d'un grand homme le chef d'une nouvelle race des rois. Leur sanction manquait à l'orgueil du moderne Charlemagne. Aussi les poursuivait-il souvent de sa colère, sous laquelle se cachait son estime.

Mais craindre ces vaincus décimés par l'échafaud, ruinés par les lois révolutionnaires et sur lesquels avait passé son char de héros triomphant? Il n'en eut pas la pensée.

Et cependant, si ce faible parti ne fut pas assez puissant pour contribuer à sa chute, ce fut *lui*, pourtant, qui vint enlever toute chance au jeune Napoléon lorsque, par un coup d'audace après la capitulation de Paris, les royalistes, sans armes, se précipitèrent au fort de la mêlée, afin d'emporter d'assaut le trône vacant. Les cris de : Vive le roi ! isolés d'abord, éveillèrent subitement des échos dans la mémoire des Français et suscitèrent des remords dans la conscience des souverains, trop oublieux de la chute de la plus ancienne monarchie de l'Europe.

Il faut remarquer, à la louange des royalistes, que durant bien des années leur fidélité au passé ne s'était pas appuyée sur l'espérance. Où pouvait-on la voir poindre, avant le désastre de cette fin si violemment précipitée? Quelques fous, et peut-être quelques sages, doués de la seconde vue, osaient seuls y songer.

L'attitude des gentilshommes de *province* durant l'Empire fut noble et digne. Napoléon essaya fréquemment de rapprocher de lui ces hommes sans positions sociales et qui semblaient fiers de n'être rien. En vain était-il l'Empereur! Les royalistes l'appelaient toujours : Bonaparte. Ils ne pouvaient lui pardonner de n'avoir pas été un Monk, sans se dire que l'aigle, avec ses grandes ailes, ne se résigne pas à raser la terre quand son œil est fixé sur les plus hauts sommets.

N'importe : on faisait bon marché, dans les salons aristocratiques, de la gloire du conquérant et des succès de ses armées. On ne se croyait pas de mauvais Français parce qu'on n'en prenait nul souci : n'était-ce pas la terrible Révolution de 1792 qui s'était lancée au triple galop sur l'Europe? Et le héros dont l'éperon avait tellement activé cette course frénétique n'était-il pas un fils né d'elle?

D'ailleurs, on avait à opposer à ces pages d'histoire contemporaine des annales de plusieurs siècles, étincelantes de victoires et conquêtes, elles aussi.

Alors, l'esprit de ces gentilshommes, si fortement assaisonné de raillerie, se donnait carrière aux dépens des parvenus de toute sorte, sans épargner même les *parvenus de la gloire*, de vrais héros pourtant ! Cependant, on les ménageait davantage en mémoire de Faber et de Jean Bart.

Mais les *civils!* mais la *cour* tout particulièrement? L'on ne pardonnait pas aux défaillances de quelques grands seigneurs d'autrefois, devenus petits seigneurs sous la nouvelle dynastie.

Cependant, comme la plupart de ces ralliements n'avaient pas été tout à fait libres, on admettait quelques excuses ; et l'on finissait par fraterniser, sur ce terrain, avec le *courtisan malgré lui.* Que d'anecdotes se racontaient ! et que de quolibets spirituels en étaient la suite !

Ces flèches, pareilles à celles que lancent les enfants, avaient néanmoins la puissance d'atteindre le grand homme dans un des points les plus sensibles de sa nature : « les petitesses. » On demeure surpris de voir jusqu'où cette véritable infirmité a fait descendre un génie si supérieur. Mais peu de héros ont échappé à cet alliage, à ce signe infime de l'humanité, dont une suprême justice se plaît à frapper leur orgueil. On l'a retrouvé pleinement, plus tard, dans les querelles de *ménage* de Napoléon avec son geôlier, où il se montra si pointilleux, si puéril, si peu digne, enfin ! Les cris dont il a rempli le monde font sourire de pitié. Et si l'on vient à se rappeler le silence de la tour du Temple, mettant ainsi en présence la torture et des coups d'épingle, le grand homme paraît bien petit !

Mais, à l'époque d'Iéna et de Wagram, Sainte-Hélène était enfoncée dans ces profondeurs de l'avenir qu'aucun œil humain ne peut sonder.

L'Empereur des Français dictait des lois à l'Europe et rêvait plus encore ! Cependant, il ne pouvait s'empêcher de prêter l'oreille à des bourdonnements de moucherons, qui surexcitaient en lui des colères étranges. Alors, il prenait sa massue, se contentant quelquefois de l'agiter en l'air, mais souvent la laissant retomber, dégradant sa force en l'employant ainsi.

Les têtes se courbaient forcément et l'on riait plus bas, jouant encore avec les grains de sable qu'on n'osait plus jeter au colosse, sans se douter que bientôt ils deviendraient des pierres pour le lapider.

On avait peur et l'on n'avait pas tort, ne fût-ce que par l'espionnage et les tracasseries dont on était l'objet. Les autorités du canton, de l'arrondissement, du chef-lieu, par peur, elles aussi, faisaient plus ou moins de zèle. Cette petite police tracassière s'exerçait sans doute en dépassant les instructions venues de haut lieu. Elle n'en était pourtant que plus à redouter ; car il s'y mêlait souvent les ressentiments personnels des fonctionnaires publics, que cette société bravait par son indépendance, qu'elle offensait par son attitude dédaigneuse et qu'elle humiliait, très innocemment, par la distinction inhérente à l'ancienne noblesse, à laquelle on continuait à donner le nom de *haute classe*, comme si rien n'avait pu la déposséder de ce rang.

Ces persécutions prirent bien plus d'importance lorsque des nuages sombres se levèrent dans le radieux horizon impérial. Les désastres de la campagne de Russie donnèrent le signal d'une de ces inquiétudes vagues qui saisissent tout à coup les peuples. Amis et ennemis de l'Empereur l'éprouvèrent simultanément et se mirent à s'entre-regarder comme pour deviner leurs craintes et leurs espérances. Cependant, qu'était-ce qu'un pas de recul, quand les frontières de l'Empire français touchaient aux extrémités de l'Europe? Napoléon, se ramassant sur lui-même, n'allait-il pas bondir en avant, à la façon du lion qui vient de se sentir atteint?

Mais on comprenait que la guerre était prête à s'activer d'une manière formidable. Les rois et les peuples, ces blessés ou ces morts, se relevaient sur le grand champ de bataille qui s'appelait l'Europe. Des couronnes à reprendre ou à garder étaient le prix de la lutte ; les nations elles-mêmes, surexcitées, s'apprêtaient à entrer en ligne.

Des sacrifices immenses d'argent et d'hommes durent être imposés à la France, épuisée déjà par la campagne de 1812 ; et la main qui pesait sur elle dut sentir sous sa compression quelques tressaillements. La vanité française commençait à se trouver rassasiée, quand des revers qu'elle n'avait pas prévus vinrent tout ensemble l'étonner, l'humilier et la frapper.

L'Empereur entendit à peine des gémissements étouffés et n'écouta point les conseils qui se permirent d'élever la voix. Il se contenta de resserrer le frein et précipita la France, comme un coursier labouré par l'éperon, au-devant de la coalition armée qui, cette fois, l'attendait de pied ferme.

Tel était l'état général des esprits après la retraite de Moscou. La désaffection s'étendit plus encore durant la campagne de 1813. Elle s'accentua tout particulièrement dans le Midi où les rigueurs de la conscription avaient produit le désespoir, qui ne tarda pas à faire naître la haine. Haine s'amassant dans les cœurs, et d'autant plus violente que les têtes se courbaient davantage sous la crainte.

Toutes les classes s'entendirent, sans avoir échangé un mot, pour entrer dans la conspiration la plus redoutable : celle qui a pour chef l'impulsion d'un même sentiment et, pour complice, le silence. Ces conjurations n'ont pas des bras assez forts pour renverser un colosse ; mais elles ont des mains capables de miner sous lui le terrain, qui tout à coup s'effondre.

L'Empereur, malgré sa perspicacité, s'abusa dans sa confiance jusqu'au dernier jour. Il regardait trop en lui-même avec son orgueil.

*
* *

Et *les enfants?* que disaient-ils? Eux, la France de l'avenir, songeaient-ils au présent qui le préparait? Les enfants, par les pressentiments de l'instinct humain, se sentant vaguement émus, questionnaient, écoutaient, répondaient.

A cette époque, on les initiait assez généralement au sérieux de l'existence. Ils s'imprégnaient ainsi des idées, des sentiments, des préoccupations de leurs parents. Cependant, ces rapprochements n'effarouchaient pas ces jeunes âges, parce que la génération de nos pères et mères, par une anomalie bizarre, unissait à la gravité de caractère la gaieté d'esprit la plus communicative. Ah ! depuis ma jeunesse, je n'ai pas entendu rire comme on riait alors ! Les actions étaient sérieuses : les paroles qui les accompagnaient semblaient s'étudier au contraire à les dérider.

Toutefois, l'accent de la tristesse se faisait souvent entendre et l'on ne craignait pas d'arrêter notre imagination sur des images sinistres. La Révolution et ses crimes nous ont été racontés dès l'éveil de notre compréhension. Nos yeux se sont levés, étonnés et pleins d'effroi, sur les survivants de tant de morts, qui nous disaient ce qu'ils avaient vu et, frissonnants, nous réfléchissions que nous étions à peine au lendemain de ces jours néfastes ! Oh ! que de pensées naissaient ainsi dans notre esprit et s'en allaient, s'éclaircissant peu à peu en grandissant avec nous ! La raison, dans ces jeunes âmes, se produisait hâtive, son germe ayant été déposé par des intelligences supérieures.

La science de la vie ne nous arrivait donc pas en manière de leçon ; elle venait à nous sous la forme de récits qui, tout ensemble, plaisaient à la curiosité et flattaient l'amour-propre ; car nos têtes se haussaient en quelque sorte pour essayer d'atteindre à ces têtes qui se penchaient en nous parlant.

Ainsi, nous avions déjà des *opinions politiques* et nous nous sentions capables de les raisonner. Naturellement, le royalisme coulait de source. Mais Napoléon occupait notre imagination d'une façon toute particulière : car c'était notre *histoire* contemporaine, celle à laquelle nos existences se trouvaient mêlées. Et puis, on nous avait accoutumés à ne parler de lui que tout bas, prudence qui n'était pas superflue, surtout vers les dernières années de l'Empire. Grâce à cette teinte de mys-

tère, l'importance de notre discrétion prenait à nos
yeux des proportions démesurées et volontiers
nous nous serions crus de petits conspirateurs.

C'était risible ; et cependant, les âmes trempées
si jeunes dans ce courant d'idées devaient y contracter prématurément une force de caractère capable de lutter contre les événements ou de les
subir avec courage et dignité.

Mais que de jeux et de rires venaient se mêler
à nos « conciliabules » ! Et comme les graves questions y prenaient la forme enfantine de nos
visages ! Je veux essayer de raconter les grandes
péripéties des derniers moments du règne de
l'Empereur d'après les « impressions » qu'elles
produisirent en nous. Je me souviens, d'ailleurs,
assez distinctement de ce qui se discutait et s'agitait dans de plus *hautes régions*, durant cette
tempête qui bouleversait l'Europe et s'apprêtait
à soulever tant de passions.

L'été de 1813 marqua dans notre existence
d'une manière tout exceptionnelle. Les eaux d'Ax
furent ordonnées à ma mère dont la santé commençait à s'altérer profondément.

Un voyage ! un voyage aux Pyrénées ! En présence de ce projet, les enfants ouvrirent de grands
yeux comme s'il s'agissait d'aller au bout du
monde. Nous n'avions cheminé jusqu'alors que
de Castres à Toulouse. Et il était question de nous
approcher des frontières espagnoles, là où l'on se
battait d'une si terrible façon ! « Si les Espagnols
venaient nous *attaquer !* » disais-je à mon cousin

Eugène et à mon amie Albanie d'Hargicourt, lesquels devaient faire partie de la colonie ! Nous projetions d'être de petits héros.

Cela se chuchotait tout en emballant autre chose que des armes : des babioles ; mais nous emportions aussi nos livres. Les enfants de cette génération lisaient beaucoup. Moi, je n'eus garde d'oublier mon Rollin, qui m'intéressait encore bien davantage que les contes de fées de ma première enfance. Ce Rollin avait failli porter atteinte à mes opinions politiques. Au début si brillant de la campagne de Russie, j'en étais à l'histoire d'Alexandre le Grand : « Mais, dis-je, Napoléon est un autre Alexandre ! » Cet enthousiasme prit si peu, parmi ceux qui m'entouraient, que je dus le renfermer dans mon âme, qui l'en chassa lorsque vint la débâcle de calamités, produite par la toute-puissance des éléments contre laquelle celle d'un homme avait osé lutter. Dégoûtée des conquérants, je chantai la chanson de Désaugiers :

> Il est un petit homme
> Qu'on appelait le Grand
> En partant.....

Et ma sœur Octavie, avec ses sept ans et sa petite mine étourdie, composa une complainte sur l'incendie de Moscou et Rostopchine, si comique qu'elle eut les honneurs du salon. Tels étaient les enfants de ce temps-là.

Mais revenons à Ax.

Les voyages étaient longs alors, même quand les distances étaient courtes. Mes parents prirent une voiture de louage à huit places, y comprenant le siège couvert qui pouvait contenir trois personnes et nous partîmes au point du jour. Jusqu'alors je n'avais vu que la Montagne Noire, et encore en perspective. Les hauts pics avec des aperçus de neige au sommet, les profondes vallées, avec des torrents écumeux dans leurs abîmes, éblouirent mon imagination ; et tout ce qui se passa devant mes yeux s'y grava de manière à se reproduire encore, dès que j'y pense, malgré le lointain de tant d'années.

La première journée dut se terminer à Foix au coucher du soleil. Le lendemain, son lever donna de nouveau le signal du départ. Mais la journée fut coupée par une halte aux eaux d'Ussat, où se trouvait ma grand'mère et d'autres personnes de notre connaissance. Je me souviens qu'on se communiquait des écrits qui se lisaient en se couchant. Très certainement il était question de choses graves ! Et nous nous livrions à toute sorte de conjectures, ma sœur et moi, mais à voix basse, car « la tour » de Foix nous avait produit et laissé une grande impression. Dans l'auberge, n'avait-on pas dit qu'elle renfermait des prisonniers politiques ? Cela nous faisait peur — et nous attirait pourtant à la façon de serpent et colombe. « Si nous allions devenir les prisonniers du terrible Empereur ! Quel danger ! mais aussi quelle gloire ! »

Rien ne vint justifier nos craintes, et nous fîmes notre entrée à Ax très paisiblement et même très gaiement, accueillies par Eugène et Albanie qui nous tendaient les bras.

Alors commença notre vie charmante des eaux. Peu d'études, beaucoup de liberté, de grandes courses en montagnes où nos petites jambes fati-

guaient celles qui s'étaient chargées de nous accompagner. Nous logions avec les Palarin dans
une maison louée tout entière. C'était là qu'une
société nombreuse se réunissait le soir, Mme d'Hargicourt en tête. Que d'esprit ont dû y dépenser
elle et ma mère, ces deux femmes supérieures,
sans oublier Mme de Palarin, ni d'autres femmes
encore, et des hommes charmants, tels que mon
père !

Blottis dans notre petit coin, nous entendions
des échanges de paroles et de rires, puis venaient
s'y mêler trop souvent des propos sérieux ; et nous
comprenions qu'il était question de la guerre, de
ses succès, de ses revers et de toutes les exactions
qu'elle occasionnait pour avoir de l'argent à dépenser et des hommes à envoyer à la mort. Alors,
nous devenions sérieux à notre tour.

D'ailleurs, il y avait certaines circonstances qui
nous semblaient *très mystérieuses*. Nous avions vu
paraître dans ce salon un étranger — le marquis
de Guadagne. On racontait que c'était un seigneur
italien exilé à Foix, du fait de Napoléon. Transporté des rives de l'Arno aux bords de l'Ariège,
on le voyait se promener, tout frissonnant, avec
un parasol (par réminiscence d'habitude), cherchant en vain le ciel bleu et les palais de marbre de
sa chère Florence sous les brouillards et entre les
tristes montagnes rocheuses où se groupent les
maisons de pauvre apparence qui composent la
petite ville d'Ax. Un proscrit ! cela nous faisait
rêver.

Quelquefois, nous voyions se glisser en cachette
dans notre maison des Espagnols avec la culotte
courte et le long bonnet catalan. Les portes closes,

ils défaisaient de grands ballots, contenant des madras, des étoffes de plusieurs sortes, entremêlées de paquets de chocolat et de sacs remplis de café ou de sucre en poudre.

C'étaient des contrebandiers qui parvenaient à franchir la frontière, introduisant à leur suite ce que prohibait le blocus continental. Sucre et café à bas prix, quelle aubaine! Puis, marchands et ballots disparaissaient furtivement et l'on nous disait : « Ne parlez pas de ces gens-là. » Alors, nous pensions que nos parents couraient le risque d'être accusés de haute trahison.

Ma grand'mère, bravement, vint tout exprès d'Ussat pour des affaires de ce genre et s'en retourna, portant je ne sais combien de livres de café en grains cousues dans son jupon.

De sourdes rumeurs arrivaient aussi jusqu'à nos oreilles. On s'entretenait, sur la frontière plus qu'ailleurs, des échecs de nos armes en Espagne. On y mêlait des récits qui nous faisaient trembler, ayant trait aux horreurs commises par Espagnols et Français. Dans nos promenades, nous nous haussions sur nos pieds, comme pour apercevoir par delà les Pyrénées ce pays où se passaient des luttes acharnées. Je trouvais beau de délivrer sa patrie! En présence du guet-apens de Bayonne, de l'assassinat du duc d'Enghien, de la captivité du pape, je sentais la répulsion de la tyrannie prendre la place de l'admiration inspirée, un instant, par les victoires du grand capitaine. Eugène et Albanie partageaient ces sentiments. Sur le sommet des montagnes, nous prononcions de petits serments à la Guillaume Tell, nous tenant par la main, et puis nous nous dispersions pour courir après les papillons, tout fiers de compter le nombre de nos captifs : enfants abusant, eux aussi, de la puissance des forts et des faibles !

Tout vint graver dans notre jeune mémoire ce séjour de six semaines aux eaux d'Ax, y compris le voyage de retour. Les yeux de l'enfance grossissent les objets matériels ; de même, son imagination donne des proportions élevées aux événements les plus terre à terre. Les préparatifs de ce voyage commencèrent par nous impressionner. On s'occupait à dissimuler bien des kilogrammes de *cassonade* en la réduisant en sirop qui devait jouer le rôle de vin en bouteilles. On cachait du café et du chocolat dans les recoins de la grande voiture. Enfin, on s'affublait de madras : il y en avait autour du cou, sur la tête, dans les poches. Et, malgré ces précautions, on prononçait avec anxiété les mots : « Douane et douaniers ! » Sur la route, n'y avait-il pas à traverser plusieurs postes où la surveillance s'exerçait rigoureusement ?

Ce fut donc avec une émotion grandie jusqu'à l'appréhension d'un péril qu'à une lieue d'Ax nous vîmes apparaître les premières casquettes à galons, derrière lesquelles surgissait à nos yeux troublés le fantôme de l'Empereur ! Et, plus tremblants encore, nous pensâmes aux prisonniers de la tour de Foix quand deux gendarmes, qui faisaient tout simplement souffler leurs montures, s'arrêtèrent comme pour prêter main-forte aux douaniers. Ces craintes se renouvelèrent de poste en poste. Enfin nous respirâmes ! Et Toulouse nous apparut comme le port où nous allions débarquer notre cargaison sauvée.

* *

Après la saison d'Ax, nous ne fîmes que traverser Toulouse, pour aller à Hauterive attendre les événements dont se préoccupaient tous les esprits ; car l'horizon politique se couvrait de gros nuages noirs, sans laisser pressentir ce que pourraient en faire les vents qui viendraient à se déchaîner.

Les prévisions des enfants s'arrêtaient plus terre à terre. Nous avions échappé au voisinage des *Espagnols*, aux fouilles des *douaniers*, à l'*inspection* des gendarmes. Nous n'avions plus peur ! Et, joyeux, nous nous élancions vers Hauterive, après avoir versé quelques larmes en quittant Albanie et Eugène.

Nous abandonnant insoucieusement aux plaisirs dont nous avions été sevrés si longtemps, l'automne s'écoula gaiement. Nous entendions cependant parler gravement autour de nous ; mais il n'y avait que moi qui, de temps en temps, faisais taire les rires pour écouter. Alors s'éveillait ma curiosité ; on s'entretenait des armées françaises qui reculaient et des armées étrangères qui s'avançaient.

L'hiver venu, les appréhensions devinrent de terribles réalités : la France était envahie ; l'Europe entière réagissait contre elle. La retraite de la Bérésina ne s'arrêtait plus, même au Rhin. Chacun sentait l'ébranlement du sol sous les roues des canons. Tous les yeux se tournaient vers Napoléon : amis et ennemis ne pouvaient se le figurer vaincu et l'amour de ses soldats et la haine du peuple croyaient également à son étoile.

Le mot « haine » n'est pas trop fort pour traduire la disposition des esprits parmi les populations du midi de la France depuis que les charges de la guerre pesaient si cruellement sur elles. A cette époque, ce peuple était encore un peuple de laboureurs. Attaché à la glèbe par ses goûts autant que par l'habitude, il demandait tout à la terre, attendant tout du travail de ses bras. Son horizon ne dépassait point ce que son œil pouvait entrevoir et ses pas s'arrêtaient aux limites de son village. C'est là qu'on naissait, qu'on vivait et que l'on devait mourir. De loin en loin, la vente ou l'achat de quelques denrées attirait le paysan à la ville la plus voisine, vers laquelle il se dirigeait en sabots, par des chemins impossibles à d'autres qu'à des piétons. Au retour, la vue du clocher de l'église le faisait toujours sourire. Transporté seulement à quelques lieues, le mal du pays le prenait : dépaysé tout à fait, il se sentait dépérir de langueur et d'ennui.

D'ailleurs, le Languedocien, dans son ignorance, ne se mettait guère en peine de ce qu'on appelait le territoire français et se souciait bien moins encore des conquêtes qui l'avaient agrandi. La guerre, pour lui, ne représentait que des malheurs et des larmes. L'impôt du sang, la conscription née du régime révolutionnaire, avait soulevé dès son début les antipathies d'une population casanière qui, jadis, fournissait le moins possible au recrutement volontaire de l'ancienne armée. Exaspérée par les vexations auxquelles donnèrent lieu ces levées d'hommes hors de toute mesure, il fallut la compression terrible du gouvernement de l'Empereur pour arrêter l'explosion du désespoir dans les familles villageoises qui se voyaient enlever leurs fils, ces soutiens de l'existence de tous, lesquels partaient laissant la misère envahir le foyer dépeuplé, que sans doute ils ne devaient jamais revoir !

Des imprécations accompagnaient ces départs forcés et les larmes coulaient sur les jeunes visages des conscrits, comme sur les visages des vieux parents.

Mais ces conscrits étaient des Français. A peine incorporés dans leur régiment, le sabre ou la baïonnette à la main, ces soldats du Midi, également alertes d'esprit et de corps, devenaient des héros. Ils trouvaient le monde bien grand ; et cependant, il leur semblait tout simple d'avoir à le conquérir. Puis, la magie du nom de Napoléon agissant aussitôt, ils écoutaient, l'œil ardent, les récits des *Vieux de la garde* et comme on le vit dans la dernière campagne, ces guerriers imberbes accomplirent des prodiges de valeur, tombant pour ne plus se relever sur cette terre de France qu'ils ne cédaient à l'ennemi que pied à pied.

Ceux qui survécurent, revenus dans leurs villages, y apportèrent l'histoire des guerres du grand Empereur. C'est ainsi que peu à peu on vit s'effacer des mémoires le souvenir de tant d'absents par la mort, et que le napoléonisme s'infiltra dans l'esprit des générations nouvelles qui, n'ayant pas connu les souffrances de ces temps héroïques, s'enivrèrent de leur gloire.

Mais mon enfance a vécu parmi la génération qui *maudissait ;* et les derniers mois de 1813, les premiers de l'année 1814, se sont imprimés en caractères ineffaçables dans mes souvenirs.

*
* *

Tandis qu'on parlait bas dans les salons, les plaintes s'accentuaient dans les chaumières où j'allais causer familièrement avec les paysans. Tantôt je rencontrais une mère dont les larmes coulaient parce qu'elle ne recevait plus de nouvelles de son fils.

— Il est mort, sans doute, disait-elle, comme les autres !...

Et une mère lui répondait :

— Oh ! oui, comme mon pauvre enfant ! Je ne sais pas même où il est enterré !

— Il nous les prendra tous, ajoutaient les hommes.

— Moi, j'ai vendu mon champ pour payer un remplaçant, racontait un père. Eh bien ! on dit qu'il va falloir retourner *tirer le sort.*

J'écoutais tout émue.

D'autres fois, une clameur de récriminations s'élevait :

— Qu'est-ce ? disais-je.

— Ah ! mademoiselle, c'est dans un village de la montagne ; le fils de mon cousin n'est point parti : il était si faible de poitrine ! Sa mère ne l'a pas voulu. Les gendarmes sont venus pour l'emmener, mais il s'était caché. Alors on a mis des *garnissaires* dans la maison et ils ont tout pris : pain, vin, poules ! Il n'est pas même resté un épi de millet. Les voyant dans la misère, le fils s'est rendu et il tombera mort en chemin ; car il n'est pas capable d'arriver au régiment !

Les lamentations redoublaient ; chacun regardait autour de soi, pensant à ce terrible *sort* qui menaçait de ne plus épargner personne.

Et tout allait si vite : armées, batailles, envahissement du territoire ! Le peuple du Midi, qui ne s'inquiétait qu'à demi de l'Alsace, de la Lorraine, de la Champagne, se sentit saisi de frayeur lorsqu'on annonça que les Espagnols et les Anglais venaient de franchir les Pyrénées. Faut-il le dire?... En présence des ravages d'une invasion, on redoutait autant l'armée française que les armées étrangères. Ah ! si les excès amenés par la guerre venaient souiller la gloire des conquérants, celle de Napoléon se présenterait bien atteinte ! On sait les dévastations que ses conquêtes ont infligées aux pays vaincus. Mais les clameurs du triomphe ont étouffé les cris de souffrance des peuples ; seulement, ayons la pudeur de nous taire, si ces peuples se sont *souvenus* et s'il y a eu *œil pour œil, dent pour dent.*

En 1814, on redoutait donc tout ensemble les amis et les ennemis, dans ces provinces qui, depuis des siècles, avaient échappé au malheur de devenir le champ de bataille des nations s'entrechoquant. Bientôt, les conversations élevèrent la voix et m'initièrent aux préoccupations les plus graves. Mon esprit les saisit, avec ce frisson mêlé de frayeur et d'audacieuse curiosité qui fait battre le cœur des enfants à l'aspect de dangers pressentis. Il me semble que de grandes aventures se levaient à l'horizon de ma vie et je me sentais prête à me précipiter à l'encontre. Ma sœur, encore trop jeune pour me suivre, ouvrait cependant de grands yeux pour écouter et se montrait parfois sérieuse entre deux éclats de rire.

Mais j'allais avoir un compagnon de mes impressions nouvelles. Les armées étrangères s'avançaient et leur marche semblait se diriger vers Toulouse. Il n'y eut plus à douter : on s'occupait à fortifier la ville pour la défendre.

Mon père et ma mère offrirent Hauterive comme asile à leurs parents toulousains. Nous vîmes arriver successivement mon oncle Maurice de Villeneuve et sa femme, puis M. et Mme de Palarin avec Eugène, puis enfin Mme de Léaumont, son mari et leurs deux filles. Chaque venue apportait une joie aux enfants. Et tandis que nos parents se serraient tristement les mains, Eugène et moi nous nous empressions de faire entrer la guerre dans nos conversations ; Octavie et Aurélie essayaient de nous comprendre afin de grandir à notre taille ; et Émilie et Victorine commençaient à se disputer leurs joujoux, sans se douter que les rois et les empereurs se disputaient des couronnes.

Jamais notre vie de château ne s'était montrée si animée, grâce à nos réfugiés et aux allants et venants de Castres à Labruguière. En temps d'orage politique, les hommes, par une sorte d'instinct animal, semblent vouloir se serrer les uns contre les autres.

Et quelles préoccupations ! Les événements paraissaient se mouvoir, enveloppés dans une ombre épaisse qui les laissait à peine deviner. La vérité ne savait où se faire jour. On était réduit à la découvrir dans une gazette, à travers l'obscurité du mensonge ou à la lueur d'un demi-aveu. Les autorités chargées d'administrer le pays cachaient les nouvelles et redoublaient de rigueur dans l'application des mesures vexatoires qui leur étaient prescrites. Mais on voyait qu'en faisant trembler, ils tremblaient eux aussi et que leur œil inquiet n'osait regarder en avant, même dans un avenir de quelques jours.

Les lettres, surveillées, se permettaient quelquefois pourtant des mots à double entente. Alors, on se groupait pour mieux comprendre et les esprits s'exerçaient à tourner et retourner chaque phrase.

Cependant, de loin en loin, un fait officiel faisait jaillir une lumière par l'explosion des événements. Le renvoi du roi Ferdinand VII en Espagne et, plus encore, celui du pape à Rome, ouvrirent aux conjectures tout un horizon. On pressentait la fin de ce régime qui, depuis deux années surtout, pesait si fortement sur la nation. Mais cette fin ne deviendrait-elle pas aussi celle de la France?

L'habileté politique de lord Wellington ne laissa pas aux populations du Midi le temps de redouter les malheurs d'une invasion et, par suite, d'essayer de la repousser. Dès ses premiers pas sur le territoire conquis, il se présenta comme un libérateur. La discipline la plus sévère parvint à contenir même les justes ressentiments des soldats espagnols ; aucune exaction ne fut commise et les réquisitions de tout genre se virent largement payées. Le général anglais s'avançait en proclamant que l'Angleterre ne faisait la guerre qu'à Napoléon et point à la France. Les cris joyeux de la délivrance y répondaient. « L'ennemi?... » c'était Napoléon !

Le passé est le piédestal des grands hommes. Drapés comme des statues et majestueux comme elles, ils ne rappellent que le grandiose de leur humanité. Ils passent ainsi au rang des demi-dieux, quand la génération disparue, dont ils ont bouleversé la vie, gît inerte au fond des tombeaux. Les voix accusatrices étouffées par les retentissements de la gloire restent sans écho dans l'avenir. Mais on était loin de cet avenir en 1814 ! On ne sentait que le poids du présent.

Il fut impossible de dérober à la connaissance du pays envahi la bataille d'Orthez, suivie de la marche de l'armée anglaise qui se dirigeait vers Toulouse. On n'ignorait pas non plus les péripéties de la lutte gigantesque soutenue par l'Empereur lui-même et l'on comprenait que Paris ne tarderait pas à se trouver menacé. Mais Napoléon n'allait-il pas relever sa fortune par un de ces élans dont il avait le secret ? Alors, où s'arrêterait la revanche de son orgueil ? Il semblait à la nation que les bras qui l'étreignaient si fortement ne pourraient se desserrer que par la mort. Et *il* vivait ! Et jamais ses soldats n'avaient accompli de si grands prodiges, fanatisés autant par le désespoir des revers de leur Empereur, qu'ils l'étaient jadis par la gloire de ses marches triomphales !

Le peuple, au contraire, appelait de tous ses vœux la fin de la guerre. Peu lui importait quelles mains viendraient étancher le sang qui continuait à couler des veines épuisées de la France. Les royalistes, de leur côté, voyaient poindre leurs espérances. Cependant, eux seuls, dans la nation, pensaient à la Maison de Bourbon qui semblait ensevelie sous les décombres de la vieille monarchie. Ces fidèles, en si petit nombre pourtant, commençaient à se grouper et comme leurs ancêtres, les chevaliers, ils étaient prêts à se jeter, le jour venu, dans la mêlée sans se compter. Seulement, viendrait-il, ce jour? On ne pouvait l'attendre que du triomphe des étrangers. Les gentilshommes les appelaient des alliés ; les paysans commençaient à voir en eux des libérateurs ; la nation comprenait qu'avant tout il fallait faire lâcher prise à la main qui la tenait, et dont l'épée déchirait le sein de la France en s'obstinant à la défendre lorsqu'il n'y avait plus qu'à savoir accepter la paix, plusieurs fois repoussée par l'orgueil d'un seul homme.

La paix ! mais aucune bouche n'osait accentuer ce mot ; et le gouvernement impérial continuait à imposer son despotisme, comme si rien ne pouvait menacer sa durée. En présence de cette confiance, le peuple ployait d'autant plus que, se sentant coupable de rébellion muette, il tremblait d'en être soupçonné.

L'Empereur connaissait les Français ; il savait ce qu'il devait attendre de leur bravoure sur les champs de bataille ; mais il n'avait que du dédain pour leurs manifestations populaires qui n'osent s'attaquer qu'aux faibles ou aux tremblants. Et *lui* sentait que tant qu'il tiendrait le sceptre, son bras aurait toujours la force de serrer le frein, son regard la puissance de contenir la foule en planant sur elle. Ce sceptre, qui pourrait le lui arracher?

Toutefois, sa surveillance ne se relâchait pas, tandis qu'il se débattait dans le réseau inextricable des marches et contremarches de son immortelle campagne de 1814. Cette surveillance s'exerçait particulièrement contre les royalistes, ce parti que la toute-puissance jalouse de Napoléon n'avait jamais perdu de vue sans le craindre. Alors même, il ne le redoutait point ; seulement, il l'estimait assez pour le juger capable de *coups de tête*. Et il fallait que rien n'eût l'air de bouger. C'est pour cela qu'on fusilla le malheureux gentilhomme qui parut sur la place publique de Troyes avec une cocarde blanche.

Mais, comme ces nuages que pousse le vent des tempêtes, les jours se pressaient, apportant successivement des désastres à *celui* qui, si longtemps, avait ployé le destin sous son joug.

Et nous, enfants, nos oreilles entendaient-elles le fracas des orages déchaînés par la main des hommes ? Oui : et comme les petits chevaux qui, au pâturage, voient les anciens du troupeau dresser l'oreille et flairer l'air, souvent nous nous arrétions court dans nos ébats avec un regard interrogateur, n'osant rien demander autrement, car on parlait bas en notre présence.

Cependant des mots nous arrivaient, qui nous aidaient à deviner bien des choses. Alors, nous aussi, nous baissions la voix en parlant des Bourbons dont les malheurs nous faisaient pleurer et *du tyran* qu'Eugène et moi, gens lettrés, croyions devoir comparer aux empereurs romains. Et tout en appréhendant des événements terribles, je me sentais pressée de les voir arriver, assez fière de vivre dans un temps qui pourrait me permettre de me poser en héroïne. Octavie, au contraire, se vantait d'avoir grand'peur, tout en disant qu'elle voulait partager mes dangers.

Tout à coup, des clameurs s'élevèrent. Et ces paroles retentirent de toutes parts : « Le maréchal Soult recule vers Toulouse ; les Anglais s'avancent, une grande bataille se prépare. » Et la rumeur allait croissant ainsi que l'anxiété qui saisit soudain toutes les classes. Il y avait des siècles que le choc des armes n'avait ensanglanté ces guérets si bien cultivés par le paysan gascon. L'effroi se propagea rapidement de village en village. Les villes étaient plus calmes : des bruits qui venaient du Nord indiquaient un dénouement prochain. Cependant, on redoutait les dernières convulsions de ce colosse qui s'appelait Napoléon : personne ne pouvait penser que, dans cette main, la plume de l'abdication allait remplacer l'épée du grand capitaine.

Et cependant, s'il s'en fût tenu là, son nom se serait placé au sommet d'une véritable grandeur. Se retirant des champs de bataille accablé sous le nombre, mais point vaincu et ne rendant ses armes qu'à la France, c'est-à-dire à la paix, c'eût été monter aussi haut que puisse atteindre un homme dans l'estime admiratrice des générations futures. Le retour de l'île d'Elbe a été un crime de lèse-humanité. Mais revenons à 1814.

IX

BATAILLE DE TOULOUSE

Une bataille ! si près de nous ! à Toulouse ! « Ah ! j'y voudrais être ! » Tel fut mon cri : celui d'Eugène y vint répondre. Et nous voilà rêvant canons et mousquetades. Il se fit tant de bruit dans notre imagination que, durant la nuit suivante, nous ne pûmes dormir. Dès le lendemain, nous nous empressâmes de simuler des fortifications ; jeu charmant, selon nous. La cour du château, ce pêle-mêle étrange de tant d'objets, fournit les matériaux. On venait précisément d'y déposer de grandes poutres attendant un emploi quelconque. Là furent établis nos remparts. Des cailloux, transportés à grands efforts de nos bras, représentèrent les munitions de guerre. De hauts bûchers se virent décorés du nom de tours et reçurent des *canons* simulés par de grosses bûches placées horizontalement.

Mariette et Jeanneton, deux grosses jeunes paysannes qui souvent venaient prendre part à nos récréations, se trouvèrent convoquées en ce jour. Il y avait tant à faire ! Les toutes petites filles, mises en réquisition, traînaient leurs « voitures-joujoux », surchargées de quelques poignées de sable. Une fourmilière, allant, venant, ne se serait guère agitée davantage.

Et durant ce temps, de formidables redoutes s'élevaient devant ce Toulouse, prêtes à faire pleuvoir leurs boulets ! Et par toutes les routes s'avançaient les assaillants qui se disposaient à les escalader ; la mort planait sur les deux camps.

Mais nous ne songions à tout cela que par rapport à notre taupinière. Cette *redoute*, adossée contre la grille de la cour, laquelle se trouvait appuyée sur les grands fossés remplis d'eau, nous semblait digne de Vauban. Maintenant, il restait le plus important à décider : Qui la défendrait ? qui l'attaquerait ? ou plutôt qui serait Français, qui serait Anglais ? Nous ne savions de quel côté tourner nos vœux : la nationalité parlait haut ; mais, d'autre part, il s'agissait de Napoléon — de *Bonaparte !* comme nous disions alors.

La guerre, devenue entre nos mains un jouet d'enfant, nous absorbait tellement que tout passait inaperçu autour de nous. Cependant, sans cesse des messages s'échangeaient de Castres à Hauterive. Les préoccupations redoublaient. Les communications avec Toulouse étaient à peu près interrompues, sauf avec les agents du pouvoir, et ils se taisaient. Toutefois, il y avait dans l'air de vagues bruits d'événements très importants, tels que l'armée des Alliés aux portes de Paris ! D'autre part, on représentait l'Empereur à la tête d'une armée campant à Fontainebleau, et *traitant*. Et puis, le maréchal Soult allait livrer une bataille qui pouvait influer puissamment sur la destinée de Napoléon. On disait aussi, tout bas, que le duc d'Angoulême était entré dans le Midi et que le comte d'Artois avait franchi les frontières du Nord.

Nous eussions pu deviner à l'aspect des physionomies les fluctuations de la crainte et de l'espoir, d'après le va-et-vient des nouvelles. Mais on nous tenait éloignés du salon. On semblait même nous avoir oubliés, laissant nos actions libres de tout contrôle ; et nous nous gardions bien de rechercher les regards, craignant que la surveillance vînt à se raviser. Nous vécûmes en quelque sorte à part durant cette semaine sainte de l'année 1814, où les anxiétés des âmes, en âge de penser, ne trouvaient d'autre refuge que l'église et la prière.

Le jour de Pâques, dès mon lever, je voulus aller chez ma mère comme de coutume ; elle était en conférence avec ses sœurs. Eugène, Octavie et Aurélie de Léaumont vinrent me joindre ; alors, redoublant de zèle, nous courûmes à notre « fortification ». Personne ne s'enquit de nous, quoiqu'on eût pu remarquer les allées et venues de nos petits pieds.

Nous venions de placer ce que nous appelions *deux énormes canons*, lorsque mon père, passant tout près sans nous regarder, s'adressa précipitamment à un paysan. — « Eh bien ! on l'entend plus fort, n'est-ce pas ? — Oh ! oui, fut-il répondu. » Mon père se retourna vers son frère et lui dit : — « Les coups redoublent... Écoute !... » J'écoutai, moi aussi, et mon oreille saisit un bruit vague apporté par le vent d'autan qui soufflait avec violence. — « Qu'est-ce que l'on entend ? demandai-je. — C'est le canon, répondit mon père : on se bat devant Toulouse depuis ce matin. » Eugène s'approcha, nous demeurâmes sans paroles et nous descendîmes du sommet de notre « redoute » glacés de terreur, car plusieurs fois le bruit sourd vint à se précipiter et se répéter. C'était la vraie guerre, dont on entendait la voix, et la mort qui lui répondait !

En cet instant, la cloche de l'église tinta le dernier appel à la messe. Ma mère, mes tantes, mes oncles sortirent du château. Les physionomies étaient bouleversées. Nous nous mêlâmes à ce groupe que nous suivîmes silencieusement. Les paysans paraissaient complètement ahuris et s'interrogeaient avec des regards effrayés qui disaient plus que les paroles.

L'église pleine, on chanta la grand'messe précipitamment. Mais ces chants de résurrection faisaient l'effet de chants funèbres. Au moment de la bénédiction, le curé prononça ces mots : « Prions pour les vivants et pour les morts... » Des sanglots s'entendirent : il y avait là des mères en deuil déjà et d'autres mères qui appréhendaient le lendemain !

La messe terminée, nous nous dirigeâmes vers le chemin qui conduit à la haute falaise nommée *la Roque*. Assis au bord du gouffre, on écouta, l'oreille appliquée contre le sol ; car le sol, mieux que l'air, répercutait le son du canon. Je crois encore entendre ces coups si distincts et répétés si fréquemment ! Les enfants, les aînés du moins, gardaient une attitude profondément méditative, comme si l'âge leur était venu subitement pour les initier aux péripéties de l'existence des nations.

A quelques pas, sous un quinconce de marronniers, les deux petites filles s'amusaient à déposer des poignées d'herbe fleurie au pied d'une croix des rogations, devançant ainsi de quelques jours les hommages champêtres des laboureurs. Cette croix, par un contraste, ramenait la pensée vers la bénigne Providence, qui s'occupait à dispenser la vie en faisant germer et croître les fruits de la terre, au même instant où les hommes s'acharnaient à s'égorger !

On revint lentement au château, s'entretenant des inquiétudes que chacun éprouvait. Tant de parents et d'amis se trouvaient enfermés dans cette ville, sur laquelle peut-être pleuvaient les bombes ! A peine prononçait-on leurs noms, comme si l'on eût craint d'appeler le danger sur ces têtes si chères.

Mon père et mes oncles nous quittèrent pour aller à Castres chercher des nouvelles. Ils trouvèrent la population de la ville *écoutant* comme nous. La bataille continuait : devine-t-on, à ce terrible jeu, ce que peuvent apporter les derniers coups de dés?

Le soir, l'artillerie se tut ; la partie était jouée. Quel était le gagnant, au prix de tant de morts? On ne pouvait rien savoir avant le lendemain. Dans cette attente la nuit fut cruelle. Les enfants eux-mêmes dormirent d'un sommeil agité : nous rêvions que les canons de notre redoute étaient devenus de vrais canons, tirant sur nous.

Dès le matin, on apprit que les vainqueurs, c'étaient les Anglais ! Toutefois, la ville demeurait encore au pouvoir du maréchal Soult.

Cependant, le bruit de l'abdication de l'Empereur prenait plus de consistance. Mais à qui allait appartenir la France, ce dernier enjeu perdu par Napoléon?

Le surlendemain, 12 avril, on connut la retraite de l'armée de Soult : elle se dirigeait vers le Bas-Languedoc et Castres était presque sur la route. La frayeur fut générale. Allait-on se trouver sur le théâtre d'une dernière lutte? Et cela quand le pays maudissait la guerre et celui qui l'avait attirée jusqu'aux confins de la France.

Durant ces heures qui se traînaient si lentes, tandis que les cœurs battaient si précipitamment, les enfants continuaient à demeurer livrés à eux-mêmes et aux appréhensions les plus confuses, tant les événements dépassaient la portée de leur esprit. Je sentais cependant bien des pensées remuer dans mon cerveau. Ces quelques jours firent plus que des années pour développer mon intelligence au point de vue des idées qui dévoilent, aux yeux ébahis de l'enfance, les grandes perspectives de la vie.

Le lendemain, silence dans l'air, silence aussi dans les événements. La curiosité était portée jusqu'à l'angoisse, sensation terrible! à en juger par ces regards troublés qui se cherchaient, interrogation muette, n'osant pas aborder la parole.

Vint le mardi de Pâques, le surlendemain de la bataille. J'avais pris un livre : j'étudiais une leçon dont ma mémoire ne put rien retenir. Assise auprès d'une fenêtre, mes yeux se détournaient machinalement pour regarder dans la cour du château. Tout à coup apparaît un homme à cheval ; il prend son chapeau, l'agite en l'air en s'écriant : « Nous avons la paix ! nous avons la paix ! » Alors, je vois les portes du château s'ouvrir ; on se précipite à la rencontre de cet inconnu. Je jette mon livre, je m'élance à mon tour. L'individu a mis pied à terre. On l'interroge. Que lui demande-t-on? que répond-il? Ah! j'aperçois une cocarde blanche à son chapeau et j'entends le cri de : « Vive le roi ! » Cri aussitôt répété par mon père, ma mère, mes oncles, mes tantes ! Tous entourent cet homme du peuple, cet émissaire qui leur est expédié de Toulouse pour leur annoncer la paix, le retour des Bourbons et l'avènement de Louis XVIII au trône de France.

Des lettres, des journaux, des proclamations passent de main en main et sont lus tout haut avec des voix étouffées par l'émotion, interrompues par des larmes de joie qui vont se perdre dans le sourire du bonheur.

Où retrouver des événements marqués si profondément d'un sceau divin? Il faut que le temps rebrousse son cours jusqu'à son origine ; il faut qu'il redescende avec la chaîne des âges pour aller chercher dans la Bible, dans la mythologie, dans les légendes et dans quelques épopées historiques l'image de ces luttes où l'orgueil d'un homme est monté si haut qu'il a semblé se faire un jeu de provoquer la foudre.

Et nous venions de la voir tomber sur un de ces géants !

X

LA RESTAURATION

Comme une traînée de poudre qui prend feu, la joie de la délivrance courut d'un bout du Midi à l'autre. Elle se manifesta avec les élans démonstratifs de ces natures passionnées, qui s'enivrent de leurs sentiments : haine ou amour.

La haine, c'était *Bonaparte* qui l'inspirait, l'amour pour les Bourbons ne fut que le contrecoup de cette haine. Tout autre gouvernement libérateur eût imprimé le même élan d'enthousiasme aux masses populaires. L'ancienne classe aristocratique, la seule dont le cœur fût demeuré dans le passé, profita de cette explosion d'allégresse pour tourner les pensées et les espérances vers le royalisme ; osant, d'ailleurs avec juste raison, présenter le roi de « France » comme le sauveur venant arracher aux vainqueurs la noble vaincue.

Louis XVIII, malgré le surnom qu'il reçut, n'était pas *Louis le Désiré;* mais il devint aussitôt le roi porté en triomphe par ce flot, nommé le peuple, semblable au flot de la mer, tantôt sommet, tantôt abîme.

Le Midi, sauf peu d'exceptions, devint donc subitement royaliste d'une manière frénétique. Aux cris répétés de : « Vive le roi ! » se mêlaient aussitôt les cris, plus accentués encore : « A bas l'Empereur ! » La cocarde blanche et le drapeau blanc se virent adoptés immédiatement en opposition aux trois couleurs qui représentaient le régime abhorré. Toulouse se signala par ses transports. On dansait sur les places publiques, les femmes du peuple arrêtaient les *dames* et, les prenant par la main, les entraînaient dans une ronde où tous les rangs se trouvaient confondus par l'effet d'une impulsion identique. Les feux de joie s'élevaient de tous côtés. Des chansons, la plupart improvisées, se faisaient entendre en écho et pas un désordre ne venait se mêler à ces manifestations ! Car on peut affirmer qu'il n'y avait plus qu'un parti : la bourgeoisie elle-même se croyait royaliste. La Révolution semblait avoir expiré, vaincue, et son souvenir n'osait être évoqué par les quelques vieux républicains dont les opinions demeuraient debout, sur un champ de bataille abandonné.

L'armée seule protestait, contre les événements accomplis, par son silence morne. L'armée, c'était encore Napoléon ! Son esprit planait sur elle. Les maréchaux s'étaient ralliés au pouvoir nouveau ; mais officiers et soldats détournaient les yeux du trône où venait de s'asseoir le roi légitime, inconnu à cette génération guerrière. Les très jeunes conscrits ressentirent seuls les joies du retour au foyer. Mais les vétérans regrettaient cette vie de conquêtes qui les avait promenés, voyageurs armés, dans les contrées si diverses qu'ils s'assujettissaient en passant. La France était devenue le pays qu'ils connaissaient le moins. La voyant se soulever contre leur idole, ils étaient tentés de se croire sur un sol ennemi où il leur avait fallu mettre bas les armes, se soumettre et déchirer le drapeau tricolore.

En vain les Bourbons avaient rallié à eux, dans la stupeur des désastres et de l'abdication, les principaux chefs de cette armée, en vain faisaient-ils luire aux regards de ces soldats courbés sous le poids de tant de campagnes les douceurs de la paix ; ils n'acceptaient point la vie que ce repos allait leur faire. Napoléon et ses soldats se comprirent en se séparant. Les adieux de Fontainebleau furent un rendez-vous donné à de vagues espérances mutuelles qui naquirent de la douleur de la séparation.

Cependant, d'autre part, déjà commençaient à se former parmi les partisans des Bourbons des courants divers, prêts à se diviser ou même à se heurter violemment.

Ma mémoire d'enfant se souvient d'avoir vu poindre l'aurore de *l'ultra-royalisme,* destiné à trahir les plus nobles intentions et en arriver à atteindre la royauté à la tête, en tirant trop haut pour la défendre.

Successivement, les fugitifs toulousains retournèrent à leur domicile, pour aller prendre leur part de la joie et des fêtes de la ville, qui venait de se donner complètement à la restauration du vieux trône, voyant dans les Anglais, non des vainqueurs orgueilleux, mais des libérateurs fiers d'associer le bonheur du pays à leur triomphe. Lord Wellington, politique aussi grand que grand capitaine, s'assujettit le midi de la France, bien plus par son adroite générosité que par le triomphe de ses armes.

Malgré le bruit de ces réjouissances, mes parents prolongèrent leur séjour dans le château demeuré solitaire et ne songèrent à aller à Toulouse que dans le courant de mai. L'armée anglaise venait de quitter la ville, qui ne relevait plus que du roi de France. De tant de fêtes il ne restait que de la fumée ; mais on demeurait frappé de l'impression joyeuse demeurée sur les visages.

Comme contraste, nous venions de traverser ce champ de bataille parsemé de tombes. Elles s'élevaient, tristes et nues, au milieu des blés verdoyants. Les épis se balançaient à l'entour et les bleuets leur envoyaient de loin en loin quelques fleurs détachées, que le printemps, dans sa renaissance, semblait apporter à ces morts inconnus comme une pensée de la Providence. Hélas ! bientôt le laboureur ne détournera plus sa charrue de ces petits tas de terre si vite envahis par les herbes sauvages et le temps aura promené son niveau sur ce qui fut des hommes, mêlant la poussière à la poussière.

Durant la dernière partie de la route, les traces de la bataille se montrèrent de plus en plus : façades criblées de boulets, murailles abattues, jardins dévastés. Mais les portes de la ville franchies, tout fut oublié. Et nous ne songeâmes qu'à saluer le drapeau blanc qui flottait sur les clochers et que le vent de la prospérité semblait enfler comme une voile, pour guider le vaisseau de la France vers les plus heureux destins.

Ma grand'mère nous avait devancés à Toulouse. Nous trouvâmes son salon rempli d'amis et de parents accourus pour se réjouir avec nous, en se répétant les récits des événements miraculeux qui venaient de s'accomplir.

Je me mêlai de tout cœur à ces manifestations. Depuis le jour où j'avais entendu ce cri magique : Vive le roi ! *j'étais une politique* au petit pied. Les opinions des enfants ne sont que des sentiments ; c'est pour cela qu'on les voit, si jeunes, se passionner pour une cause à un degré rarement atteint par un autre âge. J'avais lu avec avidité les articles de journaux, les brochures qui racontaient les enchantements des premiers moments de la Restauration. Tout émue, mon amour pour les Bourbons devint un culte, dont le *roi*, tout particulièrement, se voyait l'objet : rien ne faisait ombre dans mon esprit à cette apothéose.

Quelle fut donc ma surprise lorsque, à travers les conversations croisées, j'entendis mon oncle le vicomte adresser à ma mère l'étrange discours dont je me souviens encore, accompagné de gestes furibonds : « Ah ! Louis XVIII, c'est bien toujours le comte de Provence, un vrai Jacobin ! Qu'est-ce que cette Charte qu'il vient de nous donner ? Une Constitution révolutionnaire comme celle de 1791, comme toutes les autres. Oui, c'est comme s'il vendait, lui aussi, les biens du clergé et ceux des émigrés ! La noblesse ? Il la rétablit en la mêlant à la noblesse de Bonaparte ! Enfin, il tend les bras à tous ces gens-là ! » Et comme ma mère, étonnée, essayait de glisser des paroles atténuantes, il reprit plus violemment : « Je vous répète que c'est un Jacobin ! Qui sait même s'il n'a pas contribué à la mort de Louis XVI et à celle du petit dauphin ! » Toutefois, il ajouta, un peu honteux, je crois, de la violence de sa philippique : « Mais, non : ceci est trop fort. »

Ma mère dit à demi-voix à mon père :

— De telles exagérations sont fâcheuses. Certainement, on ne réagit pas autant qu'on pourrait l'espérer contre la Révolution et ses œuvres. Mais il ne faut pas, nous, royalistes, nous poser en manière d'obstacles et nous devons respecter le roi.

— Ah ! comme il eût mieux valu, répondit mon père, que le roi s'appelât Charles X !

Vœu téméraire qui ne devait être que trop exaucé plus tard !

Je demeurai stupéfaite, regardant autour de moi avec des yeux effrayés. Le roi acclamé ! le roi que je croyais être adoré ! Quoi? mon père luimême en eût souhaité un autre !

Cependant, les extravagants, comme le vicomte de Villeneuve et quelques autres vieux émigrés, étaient très clairsemés ; le parti royaliste presque tout entier les désavouait hautement, quoiqu'il formât déjà un parti considérable, qui trouvait qu'on faisait trop de concessions aux *ralliés* et aux idées nouvelles.

La Charte ne satisfaisait pas l'esprit de *l'ancien régime*, cette âme qui survivait à son corps et se croyait capable de le ranimer. Bien des gens pensaient que, moyennant des modifications, les anciens rouages de la monarchie auraient pu fonctionner encore avantageusement. Ils ne croyaient pas que la Charte était la transaction entre les temps anciens et le temps nouveau, et qu'au lieu de *tirer* en arrière, il fallait au contraire s'atteler en avant et se servir « des réconciliés » pour soutenir le char du gouvernement dans les nouvelles voies que les bouleversements sociaux avaient creusées.

Néanmoins, la partie était belle pour les Bourbons, en 1814 ! Le pays en masse, dans un premier moment d'enthousiasme, était venu à eux, sauf l'armée ; là était le seul danger visible. Peut-être eût-il mieux valu la licencier, tout en accablant d'honneurs ses principaux chefs et puis la reconstituer en y mêlant des éléments nouveaux. La garde nationale, à cette époque, ivre de royalisme, eût suffi à maintenir l'ordre à l'intérieur durant cette transformation. Mais il eût fallu l'accomplir sans la création d'aucun de ces corps privilégiés, dont les noms et la composition semblaient vouloir établir un antagonisme armé, prêt à relever le drapeau tricolore en opposition au drapeau blanc. Les prévisions politiques ont fait complètement défaut à la Restauration de 1814.

Cependant, Louis XVIII, par ses antécédents qui éloignaient de lui les exaltés, se trouvait être précisément le roi du moment. Malheureusement, ce prince se laissait aller à l'insouciance d'un égoïsme inhérent à sa nature et développé par l'âge et les infirmités. Le travail sérieux de la pensée effarouchait son esprit, qui sentait peut-être aussi que ses ailes ne pouvaient le porter ni haut, ni loin. Se ressentant de l'éducation et des habitudes de l'ancienne cour, cet esprit courait sur les surfaces sans les approfondir.

Le regard perçant dont la physionomie de Louis XVIII était douée tombait royalement de son trône sur ses sujets, mais n'interrogeait pas l'horizon ouvert à des perspectives si nouvelles. Le libéralisme de ce prince n'a mérité ni les éloges, ni les invectives dont les divers partis l'ont gratifié. Il tenait bien plus de son tempérament qu'il ne tenait de la lucidité de ses vues : la politique active ne lui allait pas. Il préférait s'abandonner au courant, en essayant de louvoyer plutôt que de lutter à l'encontre. N'importe ! dans la situation où se trouvait la France en 1814, ce caractère entre deux eaux lui dicta des œuvres de sagesse.

Il était donc le roi qui pouvait consolider la première Restauration. Et, malgré bien des maladresses (dont la principale fut le choix des hommes placés à la tête de son gouvernement), la race de Bourbon, grâce à lui, se serait implantée de nouveau dans le sol français si quelques années d'un règne paisible eussent favorisé son rétablissement.

Mais lorsque le retour de Napoléon fut devenu possible par une faute immense, celle d'avoir conservé une armée organisée comme pour amener ce triomphe et après le bouleversement des esprits qui en devint la suite, il eût fallu le génie d'Henri IV pour réédifier la monarchie légitime. Louis XVIII la releva une seconde fois, à la façon d'un de ces édifices qui, désormais, semblent ne devoir prêter qu'un abri momentané. Néanmoins, elle a duré autant que lui et peut-être aurait-elle prolongé son existence si le successeur de Louis XVIII eût été un autre que Charles X.

Ainsi, le dauphin, doué de l'instinct du gouvernement représentatif, eût sans doute évité la révolution de Juillet avec ses conséquences si funestes.

Toutefois, l'année 1814 s'écoula comme une fête où la nation entière se trouvait conviée et où la prospérité du pays sembla s'empresser de la fleurir.

On peut présager que la France allait prendre, grâce à sa suprématie intellectuelle, une revanche de la perte de ses conquêtes par les armes.

Ce n'étaient pas d'aussi graves considérations qui me rendaient pensive, en entendant mon vieil oncle insulter, selon moi, le roi devant lequel je croyais que tous les genoux ployaient.

Mais, dès ce jour, je me jetai de plus en plus *dans la politique* et mon *royalisme* s'y plongea pour en ressortir encore plus chaud, tout en demeurant fidèle à *mon amour quand même* pour Louis XVIII.

Qui se serait cru à la veille de l'événement formidable prêt à remettre tout en question dans cette Europe encore sous l'empire des joies délirantes de la paix? Les conspirateurs eux-mêmes, tout en préparant le retour de Napoléon, tremblaient de leur petit nombre et n'osaient avoir confiance dans les incertaines espérances de leurs complots ébauchés.

Cependant, *vingt jours* suffirent pour ramener aux Tuileries Napoléon triomphant et pour rouvrir aux Bourbons la route de l'exil ! Vingt jours ! Quinze ans plus tard, ils eurent à peine le temps de jeter le coup de dés d'une bataille de rues ; et la France entière se déroba sous les pieds qui la quittèrent pour n'y plus rentrer !

En vain on essaye de relever un vieil arbre renversé par un tremblement de terre : ses racines brisées n'ont plus la sève qui fait vivre ; une autre secousse l'abat de nouveau et, cette fois, sans retour. Mais malheur au sol bouleversé par de pareils tressaillements ! C'est le cratère d'un volcan qui s'est ouvert ; vainement, il semble s'être refermé ; nulle végétation durable ne saurait s'établir parmi des cendres qui recouvrent des flammes.

On ne cesse de s'adresser cette question : la Restauration était-elle née viable? Peut-être « oui », en 1814 ; mais, après 1815, elle se trouvait atteinte d'une de ces maladies de cœur qui laissent au visage l'apparence de la santé, se réservant de donner la mort en un instant.

Cependant, encore en 1815 et même durant l'épisode terrible des Cent Jours, la France était royaliste. Le Midi, tout particulièrement, se montra passionné pour les Bourbons.

Rien de ce qui s'est vu depuis ne saurait donner une idée du chaleureux enthousiasme qui, de Bordeaux à Marseille, vint accueillir le second retour de Louis XVIII. Malheureusement, Napoléon en posant le pied sur le sol français avait tendu la main à la Révolution. Et la Révolution se retrouva debout, bénéficiant seule de la fortune de celui qui, si vite, avait remonté les degrés d'un trône pour aller tomber dans un abîme.

Je suis tentée de clore ici *mes souvenirs* (1). Le découragement m'a saisie en présence de ce passé que je vais revoir, entraînant la Restauration dans le tourbillon où elle devait disparaître à jamais ! Tout a conspiré pour amener sa fin : bourgeois et nobles, roi et peuple. Les mains témé-

(1) Écrit en 1876.

raires comme les mains coupables ont promené des torches et l'embrasement des esprits est devenu général.

Que tous les partis se frappent la poitrine ! Chacun a travaillé à l'œuvre destructive. Cependant, que de dévouements et de nobles élans dans le royalisme plein d'amour des premières années qui suivirent 1814 ! Si le sens politique a manqué à ces gentilshommes de vieille souche, c'est parce qu'ils s'absorbaient dans une foi qui ne permettait pas l'examen, ne reconnaissant que le droit du roi, le *droit divin*, sans s'apercevoir que leur encens brûlait devant un autel abandonné.

Maintenant, *en* 1876, au milieu du chaos produit par les révolutions successives d'un siècle si tourmenté, je ne me sens pas le courage de remonter son cours pour le suivre de nouveau, tombant de cataracte en cataracte, comme attiré par un gouffre où il doit se perdre, ne laissant peut-être après lui qu'un État social en débris.

Mais vous, mes contemporains, vous qui n'êtes plus là et dont la vie fut aussi la mienne, vais-je vous abandonner sans essayer de vous la rendre ? Tandis que je me suis étudiée à retirer de l'oubli ceux qui nous précédèrent, vais-je délaisser votre mémoire si présente à mon cœur ? Nés et grandissant ensemble, nous avons suivi les mêmes chemins, traversé les mêmes événements, goûté à des plaisirs semblables et souvent, hélas ! pleuré aussi sur des douleurs pareilles. Ah ! communauté d'aspirations, de goûts, de sentiments, qu'amène l'éclosion d'âges identiques, fleurs entr'ouvertes par les mêmes brises, fruits colorés par les mêmes rayons de soleil, comment vous oublier !

Amis et commensaux de notre jeunesse, nous qui sommes encore debout, pourquoi ne pas nous pencher sur vos tombes afin d'en retirer les parcelles de notre être qui ne se réduisent pas en poussière? C'est l'existence de vos âmes que nous rattacherions ainsi par nos récits au monde qu'elles ont quitté. Du moins, ce serait leur esprit ressuscité, qui viendrait montrer à ceux qui vous appellent des « inconnus » quelques traces de votre passage sur la terre, dont les marques devraient ne pas disparaître entièrement...

Je m'arrête! J'interroge, j'écoute, et du monument funéraire s'élève un murmure qui vient me dire :

« Ah! assez de remuer la cendre de vos souvenirs! Les étincelles qui s'en échappent ne sont plus la vie. Vous-même, n'êtes-vous pas le fantôme de ce que vous avez été? Venez à nous : c'est l'heure. Voyez combien vous devenez de plus en plus étrangère à ces jeunes existences qui vous pressent de leurs flots pour vous rejeter en arrière et passent sans retourner la tête? Vous êtes une *vivante morte!* Votre souffle vient d'un autre monde. Il ne saurait se faire entendre.

« Qui recherchera ces pages? Ou qui s'en souciera?

« Jamais siècle ne s'est montré plus détaché de ce qui *fut* avant lui. Il semble n'avoir d'autre aspiration que de se précipiter à l'encontre de l'avenir, poussé par la vapeur, son invention ; et il abandonne le passé au néant, comme la locomotive livre sa fumée aux vents qui la dispersent en atomes.

« Ne comprenez-vous pas que, le lendemain du

jour où vous aurez cessé de vivre, vous deviendrez un de nous, un de ces oubliés?

« Venez, venez ; et laissez tomber cette plume qui trace avec le sang de votre cœur et les larmes de vos yeux des mots qui ne signifieront rien s'ils viennent jamais à être lus ! »

ÉPILOGUE
SOUVENIRS DE CHYS

ÉCLAIRCISSEMENT

Il ne fallait pas s'attendre à trouver dans les pages qui précèdent une allusion directe au chaste roman de l'auteur avec Chateaubriand. Le secret de cette amitié exaltée, de cette longue correspondance, fut renfermé dans le souvenir de l'Occitanienne comme un parfum précieux dans un flacon scellé.

Comme on le sait, elle désira que cela ne fût connu que longtemps après sa mort.

Les récits précédents montrent ce qu'elle a su du monde de l'ancien régime et ce qu'elle a connu de la première partie du dix-neuvième siècle : Empire, Restauration. Ces grandes époques de notre histoire dominent les souvenirs qu'elle en évoque. Mais tout semble s'arrêter vers l'époque de son mariage — 1829. C'est pourquoi il m'a semblé intéressant de compléter ces *Mémoires* en y ajoutant un cahier de *Souvenirs* plus intimes encore et qui donnent un aperçu de ce que fut sa vie de jeune femme, de ce qu'était son union idéale avec l'homme éminent qu'elle avait épousé.

Chys était une gentilhommière Louis XIII, aux pavillons irréguliers, que le comte de Castelbajac avait héritée de son oncle à la mode de Bretagne, M. Duboë. Ce petit castel, qui n'appartient malheureusement plus à la famille, était une demeure modeste, mais pleine de charme, enfouie sous la verdure et les fleurs. Beaucoup de belles années s'y sont écoulées.

Dans mon enfance, c'était une joie, au début des vacances de la magistrature, de voir arriver mes grands-parents dans le *Carabas*, voiture qui ressemblait si bien au carrosse du célèbre marquis, tel que les images le représentent, que le nom lui en avait été donné.

Large au sommet, étroit du bas, avec de hautes roues et des malles faites pour s'adapter aux formes du véhicule, cet équipage invraisemblable devait encore dater de l'ancien régime. *La poste*, prévenue en temps voulu, amenait avec cela mes grands-parents et leurs serviteurs, de relais en relais, depuis Toulouse jusqu'à Chys, près de Tarbes. C'est la seule voiture de ce genre que j'aie jamais vue.

Quand la comtesse de Castelbajac fut veuve, elle continua de venir séjourner avec ses enfants, toujours à la même époque : les vacances des tribunaux. Mais, peu à peu, le *Carabas* disparut : le chemin de fer le remplaça, au grand effroi de la vieille femme de chambre.

A la fin de sa vie, ma grand'mère disait : « J'ai vécu près d'un siècle ; mais il me semble en avoir vu plusieurs. La vie, telle qu'elle était dans mon enfance et ma jeunesse, ne différait en rien de ce qu'elle était deux cents ans auparavant. Et maintenant, voyez ! Nous sommes entourés de ce qui aurait semblé alors des miracles ! »

Et, par un de ces gestes vifs et prompts dont elle était coutumière, elle cachait son visage dans ses mains, comme si elle eût été éblouie par toutes les merveilles modernes.

En effet, tout change, tout se transforme, sauf les belles âmes, dont le pur rayonnement verse la même lumière au cours des âges.

COMTESSE DE SAINT-ROMAN, NÉE CASTELBAJAC.

I

UN SALON DE PROVINCE SOUS CHARLES X

Le soir, quand je demeure seule dans le salon de Chys, le silence se fait ; aucun bruit ne vient, ni de dedans, ni de dehors. Chaque porte s'est refermée successivement ; maîtres et gens commencent leur nuit. Il est à peine neuf heures. Moi, je veille.

Alors, laissant tomber bientôt mon livre, j'écoute les voix du passé. Hélas ! où sont-ils, les amis que j'ai vus s'asseoir autour de cette table et que je vais chercher dans le lointain qui fut ma jeunesse?

Il y en avait de tout à fait vieillards, d'autres touchant à l'âge mûr, d'autres enfin ayant encore un long avenir de belles années. J'étais parmi ces *jeunes*, souriant à tout. Les *vieux* se montraient gais, eux aussi. Ils occupaient tout naturellement les premières places et semblaient nous présider. Ce que nous leur donnions en respect, en déférence, ils nous le rendaient en indulgence et tendresse. Ils étaient en *haut*, nous plus bas ; mais la distance ne nous séparait point. Les mains se tendaient pour s'attirer et la conversation ne demandait pas mieux que de devenir un mélange d'idées anciennes et nouvelles, où chacun s'empruntait quelque chose. Les jeunes gagnaient en manières, en bonne grâce et surtout en expérience qui leur arrivait ainsi par reflet. Les vieux, à leur tour, sans en avoir peut-être la conscience ni le désir, modernisaient peu à peu les formes de leur conversation comme celles de leurs vêtements.

Chaque génération avait donc à s'applaudir de ce rapprochement des âges qui, du reste, a toujours composé ce qu'on appelle « la société des salons ». Hors de là, comme dans le temps présent, il y a des *clubs* pour les hommes et l'isolement au foyer domestique pour les femmes. Ou bien c'est la réunion des hommes et des femmes dans des foules où l'on se coudoie sans se voir, où l'on s'assied les uns près des autres sans se parler ; et où l'on s'accorde tous les luxes, horm's celui de l'esprit, peut-être parce qu'il ne représente pas de l'or.

Mais je reviens au salon de Chys en 1830, où il n'y avait ni luxe, ni dorure : à peine même le confortable du jour. Chys était le campement de nos vacances. Nous plantions là notre tente et l'on eût pu croire qu'il ne devait y rien demeurer quand elle serait levée. Sous cette tente se sont abrités des esprits bien aimables, et même des êtres supérieurs.

Ma belle-mère, gaie, vive, légère, plus jeune de caractère que la plupart d'entre nous, était la reine de ce salon, avec ses façons de grande dame de province qui semblait pourtant avoir *une vue* sur le faubourg Saint-Germain. Les femmes de l'ancien régime, accoutumées à tenir le sceptre, étaient toujours prêtes à le ressaisir.

Ma belle-mère le portait si naturellement que je ne me demandais pas s'il lui était échu par droit de naissance, ou par droit de conquête. D'ailleurs, je préférais, à son rôle actif, mon rôle passif qui me permettait les tête-à-tête d'un fauteuil à l'autre.

Tandis que ma belle-mère répondait à l'un, in-

terrompait l'autre, se renversait sur sa causeuse,
riant, plaisantant, se passionnant pour des babioles avec un entrain communicatif, réminiscence
de ces conversations d'autrefois, véritables papil-
lonnages d'esprit qui se gardaient de trop s'approcher des lumières de peur de s'y brûler, moi,
je demeurais dans mon coin, nonchalante d'attitude, mais donnant carrière à mon imagination
qui parcourait le monde en pensée ou s'épanchait
en dissertations, en rêveries à haute voix quand je
trouvais à qui parler ou avec qui rêver.

Puis, lorsque ma belle-mère s'élançait tout à
coup en demandant sa table à thé, à mon tour je
me rapprochais ; et, comme une invitée, je tendais
ma tasse à la dame du logis, lui cédant très volontiers cette place afin de garder mon indépendance.

Mais ce ne sont pas des portraits que je trace ; je
prétends à peine à des esquisses.

A mon début à Chys, en l'automne 1830, le
petit salon campagnard était rempli de réfugiés,
venus s'y abriter après l'orage de juillet. Battus
par la même tempête, unis par les mêmes regrets,
nous étions gais pourtant, parce que nous étions
jeunes presque tous et qu'il n'y a pas de ciel si
noir dans les profondeurs duquel les yeux de la
jeunesse ne découvrent un soleil. Ces amis, je les
revois et je les entends. C'est un feu roulant de
mots heureux, de plaisanteries fines, de riens qui
signifient toujours quelque chose avec ces éclats
de rire qui font écho.

Je retrouve d'abord ma cousine d'Aguin, belle
encore et n'ayant qu'un pied enfoncé dans ce
ménage qui doit plus tard l'absorber corps et âme.

Alors, elle était femme du monde, se souvenant de ses succès, pouvant en revendiquer d'autres, mais prête à ne plus être que bonne épouse et mère passionnée.

Son mari est là aussi, avec ses cinquante ans qu'il oublie, tant il y a de verdeur dans son imagination, et qu'on oublie, tant il y a de grâce, de finesse et de gaieté dans son esprit ! Leur cousin, Richard d'Alton (1) (un Irlandais), est venu frapper à la porte de notre cottage, beau de taille et de visage, éminemment distingué de manières, noble de sentiments, à la façon des aristocraties anglaises et françaises réunies en lui.

Ne semble-t-il pas que l'avenir le plus brillant soit promis à cet homme de vingt-cinq ans qui peut prétendre à tout? Pauvre Richard !...

Sur un second plan, je vois une jeune fille de dix-neuf ans : c'est ma sœur Émilie, bonne, douce, simple, modeste jusqu'à ignorer entièrement sa valeur, qui, du reste, n'a pas encore pris son essor ; mais cherchant déjà Dieu, qui l'attend, prêt à lui tendre la main pour la placer si haut (2) !

Auprès d'elle, et sous nos regards attentifs de sœurs aînées, est notre frère Ludovic, un enfant de quinze ans, essayant, comme un jeune poulain, de manifester son indépendance par des ruades, puis venant aussitôt se remettre sous le joug, plus par droiture d'esprit que par respect ou crainte, et promettant, sous son enveloppe d'écolier, le beau jeune homme à venir.

(1) Lord Trimmelston.
(2) Emilie est devenue la sainte fondatrice d'un ordre religieux.

Mais ce qui domine tout dans mes souvenirs, comme il absorbait déjà tout dans mon cœur, c'est Adolphe, c'est *lui*, *lui* que je vois, avec ce regard si fin qui parlait avant la parole ; *lui* que j'entends, disant comme personne ce qui a déjà été dit ; ou bien disant ce que personne n'a dit si simplement, si naturellement, qu'il est aussitôt compris, goûté, applaudi, non seulement par l'esprit, mais par ce qui n'en est que l'instinct. Il est là, les captivant tous en se mettant à l'arrière-plan de la conversation, à laquelle il mêle des mots qui la font aussitôt scintiller, diamants et perles s'échappant de sa bouche, comme de celle de ces êtres doués par les fées de trésors qu'ils ignorent. Cependant, il est toujours prêt à se taire pour écouter, parce qu'il parle sans penser à lui. Avec quelle charmante paresse il se plait à faire une halte silencieuse, tandis que les voix s'élèvent et se pressent, pareilles à des flots confus. Et comme il les laisse passer insoucieusement, sans être tenté d'y mêler la sienne ! Mais il est bientôt relancé. Alors, sans bouger, il reprend nonchalamment la « raquette » et son volant semble planer et ne retomber jamais.

Adolphe savait attirer les amis et les retenir. Tous l'ont aimé d'une façon exceptionnelle, depuis le premier jour jusqu'au dernier. Il n'en a perdu que par la mort. Je les revois, eux aussi, passant comme des ombres que je voudrais arrêter. Ah ! tous ceux que j'ai connus à cette époque de bonheur, d'espoir, de jeunesse enfin, je voudrais leur rendre la vie ! Ils se sont mêlés si affectueusement à la mienne !

Les premiers (dont je crois encore entendre les pas entrant dans notre petit salon campagnard),

c'est le ménage Palaminy. M. de Palaminy, avec
son grand air fait exprès pour son titre de marquis,
représente l'ancien régime qu'il a pourtant bien
peu connu. Honneur, nobles croyances, préjugés
mêmes, tout est en lui une incarnation du passé
et toujours on le trouve prêt à le défendre, la lance
au poing. Ami comme on l'était alors, on n'a pas
besoin de faire appel à sa sympathie : elle est là.
J'aime à me ressouvenir de cette main qui serra
chaleureusement la mienne à mon début en Bigorre
parce que j'étais la femme d'Adolphe et, plus tard,
aussi pour moi-même. Je pense tout autant à sa
femme, si bonne, et dont le visage conservait sous
les rides le charme qui avait attiré et fixé pour
toujours les yeux et le cœur de son jeune mari.

Les Castelbajac de Barbazan arrivaient, dans
ce temps-là comme à présent, tous ensemble et
nombreux : le père et la mère, deux enfants, la
grand'mère quelquefois.

Le père, Raymond, page et émigré dans sa jeunesse, avait perdu les formes de son origine provinciale au contact de ses compagnons d'exil. Sa
belle figure était encore remarquable en 1830. Sa
franchise plaisait, ainsi que l'entrain de sa bonne
humeur et de son accueil. Il était toujours prêt à
serrer dans ses bras tous ses parents, hommes et
femmes, par effusion de cœur et par esprit de
famille.

Sa femme, pauvre créature terre à terre, se relevait néanmoins lorsqu'il s'agissait de se montrer
affectueuse et bonne. Je n'oublie pas le regard
attendri et le sourire reconnaissant qu'elle adressait à ceux qui lui prêtaient une attention, bien
fugitive cependant ! J'étais de ce nombre. Mais

pourquoi n'avouerais-je pas l'intérêt, tenant de la pitié, qui me portait vers elle?...

L'attrait que je lui inspirais m'avait donné la baguette divinatoire. On est toujours ému d'être aimé, d'où que vienne l'affection, et l'on éprouve la secrète curiosité de remonter jusqu'à sa source, c'est-à-dire jusqu'au cœur qui s'est ainsi manifesté.

La grand'mère semblait avoir été retrouvée *fossile* dans les profondeurs du temps jadis, elle et ses manches plates, ses robes tout à fait sur les hanches, ses jupes gonflantes, ses corsages à longue taille dans lesquels elle se tenait droite, comme si son dos n'eût jamais su ce que c'était que de s'appuyer. Elle faisait un contraste amusant avec ma belle-mère, qui trouvait le moyen de s'ajuster à peu près comme nous sans que cela parût choquant, tandis que nous étions tentés d'appliquer à l'âge de Mme Cabarus une date impossible. Je ne me rappelle pas si elle a assez vécu pour prendre sa revanche et se rengorger en revoyant ces mêmes modes, orgueilleusement portées par les femmes de vingt ans. Mme Cabarus avait montré de nobles et grandes qualités dans des circonstances pénibles et difficiles

Mais je n'ai rien dit encore du marquis et de la marquise de Montlezun, ces seigneurs châtelains que la grande Révolution n'avait pu parvenir à déposséder de ce titre féodal. M. de Montlezun avait l'air tellement à son aise dans son origine mérovingienne que l'idée de la lui contester ne venait à personne. On pensait aux ducs d'Aquitaine proscrits et dépouillés, en retrouvant leur descendance trônant dans un château des Pyrénées avec de vieux remparts qui tombaient pierre à pierre, des planchers prêts à s'effondrer, des meubles vermoulus. Adoptant l'anachronisme, on se surprenait à remonter les siècles et à se demander si le roi régnant s'appelait Charlemagne, et si le sire de Tostat, ce Mérovingien déchu, plutôt que de reconnaître le droit du vainqueur, n'avait préféré conserver celui de se montrer fier de sa misère.

Sa femme était une de ces créatures exceptionnelles qui naissent princesses, en quelque lieu qu'ait été posé leur berceau. Son cousin, l'abbé duc de Montesquiou, disait qu'il ne connaissait pas de plus grande dame que cette cousine retrouvée au fond de la Gascogne. Ce ménage n'avait point d'enfants. Mais il semblait qu'ils auraient empiété sur les droits sacrés de cette affection mutuelle, si exclusive, si profonde et toujours si vive, née d'un mariage d'amour à vingt ans et destinée à ne mourir qu'avec le dernier battement de ces deux cœurs.

D'autres voisins de toutes les classes nous venaient aussi et, parmi eux, se sont rencontrés nos meilleurs amis des temps malheureux. Je n'ai qu'à nommer et à rappeler M. et Mme Barzun.

Maintenant, passons à un autre tableau. Ce sera toujours le reflet d'autrefois qui me les présentera. Ah ! qu'ils sont à plaindre, ceux qui vivent longtemps et ne peuvent oublier ce passé, toujours regretté !

Je cherche ce salon dans ma mémoire quelques années plus tard, et je le retrouve au complet, du moins comme réunion de famille. Ma belle-mère le préside plus encore. Pourtant, ce n'est pas là qu'il faudrait voir cette usurpation de mes droits qu'on lui a tant reprochée, et dont elle jouissait innocemment, la pauvre femme, se persuadant que la fortune de la maison est un jouet qui peut appartenir à tous, et surtout au vieil enfant gâté dont la main l'a saisi, sans se mettre en peine du vrai possesseur. Mais, dans notre *salon*, elle a sa place en tenant le premier rang. Que fait le chiffre du contingent apporté par elle au ménage? Qu'importe que la demeure habitée en commun ne soit pas sienne!... Elle est la mère, la belle-mère, la grand'mère ! et toujours elle doit se trouver la première, sous le toit qui abrite la tête chargée de cette triple couronne de maternité.

Nous étions donc tous groupés autour du fauteuil de ma belle-mère, si l'on peut se servir de mots désignant l'immobilité lorsqu'il est question d'une femme si peu vieille d'allures, malgré ses soixante-quatorze ans, car nous sommes en 1834. Cinq années de mariage ont passé sur ma tête sans y peser du poids d'aucun chagrin. De nouveaux liens, au contraire, nous rattachent l'un à l'autre, Adolphe et moi. Et puis, nous avons déjà commencé à dérouler avec une sympathie croissante cette longue suite de jours destinés à unir et mêler nos sentiments, nos goûts, nos caractères, de façon à retrouver plus tard une empreinte identique dans deux natures dont l'aspect semblait être dissemblable. Arbres séparés par leurs racines, mais dont les branches, en s'étendant, se cherchent, se rapprochent, se croisent et finissent par confondre si étroitement leurs rameaux que la même goutte de rosée les humecte, que le même coup de vent les ploie et que si la foudre vient à briser une de ses têtes, devenue chenue, l'autre tige se dessèche, languit et ne saurait tarder à mourir.

Oui, nous étions tous réunis en l'automne 1834 : ma belle-mère, Adolphe, moi, Armand (1), sa femme et les enfants des deux ménages.

Armand ! Ah ! combien mon cœur aime à se reporter vers lui ! N'a-t-il pas été mon frère d'élection, ou plutôt celui qui m'a semblé l'avoir été toujours ? Oh ! pourquoi n'y aurait-il pas de ces affinités mystérieuses, où l'âme, prenant le rôle de la nature, développe et fait croître des sentiments dont les germes étaient innés ? Ce qu'il y a de vrai, c'est que nos deux mains se sont simultanément tendues l'une vers l'autre pour ne se désunir jamais. Et ce que je sens, comme si c'était une prescience de l'autre vie, c'est qu'une des douceurs de mon éternité sera de lui donner toujours le nom de frère.

Ce qu'il était pour moi, il l'était naturellement pour tous ceux qu'il aimait. Son affectueuse aménité et les grâces de son accueil se multipliaient sans s'amoindrir en se divisant. Il passait de sa mère à sa femme, à ses enfants, à son frère, disant un mot aimable et bon, avec cette physionomie si franche, qui complétait si bien les paroles ! Son noble et beau visage était l'enveloppe diaphane de sa belle âme, comme si la nature se fût étudiée à la manifester extérieurement. Il se présentait ainsi à ses amis et à ses ennemis. Ses amis comptaient sur les sentiments d'un cœur en qui

(1) Armand, marquis de Castelbajac ; sa femme, Sophie de La Rochefoucauld, dont il est question lors du séjour à Cauterets en même temps que Chateaubriand.

se retrouvait la loyauté de la conscience. Ses ennemis, s'il en a eu, ou plutôt ses rivaux et ses jaloux,
ne se sont jamais heurtés contre rien qui vînt leur
riposter. Il savait si bien pardonner que l'on se
demandait s'il avait aperçu l'offense. La médisance?
il l'évitait toujours. La raillerie? son esprit la
comprenait sans jamais s'en servir. Il y avait en
lui tant de bienveillance qu'elle semblait se plaire
à projeter ses rayons avec un réflecteur. Que de
choses on pourrait ajouter si l'on voulait tout
dire!... Il me ferait oublier que figures et caractères doivent passer ici en s'arrêtant à peine.

Mais voyons l'aspect du salon de Chys. Le petit
pavillon qui le renferme s'avance sur une terrasse
avec son unique rez-de-chaussée surmonté d'un
toit pointu et semble se tapir, pour se mieux
abriter, sous l'ombre de hauts platanes rangés
en allée, tandis qu'un d'entre eux se détache et
vient former, en s'unissant à un vieil ormeau, un
immense parasol. Ainsi intercepté, le soleil ré-
chauffe sans brûler.

Seulement quelques-uns de ses premiers rayons
vont réveiller la fleur et l'entr'ouvrent afin d'y
introduire la goutte de rosée destinée à la faire
vivre, du moins jusqu'au soir. Protégés par ce
dais de verdure, fleurs, plantes, arbustes, se déve-
loppent avec exubérance. Les bignones, mêlées
aux rosiers, aux chèvrefeuilles, grimpent le long
des murs et retombent en balançant leurs bouquets variés au bout de leurs branches flexibles.

Les jasmins essayent de se glisser entre tous
et la verveine odorante a bravé l'hiver sous le
couvert de ses robustes compagnons. Il y a dans
tout cela un pêle-mêle indiquant un peu la négli-

gence du jardinier et l'absence de la serpette. Mais,
par combien de grâces la plante en liberté se plaît
à racheter sa nature redevenue à demi sauvage !
Comment regretter les liens chargés de l'empri-
sonner sous prétexte de rivalisation, en la voyant,
tiges, feuillages et fleurs, monter, monter toujours
pour orner le toit jusqu'au dernier pignon, pour
dérober le disgracieux tuyau de cheminée, et pour
devenir *arbre*, en quelque sorte, puisque ses guirlandes, dans leur hardiesse, s'élancent et vont
couronner la tête du platane et celle de l'ormeau,
deux géants qui semblent s'incliner afin de se
prêter aux jeux de ces gracieux pygmées !

Quand les portes du pavillon s'ouvraient, il semblait que ce fût à l'appel de ces rameaux fleuris,
tant ils étaient près du seuil, heurtant même
quelquefois aux vitres.

La petite terrasse placée en avant du salon en
faisait presque partie, comme si elle eût été destinée à le doubler. Là se groupaient ou s'alignaient
des vases contenant les vieilles fleurs d'autrefois :
jasmins d'Espagne, œillets, héliotropes, tubé-
reuses, jacinthes. Ces reines des jardins de Versailles, au siècle du grand Roi, sont maintenant
reléguées au dernier rang, si même elles n'ont disparu dans l'oubli. Mais Adolphe les aimait, de cet
amour qu'il portait à tout ce qui rappelait ce
temps passé, vers lequel son âme rétrogradait
sans cesse.

Nos trois enfants jouaient au milieu de ce parterre. La mythologie, dans ses gracieuses métamor-
phoses, a oublié d'en créer une et de nous montrer
un groupe d'enfants devenu un groupe de fleurs.
Ne croit-on pas retrouver ces frais visages, ces

teintes blanches ou rosées, sous la forme de ces productions délicieuses à qui la nature a donné à pleines mains tout ce qu'elle a de plus suave?

Et si le souffle de la brise fait incliner les fleurs les unes vers les autres comme pour se baiser, ne voit-on pas se dessiner un allégorique tableau, rappelant ces petits êtres si purs, qui se cherchent, s'aiment et s'embrassent avec tant d'innocence?

Pauline, Henri, Gaston, enfants si beaux, laissez-moi vous retrouver sous cet emblème ! Pères, mères et grand'mère sont là, les regardant !

Mais bientôt l'heure s'envole, la scène change, les enfants disparaissent et l'on écoute encore le bruit de leurs petits pieds qui s'éloignent et de leurs petites voix qui semblent se perdre en gazouillement d'oiseaux.

Nous restons entre nous. Quel souvenir vais-je évoquer? Ah ! ce sera celui de Sophie. Quand elle est là, c'est elle qu'on regarde. Ses cheveux blonds, son teint suave, sa taille onduleuse, tout en elle est en harmonie pour personnifier la grâce. Quand elle chante, sa voix elle-même semble formée de sons qui ramènent la pensée aux nuances de son visage et il n'y a pas un de ses mouvements qui ne porte l'empreinte de cet ensemble. Est-ce le résultat d'une étude de femme prétentieuse ou coquette?... Regardez par la fente de sa porte et vous verrez Sophie se pencher, s'allonger, se relever, gracieuse comme sous l'œil d'un salon. Non, en elle tout vient de la nature ; l'art serait resté au-dessous. Il n'aurait pu lui donner le charme de la vérité, tout comme le pinceau n'a jamais su trouver des couleurs assez réelles pour reproduire fidèlement son image.

Telle est Sophie s'adressant aux regards. Maintenant, vais-je la définir, se révélant aux cœurs? Qui le pourrait mieux que moi? A l'époque où j'écris ces souvenirs lointains (1867), n'avons-nous pas ensemble parcouru la longue période qui s'étend du matin au crépuscule, ces deux points de la vie, jeunesse et vieillesse, entre lesquels le jour se déroule à travers la lumière ou les ombres? Et notre amitié, se donnant toujours la main, n'a ployé sous aucun coup de vent : une même fixité a rivé nos cœurs l'un à l'autre.

C'est la réponse que l'avenir a jetée à ceux qui avaient accusé la jeune femme d'être légère comme le papillon, dont elle semblait emprunter la mobilité pour passer d'un plaisir à l'autre, ou du sourire à l'émotion.

Mais pourquoi protester contre cet emblème? Le papillon doit-il être le symbole de l'inconstance, parce que tantôt il effleure l'onde pour s'y mirer et tantôt s'élève dans l'azur pour briller sous l'œil du soleil?

Est-il inconstant parce que la terre et le ciel le réclament tour à tour? La terre — comme le complément des fleurs sur lesquelles il se pose et qu'il semble animer. Le ciel — comme la fleur elle-même dont il a emprunté les couleurs et peut-être ravi le parfum, afin d'en doter l'éther d'un coup d'aile.

Épiez le papillon, suivez-le de l'œil et ne vous pressez pas de le juger. S'il monte, il redescend. Ce qu'il abandonne, il a l'air de le quitter en y laissant quelque chose de lui-même. Il s'éloigne, il revient, pirouette, se balançant en un vol qui peint l'incertitude. Mais, vite, l'attrait le ramène vers ses amies des parterres ; et si, parmi elles, il y a des délaissées, ne voyez-vous pas aussi qu'il en est d'autres auxquelles il reste fidèle toujours?

Nous, que Sophie aimait autrefois, ne retrouvons-nous pas son amitié debout, à nos côtés, tandis qu'en tournant la tête nous en revoyons tant d'autres demeurées en chemin, par lassitude, par inconscience, par oubli? La course est longue quand il s'agit d'une vie et de sentiments à mener pas à pas avec elle jusqu'au terme. Soyons indulgents pour ceux dont les cœurs ont laissé notre image s'effacer au souffle des événements. Mais gardons toute notre reconnaissance pour les affections qui nous ménagent la douceur de pouvoir dire (en fixant nos pensées sur les dates de 1834 et de 1867) :

« Aujourd'hui a tenu les promesses d'hier. »

La réunion de famille se composait donc, en 1834, de huit personnes. Mais il venait s'y mêler sans cesse des allants et venants, parents, amis, simples passants quelquefois, qui se targuaient d'une connaissance ébauchée pour s'arrêter devant la grille et se la faire ouvrir, attirés peut-être par cette allée si avenante, aux grandes branches pareilles à des bras tendus.

Au bout de cette allée orgueilleuse, se rencontrait l'humble cottage déjà rempli, petite ruche où chacun trouvait à peine son alvéole. On n'en accueillait pas moins avec un visage souriant les visiteurs attendus ou non attendus. Les habitants se serraient pour faire place aux uns ; puis on offrait aux autres, sans vergogne, les mansardes et les recoins. Mais les lits étaient bons ; on y dormait tout d'une haleine. Le matin, on quittait son réduit pour se chercher et l'on se rencontrait aussitôt dans ces jardins de quelques arpents, dont les sentiers tournaient sur eux-mêmes, afin de multiplier le terrain à l'aide de bosquets impénétrables où les arbres, les arbustes, les plantes grimpantes simulaient une forêt vierge.

Quelquefois, la jeunesse prenait son vol pour aller au loin ; et c'était alors de délicieuses promenades en voiture découverte, à travers d'étroits chemins envahis par un ruisseau ou par les branches retombantes des saules et des aulnes. Les roues faisaient rejaillir les gouttes sur les robes, les rameaux enlevaient les chapeaux en les froissant ; mais c'étaient des robes de mousseline, des chapeaux de paille ; et l'on riait sous cette pluie factice, et l'on essayait de rajuster tant bien que mal des coiffures dont les boucles folles, livrées au vent, ne seyaient peut-être que mieux aux visages.

On rentrait talonné par l'heure du dîner. Les femmes couraient à leur toilette. Elle exigeait peu de temps et peu de frais. La mousseline à dessins bleus, roses ou lilas était remplacée par la mousseline blanche bien empesée, ayant pour tout ornement un simple ourlet au bas des robes, mais accompagnée de belles ceintures tombant jusqu'aux pieds et de nœuds flottant sur les manches bouffantes : c'était là le luxe ! Quant à la coiffure, on recrêpait légèrement les frisures et chaque femme, selon son caprice, posait sur ses cheveux, noirs ou blonds, une belle grosse fleur, ou bien un bouquet mignon qu'elle avait cueilli elle-même et composé artistement.

Alors, la salle à manger ouvrait ses portes en noyer « point verni » et sur un plancher « point

ciré » se dressait une table carrée couverte de gros
linge, fabriqué dans le pays. Puis, à travers un
pêle-mêle où de simples assiettes de Limoges
osaient se rencontrer avec un service de Sèvres,
un huilier d'argent admirablement ciselé, de vieux
beaux candélabres, on servait un de ces dîners à
l'ancienne cuisine, où tout était excellent et où
le nombre de plats, se succédant en deux services,
témoignait du bon marché des denrées qui permettait aux petites fortunes d'atteindre à tant
de bien-être.

Le salon et son appendice, la petite antichambre,
attendaient les convives au retour avec un ameublement hétérogène : bergères et canapé inconfortables en velours d'Utrecht jaune ou fauteuils de
vieil Aubusson montrant la corde, les premiers
aux dossiers raides rappelant les plus disgracieuses
formes de l'Empire, les autres arrondis, travaillés,
fouillés et ornés de ces roses sculptées que l'on
commençait à retirer de la poussière des galetas.
Lampes et bougies s'allumaient ; et, sur une console dorée venue sans doute d'un boudoir Pompadour, on posait des tasses de porcelaine de Chine
ou de Saxe, capables de faire pousser des cris
d'admiration à un connaisseur, choisies, il est
vrai, par Adolphe, ce connaisseur qui, du coin
de l'œil, les accompagnait avec anxiété dans leurs
évolutions, comme on suit les pas hasardés d'un
enfant chéri.

Les groupes se formaient. Nos voisins venaient
souvent s'y joindre pour la soirée. Les conversations s'engageaient, mêlées, croisées, interrompues ; puis le piano s'ouvrait, mauvaise épinette
louée. N'importe : accompagnées par ce piano, j'ai

entendu les romances délicieusement chantées par Sophie et il a résonné, instrument rebelle dompté par le talent, sous les doigts merveilleusement doués de Mme de Féragut. La belle improvisatrice, remontant le cours du temps, pensait-elle, comme nous, au *roi* dont elle avait ravi le cœur et à l'anneau de fiançailles passé un instant à cette main dont les accords nous faisaient rêver (1)? Ah! bien souvent, sans doute, au fond du noir Armagnac, enfermée dans sa tour de Pénérou, le génie de la musique a dû lui dicter des chants devenus pour elle un langage, plaintes, regrets, souvenirs qui ne s'évanouissaient peut-être pas comme les sons perdus sous ces voûtes sans écho!

J'aime à me rappeler ces hôtes de passage, mais je préfère retourner à notre intérieur restreint ; et là, je cherche le doux visage d'une amie dont je n'ai rien dit encore. Est-ce oubli? Non. Et si je l'ai gardée pour la dernière, c'est peut-être pour la mettre mieux en évidence, après avoir eu l'air de la laisser dans l'ombre où elle se plaisait à demeurer.

Elle avait dix-huit ans. Je ne sais pas grand' chose de son enfance, puisque je ne la connaissais pas alors ; mais elle a dû s'échapper de la main divine comme un de ces grains bénis destinés à la moisson du ciel.

Sa jeunesse, malgré le cachet de son âge et la gracieuse naïveté répandue sur tout son être, semblait moralement s'éclipser au profit des vertus

---

(1) Le roi de Prusse, en 1814, ayant connu Mlle de Ronchicols, avait eu la pensée de l'épouser morganatiquement. Le conseil de la couronne s'y opposa.

dont elle portait les germes, déjà si développés,
que jamais on n'a songé à lui tendre la main pour
la guider ou la soutenir. Son innocence était de
celles que rien ne saurait ternir : pas même un
souffle venu de l'imagination ! On devinait que ce
cœur, en s'éveillant, était monté tout naturellement dans les régions célestes, là où les vapeurs
de la terre ne peuvent s'élever. Et, par une sorte
de fascination, il semblait que son ange gardien
fût visible à tous les yeux.

Qu'était-elle dans cette famille devenue la
sienne?

C'était une enfant envoyée, à seize ans, à ma
belle-sœur, pour élever une autre enfant plus
jeune seulement de quelques années. Anglaise,
elle avait quitté son père et sa patrie et s'en était
allée au loin comme ces passereaux emportés par
le vent de la migration. Mais la Providence l'accompagnait.

N'était-elle pas l'enfant d'une de ces familles
sur lesquelles sa protection s'étend avec le plus
d'amour — familles qui ont su garder leur foi
catholique et suivre toujours d'un œil fidèle, dans
un pays envahi par les ombres, ce soleil obscurci?
Oui, son père, si chrétien, n'a pas eu *peur* en la
bénissant à son départ. Il l'a confiée à Dieu, comme
Tobie. Et c'est Dieu qui l'a conduite au foyer où
elle devait retrouver le maternel appui qu'elle
n'avait plus, puis un autre père, puis une petite
fille, son élève, destinée à devenir pour elle une
sœur et pour rencontrer enfin, à ce foyer, un bel
enfant dont elle allait aider les premiers pas, —
enfant qui, bien des années après, devenu père,
devait remettre entre ses bras son unique fille,

une orpheline, en lui disant : « Tenez-lui lieu de mère. »

Et moi, que dirais-je d'elle? Après vingt-cinq ans d'absence, j'ai retrouvé cette même physionomie douce et calme, sur laquelle aucun événement n'avait pu graver son empreinte, semblable à ces étoiles qui ressortent des nuages avec le même front serein.

Quand je regarde autour de moi, comptant le peu de cœurs qui me conservent encore une place, je pense à « miss Juliana » pour me dire qu'elle me rend en amitié, dans mes vieux jours, ce que je lui avais donné en sympathie dans sa jeunesse.

Je vais clore les souvenirs de l'année 1834. Pourquoi me suis-je étudiée à les rappeler en quelque sorte un à un? Ah ! c'est que cette année est du nombre de celles qui ne sont plus revenues, malgré le sourire plein de promesses qu'elle nous avait adressé en s'enfuyant ! Nous ne devions jamais nous revoir tous réunis sous les yeux de ma belle-mère, dans ce salon dont elle allait disparaître bientôt et pour toujours !

Deux ans à peine écoulés, Armand, Sophie, Pauline, Gaston, partaient pour aller s'établir à Metz. Le temps a continué sa marche ; et c'est à peine si ces hôtes si chers sont revenus isolément visiter de loin en loin ce petit coin de terre, où chacun pouvait se dire : « Là nous avons été heureux les uns par les autres... »

II

PORCELAINES

Chys, 4 juin 1869.

Je ne peux regarder sans m'attendrir les porcelaines posées sur ma cheminée. Elles décoraient ma chambre à Chys lorsque j'y suis entrée pour la première fois — la chambre d'en bas, celle qu'on nommait : *la chambre bleue*.

Il y avait un papier écossais bleu, des meubles recouverts de cotonnade bleue et un lit enfoncé dans une profonde alcôve avec des rideaux d'une mousseline indigène appelée *crépon*, dont le nom a disparu ainsi que l'étoffe. Point de pendule ; seulement des porcelaines : trois tasses et un sucrier. Mon cher Adolphe (1) me conduisit vers elles pour me les présenter avec l'orgueil du connaisseur ; et moi, je les considérai avec l'étonnement de l'ignorante.

Alors, les prenant délicatement entre ses mains comme s'il eût eu peur de les blesser, il se mit à énumérer leurs mérites, appelant mes regards sur les moindres détails. Elles venaient de la *fabrique du comte d'Artois*, disparue avec son patron.

Pauvres faïences à fleurs, victimes de la Révolution, elles aussi ! La tempête les avait dispersées et la plupart en étaient restées en débris. A peine rencontrait-on, ici ou là, dans une boutique obscure, reléguées au dernier plan, quelques-unes

(1) Son mari.

de ces porcelaines sans aïeux avec leur marque
imperceptible, hiéroglyphe inconnu à la génération nouvelle. Le savant en céramique connaissait
seul ce trésor. Mais il fallait être plus que savant
pour en apprécier tout le prix : il fallait un œil
d'amant et s'être énamouré de ces objets si délicats,
dont la pâte semble pétrie par les fées et les fleurs
enguirlandées par les génies. Adolphe aimait
toutes les porcelaines ; mais il avait une prédilection pour ces éphémères, qui naquirent pour
briller et vivre si peu.

Je le vois encore, les faisant servir à me donner
ma première leçon : elles sont là pour me le rappeler.
Le *fond* est d'un blanc mat, un peu opaque, comme
pour faire mieux ressortir les nuances si délicates
et si variées de ces petits bouquets qui forment
pourtant de véritables gerbes. On y reconnaît
chaque fleur, même celles qui paraissent presque
microscopiques, telles que les myosotis et les brins
d'herbe. Il semble qu'on pourrait les prendre comme
des fleurs naturelles pour les examiner de plus près
et qu'il ait fallu des doigts d'enfant pour les
cueillir ; ou plutôt, on se demande quel burin les a
dessinées si mignonnement et si gracieusement.

Manufacture, artistes, ouvriers? Qui répondra?
Où sont-ils? Où est l'amateur qui me racontait
l'origine de ces porcelaines? La poussière a survécu aux mains qui les avaient façonnées, à celles
qui les avaient retirées du tombeau.

Et me voici, à mon tour, prête à disparaître,
c'est-à-dire à mourir, — tandis que mes chères
tasses vivront — jusqu'au jour où des mémoires
ignorantes et indifférentes les verront se briser
sans regrets.

III

LE PIN DU LORD

Chys, juin 1869.

Nous avions à nous deux un enfant d'adoption. Son berceau, entouré de mousse, passa tout un hiver au coin de notre foyer, tout un printemps sur une de nos fenêtres. Le feu lui avait été ménagé par un écran, le rayon de soleil par les lames d'une persienne. Une rosée intelligente, dispensée par nos mains, pleuvait sur sa tête en toute saison. C'était un *Pin du Lord* pas plus grand que le doigt, venu je ne sais d'où — une graine dont le germe était éclos, par hasard, dans un tout petit vase contenant la bouture desséchée d'un héliotrope qui n'avait pas vécu. Citoyen de la ville, le pin atteignit ainsi l'âge de quelques mois.

L'automne survint et avec lui le départ pour la campagne. Adolphe n'oublia pas son protégé. Le petit vase eut sa place au milieu des malles et chapelières entassées sur la vieille voiture que nous appelions : le *Carabas*. Et la poste, à travers des flots de soleil et de poussière, emporta toute la famille, mari, femme, enfant, grand'mère et le petit embryon des bois qui fit ses quarante lieues sans s'en apercevoir, sous une manière de tente formée d'un morceau de gaze.

Le lendemain, sa demeure se trouva prête : trou profond, terre émiettée, tout était préparé comme pour recevoir un grand personnage. Dépoté, ses racines tenaient dans le creux de la main ! Son protecteur prit lui-même la bêche et la pelle, puis il le laissa là, dans ce bocage peuplé de devanciers de toutes les tailles.

Les rhododendrons, les hortensias, les hémérocalles durent rire de tant de luxe déployé pour ce chétif. Les platanes, du haut de leur grandeur, ne l'aperçurent même pas. Cependant, il vécut ce premier jour de soleil et d'ombre comme eux ; et, quand vint la nuit, il s'endormit pour la première fois sous cette voûte des cieux où la terre tout entière tient à peine une place. Il se réveilla, portant fièrement les gouttes de rosée dont il avait eu sa part dans la distribution générale de Celui qui n'oublie rien, ni personne.

Les vacances prirent fin ; la grande calèche repartit, emmenant la colonie et ses bagages, moins le petit vase.

Au retour de l'automne, nous accourûmes, empressés d'examiner les progrès que peuvent amener douze mois dans la croissance d'un arbre venu des forêts gigantesques du Nouveau Monde. Il avait passé son hiver à l'abri d'une feuille de platane desséchée, que sa tête commençait à secouer à peine.

L'année suivante, l'effroi nous saisit : le *pin du lord* avait disparu ! De longues herbes envahissaient ce qui, sans doute, était sa tombe. Je détournai mes pas, une voix me rappela ; le protecteur avait cherché les restes de son protégé et il venait de l'apercevoir, « lui-même », disputant le terrain aux usurpateurs et dressant toute verte une tige qui, pourtant, avait un peu grandi. Adolphe me la montra, puis il donna cours au réveil de toutes les espérances. J'y répondis en mesurant ironiquement le géant futur à la canne de mon parasol.

Dès lors, je devins marâtre pour cet abandonné. Mais pas *lui*, l'ami des faibles, des souffrants et des délaissés !

Tout à coup, après cinq années de patience, de soins et de chétive croissance, — ô prodige ! une seule saison avait ajouté trois pieds à la tige qui ne devait plus s'arrêter et dont la pointe fine et droite écartait orgueilleusement les indigènes du bocage.

A dix ans, *les oiseaux du ciel venaient se reposer sur ses branches;* et son ombre se projetait sur le front de son protecteur auquel il abandonnait déjà ses fruits, gousses odorantes, qu'Adolphe me présentait fièrement.

Mais on était en 1848 ! Les orages du ciel se joignirent aux orages populaires. Une affreuse grêle s'abattit sur notre petit coin de France et la flèche du pin fut brisée. Comme tant de rois, il resta sans couronne. Nous le retrouvâmes ainsi et je crois avoir surpris une larme dans les yeux d'Adolphe.

La Providence, miséricordieuse pour l'arbre, lui ménagea sa restauration. Deux branches jumelles s'élevèrent et, se croisant, se soutenant, partageant entre elles les dons du ciel et de la terre, toujours unies, toujours égales, on les vit monter, monter et se confondre en une seule tête, tant il devenait difficile de les distinguer l'une de l'autre.

Le pin devint si beau qu'Adolphe aimait à diriger vers lui les promeneurs ; puis, tout seul, il revenait le voir, le mesurer, lui parler peut-être, dans ce langage muet qu'on appelle la rêverie et qui remonte à Dieu lorsqu'on l'adresse aux œuvres de sa création avec un amour reconnaissant.

Hélas ! en l'automne de *l'année* 1863, quelles pensées furent confiées à ce témoin passif des agitations d'une âme qui se sentait entraînée hors de ce monde ? Ah ! déjà ces pensées ne s'arrêtaient plus sur la terre !

Un an plus tard, ce fut *seule* et désolée que je vins revoir le bel arbre. Pas un de ses rameaux ne s'était flétri ! L'homme meurt : la nature ne porte pas son deuil, même un jour.

Le temps poursuivit sa route. Il marche rapidement, lors même qu'il traîne le boulet de la douleur. Je revoyais chaque année le jeune futur centenaire avec sa tête à deux branches. Mais, au mois de novembre dernier, une nuit, l'ouragan souffla, la pluie tomba par torrents. On entendait les bruits confus des branches s'entre-choquant, pareils à des cris de détresse. Les chênes ployaient, les arbrisseaux se tapissaient contre la terre et pas une lueur ne venait éclairer ce champ de bataille que les éléments semblaient se disputer.

Le lendemain, au retour d'un pâle soleil, tout se relevait. Les feuilles sèches et le bois mort seuls jonchaient le sol. La tempête avait passé sans laisser de victime. Tout à coup, un cri s'échappe de nos lèvres. Nous venions d'apercevoir le pin : une des flèches jumelles pendait à demi arrachée ; et ses nombreux rameaux se balançaient encore en balayant la terre, comme s'ils s'agitaient dans les dernières convulsions de l'agonie. Je m'enfuis.

Le jour suivant, je ne voulus pas voir le char funéraire qui ployait sous les débris qu'il emportait.

Il vit, cependant, l'arbre mutilé ! C'est vers lui que je me dirigeais lorsque mes pensées de cette année ont rétrogradé vers mes souvenirs d'autrefois. Il vit et sa flèche dépareillée se reprendra peut-être doublement à la vie en se nourrissant de la substance destinée à celle qui n'est plus ! N'en est-il pas de même de l'humanité? Oh ! combien est dure la loi de la mort, consolant de ce qu'elle prend par ce qu'elle donne !

Mon Dieu ! cependant, il est des douleurs qui ne peuvent se consoler qu'en Vous !

IV

LES LETTRES

Les lettres ! C'est la pensée, c'est la parole, ce sont les sentiments les plus intimes fixés immuablement. C'est plus : un jour vient où vous les reprenez pour les relire. Alors, c'est la résurrection ! Celui que vous avez aimé, perdu et pleuré, il est là, dès que vous déployez ces feuillets jaunis par les années ! Les yeux se fixent sur des pages qui semblent garder encore l'empreinte de la main. L'ombre prend un corps, se dresse devant vous, s'assoit à vos côtés. Et c'est *lui*, c'est sa voix retentissante dans votre mémoire qui vous relit ces lignes où tout vous est adressé au *présent*. Cette parcelle donnée et reprise par le temps, comme l'éclair luit et se replonge dans l'obscurité.

L'écriture est une *pause* de ce coureur infatigable qui dit toujours : Allons ! Ce n'est pas sans de profonds desseins que la Providence a doté l'humanité d'une puissance capable de donner une forme à l'esprit. Elle a voulu que l'âme immortelle ne quittât pas entièrement ce monde et que son intelligence y demeurât, faisant entendre sa voix comme une protestation contre le néant.

Mais pourquoi m'élever jusqu'à ces hautes considérations? Si le regard se trouble et s'égare, perdu dans l'immensité, il aime à se recueillir et à se reposer dans l'examen des *infiniment petits* où se retrouvent les miracles de la création divine. Ordre moral, ordre physique, l'homme n'est-il pas toujours en présence du *cèdre* et du *brin d'herbe* pour adorer et pour bénir?...

Le *cèdre*, c'est l'écriture multipliant ses fruits à l'infini par la semence des livres et projetant ainsi les racines de la civilisation à travers les siècles.

Le *brin d'herbe*, c'est encore l'écriture, mais se faisant humble comme la plante qui demeure à la portée de la main.

La plume se met à la disposition de tous pour devenir l'interprète du cœur, la récréation de l'esprit, la consolatrice de l'absence, la gardienne du souvenir. Et cette communication des âmes vous est transmise, franchissant l'espace, par une lettre, une feuille légère que semble apporter le souffle des vents. Ah! si vous aimez, ne la laissez pas retomber, se flétrir et disparaître comme la feuille des bois! Un jour doit venir où l'arbre ne reverdira plus.

...Conservez jusqu'aux lettres émanées de ces *indifférents*, ainsi nommés autrefois. Ces pages lues d'un œil distrait, vous les relirez peut-être d'un œil humide; les plus insignifiantes éveilleront votre attention, semblables aux moindres paroles prononcées tout à coup par des lèvres muettes; et vous croirez découvrir un sens caché dans des phrases passées inaperçues ou depuis longtemps oubliées.

Mais s'il s'agit des affections rompues avec un profond déchirement, bénissez l'instinct qui vous a guidé lorsque vous avez successivement recueilli ces lettres qui furent l'adoucissement de la séparation passagère : elles seront douées plus tard du magique pouvoir de faire trêve à l'absence sans retour. L'adresse, où se retrouve votre *nom*, vous rappellera la voix qui le prononçait ; la date ramènera le jour où vos cœurs vivaient d'une même vie, en allant se chercher au loin.

Si ce sont les lettres d'un père ou d'une mère, dès les premières lignes elles vous parlent ce langage tout particulier à l'usage de ceux qui vous ont bercé dans leurs bras et, plus encore, dans leur cœur. Vous entendez ces paroles tendres jusque dans leur sévérité. Vous écoutez ces conseils, hélas ! trop souvent emportés par le vent qui souffle sur la jeunesse ! Mais, aujourd'hui, vos âmes s'ouvrent pour recueillir une semence restée féconde ; les larmes du souvenir amollissent votre esprit et les germes déposés dans le sillon qui vient de se creuser amèneront une fructification.

En relisant des lignes tracées par des sœurs ou des frères, ces amis dont la vie si longtemps unie à la vôtre tenait aux mêmes racines, vous vous replongez dans les délices de cette égalité de sentiment qui donne et qui reçoit à pleines mains, de cette intimité qui semble fondre les goûts les uns dans les autres, de cette confiance née des premiers mots balbutiés, grandie avec les épanchements de l'adolescence, cimentée par l'échange des rêves de la jeunesse et couronnée par les con-

fidences graves et souvent douloureuses d'un autre
âge. Heureux cependant, alors, de vous retrouver
le cœur écoutant le cœur !

Et vous, dont l'existence s'est liée l'une à l'autre
devant Dieu et devant les hommes, à l'apogée de
vos beaux jours !... Ah ! vous pouvez rappeler à
la vie ces nombreuses années, tristement comptées
depuis qu'elles ne sont plus !

Si vous vous êtes aimés de cette tendresse pour
laquelle toute marque d'affection jusqu'aux
moindres miettes devient un aliment, celui qui
reste *seul* sait où retrouver son *trésor*. Un coffret
le renferme et la main s'y plonge, plus empressée
que celle de l'avare. Oui, les voilà, ces lettres venues
de cette plume que le cœur faisait mouvoir. Mais
il manque un complément à cette réunion d'outre-
tombe : il faut y joindre les vôtres et vous savez
où les aller chercher.

Une clef tourne entre des doigts tremblants :
un secrétaire s'ouvre, celui qui demeure toujours
fermé. Gardé par vos soins pieux, il n'a pas été
bouleversé et vous y retrouverez en quelque sorte
la présence de votre ami. Mille petits riens enfouis
dans les tiroirs viennent vous parler de lui d'une
façon plus intime peut-être que les grands souvenirs : un cachet avec une devise, une vieille monnaie, une bague, une chaîne demi-brisée, des cheveux avec les noms. Ces mêmes objets, vous les
recueillez, âme vivante, de cette main inerte qui
les avait conservés avec tant d'amour !

Et c'est après vous être arrêté bien des fois dans
vos recherches, et bien des fois pour essuyer vos
yeux, que vous rencontrez de petites liasses éti-
quetées : ce sont vos lettres de toutes les dates.

Reliez simultanément les deux correspondances. Les voilà réunis, ces deux êtres qui s'adressent la parole avec le langage des anciens jours ! Un daguerréotype, plus parfait que celui qui reproduit les traits du visage, a fixé les impressions de l'âme et l'image des événements fugitifs de la vie.

Ils se déroulent : ils passent sous vos yeux comme des verres d'optique. Votre jeunesse vous sourit et illumine votre avenir au soleil levant de toutes les espérances. Déployez les lettres suivantes : vous y retrouverez des pensées et des regards qui se croisent et se répondent en se plongeant dans des berceaux. Vous tenez encore au bel âge de la vie, lorsque les enfants, ces fleurs animées, s'épanouissent feuille à feuille. Lisez : les années se précipitent. Hélas ! c'est votre jeunesse qui s'enfuit, tandis que vos enfants s'élancent en avant, emportés par toutes les brises, conviés à toutes les jouissances. Vous restez à vous deux comme ces vieux oiseaux qui se cachent dans les ruines, tandis que l'arbre balance un nouveau nid. Et le temps s'en va toujours ; et les lettres, elles aussi, se suivent et s'en vont ! Cependant, il y en a encore, il y en a jusqu'à la fin. Votre revue du temps passé n'est pas terminée.

Mais, pauvre solitaire, demeuré le dernier, vous allez peut-être arrêter le jet de cette source, craignant qu'elle cesse de couler douce et fraîche? Oh ! non ! vous savez que dans ces épanchements d'un autre âge, vous retrouverez le même cœur !

S'il n'emploie pas le langage des premières tendresses, c'est qu'il s'agit maintenant d'une affection cimentée par le temps, qui ne risque plus de chanceler sur sa base. Vous êtes deux *amis;* nom si pur, que vous osez vous le donner devant tous ; sainte affection sanctionnée tout particulièrement par la bénédiction céleste. Et combien l'union est demeurée intime, pendant ces années destinées à porter le poids de l'âge ! Que de sollicitudes échangées dans le moindre acte de la vie commune, quelle confiance et quels épanchements venant du cœur aux lèvres, comme le flot suit le flot, entraîné par une pente naturelle !

Mais le fleuve n'a pas toujours réfléchi un ciel sans nuages. Les lettres vont rappeler des souvenirs pénibles et ramener des larmes dans vos yeux ?... Ah ! laissez-les venir ! Elles se mêleront à d'autres larmes dont vous retrouverez la trace. Alors, vous vous souviendrez qu'il y avait une douceur à pleurer ensemble : c'était la vie. Pleurer seul, c'est la mort !

La mort !... Vous allez cependant la rencontrer, là aussi ! Ces deux correspondances contiennent, l'une et l'autre, une dernière lettre ! Mais si votre cœur se serre en déployant celle qui ne fut suivie d'aucune autre, si même vous évitez de la relire parce qu'elle est l'anneau rompu de la chaîne brisée, la chaîne n'en reste pas moins entre vos mains et la foi la renoue pour la rattacher au ciel par l'espérance !

Et ce sont ces trésors que l'on anéantirait ? Ah ! du moins, laissons-les vivre autant que nous ! Et s'ils deviennent cendre, que ce soit pour se mêler à la poussière de nos cœurs (1).

---

(1) *Note du copiste.* — Nous savons, depuis la récente publication du *Roman de l'Occitanienne*, que Léontine de Villeneuve, comtesse de Castelbajac, ne cessa jamais, jusqu'à sa

mort, de penser avec un ressentiment légitime aux trois mots menteurs et si fâcheusement avantageux des *Mémoires d'outre-tombe.*

« Dans mes bras. » avait osé écrire Chateaubriand, croyant sa correspondante de 1829 à jamais masquée par l'anonymat et persuadé qu'aucun démenti ne serait donné à sa version, toute d'orgueil et de littérature, sous sa plume de Don Juan plus que sexagénaire.

Après la mort du grand écrivain et la publication de ses souvenirs posthumes, Léontine de Villeneuve ne s'accoutuma jamais à cette imposture. Cinq années après sa disparition, selon ses derniers vœux, sa petite-fille, la comtesse de Saint-Roman, devait retrouver le récit de ce « scandale de pureté » et les commentaires indignés de son irréprochable aïeule.

Cette obsession émouvante et fière assiégea ses rêveries jusqu'à la fin de ses jours : à quatre-vingt-quatorze ans, elle y pensait encore ! Mais sa très longue vie avait usé son ressentiment : il s'adoucissait peu à peu dans cette indulgence universelle qui donna tant de sérénité et de grandeur à sa belle âme près de s'en aller.

Dans le recueillement du vieux castel de Chys, où survivait le souvenir du seul homme qu'elle eût aimé, — Adolphe de Castelbajac en était digne, — n'a-t-elle pas songé confusément à celui dont, jeune fille, elle fut la muse exaltée d'une admiration toute cérébrale? Et sa plume distraite, s'égarant à son insu vers le plus noble épisode de sa jeunesse, n'a-t-elle pas tracé, en les destinant à des deuils plus humains et plus récents, quelques lignes inspirées par le naïf et gracieux fantôme du passé de 1829?

Ces « lettres », ce « coffret scellé dans un secrétaire *toujours fermé* », ces pages qui « vont rappeler des souvenirs *pénibles* et ramener des larmes dans les yeux », ces trésors que l'on s'interdit d'anéantir et qui doivent vivre « autant que nous », — ne seraient-ce pas autant d'allusions inconscientes, et même hallucinées un peu, au roman blanc de Cauterets et aux soixante-dix lettres de Chateaubriand, conservées en secret par celle qui fut « l'Occitanienne »?... — P. B. GHEUSI.

FIN

TABLE

ÉPILOGUE

SOUVENIRS DE CHYS

(1830-1867)

Cet ouvrage

a été achevé d'imprimer sur les presses

de la

LIBRAIRIE PLON

le 15 mars 1927.

A LA MÊME LIBRAIRIE

Chateaubriand et Mme de Custine, par E. Chérisey de Robertpon. Épisodes et correspondance inédite. Un vol. in-16. Prix.................. 12 fr.

Lettres de Chateaubriand à la comtesse de Castellane, publiées par la comtesse Jean de Castellane. Un vol. in-16 avec une gravure hors texte.................. 10 fr.

Le Roman de l'Occitanienne et de Chateaubriand, publié par la comtesse de Saint-Roman, née Castelbajac, avec soixante-dix lettres inédites de Chateaubriand. Préface de Robert de Flers, de l'Académie française. 10e mille. Un vol. in-16 avec un portrait.................. 12 fr.

— *Le même ouvrage* en édition de luxe, dans le format in-4° tellière avec cinq héliogravures et quatre fac-similés de lettres autographes. Un des 500 exemplaires numérotés de 76 à 575, tiré sur papier à la cuve d'Arches.................. 128 fr.

La Vie politique de François de Chateaubriand. — *Consulat, Empire, Première Restauration*, par A. Cassagne. Un volume in-8°.................. 25 fr.

Chateaubriand, par André Beaunier. Deux vol. de la *Bibliothèque française*, publiée sous la direction de M. Fortunat Strowski, membre de l'Institut. Chaque vol. broché. 7 fr. 50

Sainte-Beuve. Mes Poisons. *Cahiers intimes inédits*, publiés avec une introduction et des notes par Victor Giraud. Un vol. in-16.................. 12 fr.

Les Femmes dans la vie de Balzac, par Juanita Helm Floyd. Traduction et introduction de la princesse Radziwill, avec 17 lettres inédites de Mme Hanska et trois portraits hors texte. Un vol. in-8° écu.................. 15 fr.

Marceline Desbordes-Valmore. *Sa vie et son secret*, par Jacques Boulenger. Un vol. in-8° écu.................. 15 fr.

Vingt-cinq ans à Paris. **Journal du comte Rodolphe Apponyi**, publié par Ernest Daudet. Tome I (1826-1830) Tome II (1831-1834) (*Épuisé*) Tome III (1835-1843) Tome IV (1844-1852). Quatre volumes in-8° avec portraits. Tomes I et III 25 fr. Tome IV.................. 32 fr.

Chronique de 1831 à 1862, par la duchesse de Dino, publiée avec des annotations et un index biographique par la princesse Radziwill, née Castellane. Quatre volumes in-8°. Chacun.................. 25 fr.

Souvenirs de la baronne Du Montet (1785-1866). Un vol. in-8° écu avec un portrait.................. 15 fr.

La Princesse Belgiojoso. *Une héroïne romantique*, par A. Augustin-Thierry. Un vol. in-8° écu.................. 15 fr.

La Symphonie en blanc majeur. **Marie Kalergis** (1822-1874), par Constantin Photiadès. Un vol. in-16 avec portraits. 12 fr.

Madame de Staël et François de Pange, par la com^{sse} J. de Pange. Un vol. in-16.................. 10 fr.

Stendhal épicier ou les Infortunes de Mélanie, par Paul Arbelet. Un vol. in-16.................. 12 fr.

PARIS. — TYPOGRAPHIE PLON, 8, RUE GARANCIÈRE. — 34482.